Wahre Liebe - Trennung ist Illusion

Athene P.

TEIL 4

Wahre Liebe - Trennung ist Illusion

Auflösung der Archontischen Invasion und ihrer Ment-Technologien

Bibliografische Information der Deutschen Nationalbibliothek:
Die Deutsche Nationalbibliothek verzeichnet diese Publikation
in der Deutschen Nationalbibliografie; detaillierte
bibliografische Daten sind im Internet über dnb.dnb.de
abrufbar.

© 2017 Athene P.
Herstellung und Verlag: BoD – Books on Demand, Norderstedt.
ISBN: 9783743151550

Inhaltsverzeichnis

7	Vorwort
11	Kapitel 1 - Fieser Angriff der manipulierenden Seite
19	Kapitel 2 - Keine akute polymorphe Schizophrenie
28	Kapitel 3 - Piet - Seelenpartner Nr. 15 als Vorbereitung
38	Kapitel 4 - Das 4. Jahr seit der ersten Begegnung endet – Jahr 5 beginnt
49	Kapitel 5 - Der 50. Geburtstag steht bevor - Flug des Blut-Raben
56	Kapitel 6 - Endgültige Trennung von Nexus
63	Kapitel 7 - Entbindung vom demiurgischen Seelenpakt -- Nächtlicher Besuch
75	Kapitel 8 - Dämonische sexistische Rituale, Pädophilie, Pornografie und Musikindustrie
87	Kapitel 9 - Die Heiligen 12 - Und der uralte Streit zwischen Athene und Aphrodite
94	Kapitel 10 - Das Höchste Bewusstsein und die Heiligen Fünf Elemente des Universums
99	Kapitel 11 - Kurzbesuch im Spreehafen
107	Kapitel 12 - Kurztrip zu Swantevit und Goldener Fisch
115	Kapitel 13 - Nexus und Exodus
121	Kapitel 14 - Die vierte Menschheit
129	Kapitel 15 - Androgynität und der Mythos der Kugelmenschen
136	Kapitel 16 - Die Prophezeiung des St. Germain
139	Kapitel 17 - Wer ist Lucifer/Poseidon denn nun wirklich?143 Kapitel 18 - Absturz und Extreme -- Unter Verschluss
148	Kapitel 19 - Sonnenvolk, Neuseeland, Antarktis, Plejadier...
154	Kapitel 20 - Der Sohn aus dem Indianer- und Likedeelerleben
161	Kapitel 21 - Die vielleicht letzte Prüfungsphase -- Optimal- oder Idealpartner
169	Kapitel 22 - Trennung ist Illusion -- Die eigene Ganzheit und Vollkommenheit

176	Kapitel 23 - Suizid-Versuch und Flucht nach vorn
185	Kapitel 24 - Ankommen zu Hause IN SICH SELBST - Wahre Selbstliebe, Authentizität
192	Kapitel 25 - Indianer, Kelten und das Blut der Großen Göttin
201	Kapitel 26 - Sexuelle Reinigung und spirituelle Treue
207	Kapitel 27 - Gefährten aus Atlantis
216	Kapitel 28 - Das Alaska- und Kamtschatka-Leben
222	Kapitel 29 - Die liegende Acht - Spirale, Unendlichkeit, Ewigkeit und IS RA EL
233	Kapitel 30 - Das weibliche Ur-Prinzip - und der Blick aus Merowinger-Augen
243	Kapitel 31 - Kleopatra und Mark Anton - Verrat in Atlantis I
253	Kapitel 32 - Rückzug aus der Öffentlichkeit - Level 13 D und 14 D
261	Kapitel 33 - Die Wende
267	Kapitel 34 - Die wahre Geschichte um die Große Göttin MariaELLE und einen ihrer EE-Söhne Jesus/Metatron (bereinigt Mandaruel)
272	Kapitel 35 - Die Auflösung der Prophezeiung des Grafen von St. Germain und sein neuer Name als griechischer Gott
283	Kapitel 36 - Erlösung der Persiphone und Aphrodite
291	Kapitel 37 - Weitere Puzzleteile anderer Leben werden zusammengesetzt
304	Kapitel 38 - Wandlung vom Sarkophag zur Gläsernen Schatulle
314	Kapitel 39 - Eunlich und Eunara - Eros und Erotica - Amor und Psyche
321	Kapitel 40 - Auflösung der Archonten und Vereinigung der Zivilisationen
326	Kapitel 41 - Letzter Flügelschlag durch Sturm und Wolken, ins Licht und in die Liebe
342	Nachwort

Vorwort

Bisher handelt es sich um eine Trilogie über die schicksalhaften und leidvollen Irrwege der beiden Zwillingsflammen, des Schlüsselpaares der Dualseelen, frei nach dem Motto der 4 V: Verwirrung, Verirrung, Verletzung, Vernichtung.....Nach einer kurzen Phase des Begegnens via Internt im Herbst 2011 und des Aufeinandertreffens in Liebe auf den ersten Blick im Februar 2012 kamen beide Hauptakteure, Jo und Doula, in derartige emotionale und psychosomatische Ausfälle, Lernaufgaben, Chaos bedingt durch die Tiefe dieser unzerstörbaren Seelenverbindung, dass sie zeitweise an ihrem Verstand und ihrer Zurechnungsfähigkeit zweifelten. Die emotionale Erschütterung war auf beiden Seiten so gewaltig, dass es gesundheitliche Beeinträchtigungen gab, sowohl körperliche als auch mentale und seelische. Die Verletzungen, die sich beide in der Phase der Rückzüge und Transformation gegenseitig beibogen, vor allem er ihr, waren so gravierend, dass neben dem Abbau von Karma mittels Doulas Rückführungen und Auflösung von Fremdenergien wieder neues Karma geschaffen worden war. Dafür sorgten die Gegenspieler der manipulierenden Seite, die seit der Begegnung der beiden diese gottgewollte Verbindung torpedierten, boykottierten und sabotierten. Die so immens hochentwicklte Doula hatte zeitweise ihren Glauben und den Sinn ihrer Mission angezweifelt, zweitweise auch verloren, sogar ihre Fähigkeiten und Gaben zweifelte sie an. Doch als sie nach dem Schluss der Trilogie, die beider bedingungslose Liebe in der Realität als Freundschaft lebbar machen sollte, zu Beginn von Teil 4 von Dämonen angegriffen wurde und mit paranormalen Begebenheiten zu kämpfen hatte, ließ sie diese überirdische Angelegenheit der Vereinigung zum Drachenpferd (Jo chinesischer Drache, Doula chinesisches Pferd), der Zusammenführung der Erzengel Arielle und Emanuel, fallen wie eine extrem heiße Kartoffel..... Es ging dann nur noch darum, wieder in Balance zu kommen und sich bei Seelenverwandten fallenzulassen, um das Entsetzliche, das sie mehrmals fast das Leben gekostet hätte, zu vergessen.....doch diese Seelenverwandten waren wohl nur die letzte Vorbereitung auf den schicksalhaften bleibenden Lebenspartner und die wahre bedingunglose reine Liebe.... so wie die HÖCHSTE Instanz bzw. die Heiligen Fünf (Elemente des Universums) es vorbestimmt hatten, doch das Entscheidende war eben die ganze Zeit, dies nicht fest einzuplanen und sich darauf als unumstößliche Größe zu verlassen. Bedingungslose Liebe bedeutet eben, dass man liebt, egal, wie zerstörend, makaber und herzzerreißend die Verletzungen und Vernichtungen waren....und eben übergeordnet nicht nur diese Person, sondern auch die Mitmenschen, auch die "Feinde", eben ALLES, WAS IST.... Erst wenn ein Großteil der Menschen so denkt und fühlt, und dafür sind die Seelenpartner und Zwillingsflammen/Dualseelen die Vorreiter, erst dann geht das Unheil von dieser Welt, erst dann wird das Reich der Göttlichkeit, der Garten Eden auf Erden, Realität......Diese Einstellung und alles, was in dieser energetischen Angleichungsphase der Zwillingsflammen und füreinander bestimmten Seelenpartner, vor allem der Erzengel-Dualseelen passiert ist und bei anderen so engen Seelenverbindungen geschieht, wird in der Schulpsychologie anders bewertet. Übersinnliche Wahrnehmungen implizieren die Diagnose Schizophrenie, aus diesem Grunde landeten einige sogenannte Loslasserinnen einer Dualseelen- oder Seelenpartnerverbindung, meist die Frauen, in der Psychatrie....oder auf dem Friedhof.....und die sogenannten Gefühlsklärer, meist die Männer, stempelten die jahrelange

Begebenheit und seelische Ergebenheit, aber auch ihre eigenen unerklärlich tiefen Gefühle als Psychose ab und zogen sich mitunter ganz davon zurück....Doch wisse denn, gerade wenn ein Licht stark leuchtet, zieht es nach dem Gesetz der Resonanz nicht nur Gleiches an, sondern auch das Gegenpolige, die Schatten, die die Bewacher der Matrix sind. Diese beschießen auf feinstofflicher Ebene mental, über gewisse Energien, eben auch Wellenfrequenzen.....und auch Wortformationen, Gedanken und Gefühle sind Energien. Drum achte immer auf ihre Qualität, denn oftmals werden es im manipulierenden Bereich sich selbst erfüllende Prophezeiungen.....

Es geht nun um ein bewusstes Miteinander, um das, was auf DER ERDE, also REAL wirklich zu leben und im Rahmen des jeweiligen Lebenskonzepts authentisch umzusetzen geht.....offene Lebensgemeinschaft oder Partnerschaft der NEUEN ZEIT (nicht␣BeZIEHung, mit Abhängigkeiten, Unfreiheit, Unliebe)oder Freundschaft oder nur Bekanntschaft --- denn das oberste Prinzip der Allmacht ist das des Freien Willens eines Jeden....Es werden anfangs wenige sein, aber dann sind es die Richtigen, die GÖTTLICHE GARDE, die Vorreiter der Dualseelen und Seelenpartner, die Macher der Höchsten Bewusstseinsentwicklung....

Solange beide, Jo und Doula, jedoch nicht auch körperlich in tiefer Liebe vereint sind, nur in der emotionalen und spirituellen Liebe, also energetisch verweilen, wären beide nach wie vor angereifbar durch manipulierende Energien. Jeder muss sein Karma erst wahrhaft komplett aufgelöst haben, dazu gehört, dass Besetzungen (in der Aura) und Besitzungen (Besessenheit durch archontisch-dämonische Wesenheiten im Inneren) bei allen Mitgliedern der Seelenfamilie des Umfelds aufgelöst werden. Soweit, ALLES zu erkennen und immer im

HÖCHSTEN Bewusstsein zu agieren, war Doula in ihrer Entwicklung aber noch nicht. Deshalb musste sie eine Zeit lang ihren Weg allein weitergehen. Die körperliche Vereinigung der beiden wäre der Auslöser für den Dimensionssprung des kollektiven Bewusstseins der Menschen in die Höheren Bewusstseinsdimensionen, die Umkehr von Atlantis I, was einst mit Polsprung, IQ- und DNS-Reduzierung einherging. Ihr körperliches Zusammenkommen im Heiligen Liebesakt wäre der Impuls, die Prozentzahl der irdisch Erwachten auf über 10 % springen zu lassen, dem Kipppunkt, so dass es im morphogenetischen Feld der Menschheit eine Kettenreaktion gibt und damit den (Bewusstseins-)Aufstieg des Wesens Erde (Gaia) und ihrer Bewohner, wenn auch nicht aller, sondern der dafür vorgesehenen (laut Seelenplan).

Dass das körperliche Zusammenkommen von Jo und Doula noch sabotiert werden würde, davon hatte man noch eine Weile ausgehen müssen, doch sie selbst hätte nie geahnt, mit welchen krassen, teilweise tödlichen Mitteln die manipulierenden Kräfte arbeiten würden und was es mit einer alten Prophezeiung des Grafen von Saint Germain auf sich hatte.....und welche Rolle dessen Zwillingsbruder (Zwillingsflamme) El Morya dabei spielte.....und all die anderen großen und auch schlichteren Rollen in verschiedenen Kleidern und Existenzen.....

Kapitel 1

Fieser Angriff der manipulierenden Seite

Es war Mitte August 2015, Ausklang eines nur mäßigen Sommers, der neben Tagen mit bis zu 38 Grad auch Stürme, Regen und Temperaturen um nur 14 Grad zu bieten hatte, keine gute Saison - Doula war finanziell ausgereizt, deshalb hatte sie ihren Landsitz zum Verkauf ins Internet gestellt und ruck zuck ein Interessentenpaar gehabt, das sich schon als Herrscher aller Reusen sah, denn man konnte sich hier glatt ins gemachte Nest setzen und ein fertiges Konzept übernehmen. Das passte Doula alles nicht wirklich, zumal es ja noch lange nicht klar war, was nun aus ihr werden sollte.... Es gab keine Anhaltspunkte, keine Sicherheit, sie hatte bisher weder eine schöne passende Mietwohnung im Internet gefunden, noch schöne Kaufobjekte nach ihrem Geschmack und ihrem Geldbeutel entsprechend, denn nach Bank und Finanzamt würden vielleicht ca. 100000 Euro übrigbleiben für Finazierung ein neues eigenen Nestes.....doch es sah sehr trübe aus....auch mit einem neuen Job haderte Doula. Sie wollte in ihren Berufen und Berufungen arbeiten, diese waren jedoch zu speziell, und dafür gab es keinen Markt. Sie neigte nun dazu, den Kopf in den Sand zu stecken, sie wollte sich von niemandem abhängig machen, und deshalb hielt sie auch den Kontakt zu Jo nicht aktiv. Wenn er was wollte, telefonieren, mailen oder sich treffen, dann würde er sich schon melden. Von ihr würde keine Initiative mehr ausgehen, das hatte sie nun 3,5 Jahre durch, da ging ihr Ego, ihr Verstand nicht mehr mit.... Entweder es wurde eine Freundschaft oder mehr.....oder es verlief sich wieder im Sande....sie würde sich jedenfalls keinen Zacken mehr aus der Krone brechen, das war vorbei.... Nun könnte ja auch die

Geistige Welt des Lichts und der Liebe an ihm wirken, wenn sie es für sinnvoll erachtete....sie selbst hatte den Kopf voll, neue Wege zu finden, denn die Kaufinteressenten hatten sie festgenagelt mit einer Vereinbarung, so dass sie diesmal keinen Rückzug vom Verkauf machen konnte....Das Ding war also passé ....Landsitzleben damit künftig wohl vorbei.....

Es war August-Vollmondnacht, und es trug sich nun zu, dass Doula in ihrem Schlafzimmer zum Innenhof, der mit Kiesschüttung ausgelegt war, mitten des Nachts das Knirschen von Schritten hörte....Sie sah auf den Wecker, es war 3.00. Immer diese eigenartige Zeit, was hatte es damit auf sich, 3.00-4.00? Sie hatte ihr Schlafzimmerfenster weit auf wegen ausreichender Sauerstoffzufuhr und lehnte sich nun über das Fensterbrett. Da hatte ein Mann sein Auto an der Straße zur Hofeinfahrt abgestellt, doch von Büschen verdeckt und deshalb von all den Wohnungsfenstern nicht einsehbar. Es schien, als machte er unerlaubt in diesen nächtlichen Stunden eine Hofbesichtigung, sogar in Doulas ganz privatem Dornröschengarten mit dem versteckten Gartenhäuschen. Sie glaubte, ihren Augen und Ohren nicht zu trauen. Was hatte der denn für einen Auftrag? War der bekloppt, einfach so Hausfriedensbruch zu begehen? Ihr wurde ganz mulmig, als sie von den Fenstern des Obergeschosses sah, dass dieser Mann auch zur Haustür kam.....er sah von der Figur und Haarfarbe jemandem sehr ähnlich......Jo..... Sollte das nun wirklich eingetreten sein....?....dass er zu ihr wollte, sich den Landsitz besehen wollte, egal zu welcher Tag- oder Nachtzeit, Hauptsache unerkannt....? Warum aber heimlich? Beim letzten Mal war er nur in ihrem Wohnzimmer gewesen und nach seiner "Beichte" wieder nach Hause gefahren, ohne dass Doula es zu einer erneuten Verabredung kommen lassen hatte. SIE hatte einfach wieder Abstand gebraucht..... und Zeit zum Verarbeiten des Gehörten..... Warum klingelte dieser Mann nicht?....er war sogar an die Haustür gekommen und wollte sie öffnen, klar, dass sie abgeschlossen gewesen war....nachts um 3.00..... Doula bekam Gänsehaut, irgendwas stimmte hier nicht....mit wem sprach der Mann da am Gartenzaun, es gab noch eine junge Frauenstimme, aber Doula sah keine Frau....

Nun waren wieder Schritte auf dem Hof auf der Kiesschüttung zu vernehmen, und eine Vogelstimme....wie im Juni auf dem Darß, unter ihrem Ferienwohnungsfenster. Sie glaubte, ihren Ohren nicht zu trauen, es war das Nachahmen einer Ringeltaube. Das ging nun die ganze Zeit so, im Geiste sagte man ihr, Jo würde sich nicht trauen, zu klingeln, er war zu feige, wie immer......doch welche Seite sprach da im Geiste zu ihr....??? Doula wurde es zu suspekt, sie verlor den Respekt vor dieser "Person" oder Energie und dachte sich: "Was soll ich mit so einem Weich-Ei und Feigling...? Sie rief in den Innenhof: "So lange ruft eine Taube nicht, mach´ mal den Klopfer!" Damit meinte sie, er solle an die Tür klopfen oder klingeln, doch warum sah sie ihn nicht....? ...hörte nur die Vogelstimme, und jetzt eben die eines anderen Vogels. Doch um diese Zeit waren die Vögel noch gar nicht im Gange....Es zog sich hin, es wurde 5.00 Uhr... Zwei weitere Leute kamen mit einem Auto, auch diese begingen den Hof. Was, um Gottes Willen, hatte das zu bedeuten? Welcher normale Mensch machte um diese Zeit eine Begehung?....und warum? Sie hatte die Hofanzeigen im Internet nach einer Woche Veröffentlichung Anfang August längst wieder deaktiviert. Es war gruselig. Sie sprach die Leute an, dass sie den Hof verlassen sollten, doch sie reagierten gar nicht, sie benahmen sich wie geistig Gestörte, wie Marionetten oder dreiste Ignoranten....Doula bekam die Krise, als weitere Leute IN der Ferienwohnung neben ihrem Schlafzimmer zu hören waren. Wie ging das denn...? Sie hatte die Ferienwohnungen doch alle abgeschlossen.... Sie hörte wegen der Hellhörigkeit der dünnen Wände jemanden sagen: "Die Klospülung hat sie ja immer noch nicht reparieren lassen." Da sprang Doula wieder aus ihrem Bett, in das sie sich kurzzeitig zurückgezogen hatte, und schaute aus dem Fenster auf den Innenhof. Wenn es die vorherigen Gäste wären, wo war dann ihr Auto? Außerdem hatten sie schon vor 2 Tagen Abreise....Diese Aktionen und das verbale Provozieren der Leute ging bis 6.30 Uhr, dann hörte plötzlich alles auf einen Schlag auf.

Der Vorgang wiederholte sich mit anderen "Besuchern" in der nächsten Nacht ab Punkt 3.00 Uhr, nur dass dann die ehemaligen Kumpel von Doulas ausgewandertem großen Sohn , den Hof beschlichen. Sie waren vor dem Gartenhäuschen, in der Maschinenhalle und auf der Partydiele, so dass Doula oben aus dem Schlafzimmerfenster schrie, dass sie sich verziehen sollten, sonst würde sie die Polizei holen. Trotz 5maliger Aufforderung verließen die Jungs aber nicht das Gelände. Sie war schon ganz heiser, sah aber keinen der Eindringlinge wirklich, sie hörte sie nur. Dann kam endlich ein Auto und nahm sie gegen 5.00 Uhr mit. Was Doula aber vorher gemacht hatte, würde sie nie wieder tun: Sie war auf Grund ihrer Courage durch dunkle unbeleuchtete Flure zur Partydiele geschlichen, um die Jungs auf frischer Tat zu erwischen, denn sie hörte ja die Tritte und die Stimmen.... doch da war niemand auf der Diele......und auch in den Ferienwohnungen nicht......war es Spuk? Aber das abholende Auto schien real gewesen zu sein und auch die Menschen, die sie drum herum und darin gesehen hatte. Sie hatte Eingebungen, dass die manipulierende Seite mit Hologrammen arbeitet, d.h. man sieht zwar Menschen und Gegenstände räumlich, aber es sind nur Energieformen, sie sind körperlich nicht Wirklichkeit......Doch für Doula war das neu.....und gruselig, weil nicht erklärbar.....sie zweifelte an ihrem Verstand.....und doch fand sie am nächsten Tag mehrere Zigarettenkippen, Bierdeckel, Zigarettenhülsen und Stopfvorrichtung in ihrer offenen Maschinenhalle....und das Gartenhäuschen hatte in den vergangenen Wochen öfter einmal benutzt ausgesehen, der Grill stand innen neben dem Tisch, dreckig, die Stühle waren nicht an ihrem Platz, Verlängerungskabel für Laptops lagen herum....und lose CDs.... Sie hatte in den vergangenen Monaten schon öfter Einstiege im Musikraum oder auf der Partydiele und im Stall gehabt, der Hund hatte gemeldet, Spuren waren auf der Musikanlage im Fitnessraum zu sehen.... nur, es wurde nie etwas entwendet....

Die paranormalen oder unerklärlichen Vorkommnisse häuften sich. Es waren anfangs Melodien, die ihr Gehirn wahrnahm und Wolkenbilder von grässlichen Kreaturen, hatte sie Halluzinationen? Es steigerte sich in stundenlange Bedrängung durch penetrante Musikstücke, sie machten sie nervlich fertig, denn sie kam nicht in den Nachtschlaf...... Es war nicht zu erklären. Es trat nur zu Hause auf, nicht, wenn sie außerhalb, also an anderen Orten war. Es kam immer zur gleichen Nachmittagszeit, doch schnell konnte sie sich auch in der Mittagszeit nicht mehr entspannen und in ihrem Liegestuhl ohne Vorkommnisse entspannen, die Wahrnehmung war wie Beschuss durch Strahlung, energetische Wellenfrequenzen....Hatte sie jetzt totalen Ausfall, es kam ihr vor wie bei einem Geigerzähler....eventuell eine Psychose? Doch warum war es nur Zuhause, auf ihrem Hof oder in ihren Räumen? Das war ja irre, vor allem als es dann jede Nacht noch war und sogar viel stärker. An Schlaf war gar nicht mehr zu denken, das zog sich eine Woche lang hin und steigerte sich in der Strahlungsintensität.....nun auch noch eine Art elektrische, tennisballgroße Ladungen, die an ihrer Schlafzimmerwand oder ihrem Schlafzimmerfenster andockten....sie konnte sie sehen und hören....sie kamen nicht streckengerade, sondern orteten sie, ihr Schlafzimmer, und kamen um das Haus herum..... Es war nicht mehr auszuhalten, die Geistige Welt des Lichts und der Liebe gab ihr mental zu verstehen, dass sie sich durch imaginäre Maßnahmen wie Schutzschilde und Schutzglocken schützen müsse, die sie um sich und ihren Hof gab......dann verkraftete sie den Beschuß einigermaßen. Doch in einer Nacht war mit einem Mal etwas an ihr dran, an ihrem Kopf, wie 2 Zeigefinger an den Ohren zu ihrem Hirn, es fühlte sich an, als würde jemand ihre Wahrnehmung und ihre verfügbare Gehirnkapazität zurückdrehen wie bei einem Auto den Kilometerzähler, nur dass es innerlich hörbar und psychisch schmerzhaft war.....Doula hatte Mitte August die Information erhalten, dass ihr IQ bei 300 liegt, sie also 30% verfügbare Gehirnkapazität gehabt hatte....deshalb hatte sie auch Tiere (Krähen) miteinander reden, wörtlich sprechen hören, und sie konnte nun die Strahlung, die Frequenzen HÖREN.... Doch es kam noch viel schlimmer......

Eines Morgens dieser schrecklichen Woche des mentalen Beschusses war Doula dann doch eingeschlummert, trotz der bedrohlichen Strahlungsgeräusche, die die manipulierenden

Energien verursacht hatten, doch um 10 Minuten vor 4.00 Uhr wurde es in dem kleinen dunklen Flur an ihrem Kopfende, neben ihrem Schlafzimmer, laut. Eine spukende Wesenheit brüllte bedrohliche Worte, genau neben ihr, hinter der dünnen Wand. Und bisher hatte Doula immer DURCHGEHEND mit den Worten : "Licht und Liebe durchfließen meinen Hof, eine riesige Lichtsäule bringt Licht und Liebe in alle Räume meines Hauses, in alle Winkel meines Hofes, alle negativen Energien und Wesenheiten verlassen nun meinen Hof und mein Haus und gehen dahin zurück, woher sie gekommen sind. Ich segne Euch, geht mit Gott, geht ins Licht, ich danke für die Erfahrungen, die ich mit Euch hatte." die Situation gerettet und permanent die Schatten und negativen Fremdenergien abgewendet, doch nun hatte sie keine Spucke mehr, war vollkommen durch den Wind und brachte kein Wort mehr hervor. Sie saß kerzengerade vor Schreck im Bett, es machten sich Angst und Unbehagen breit, als würde man ihr drohen, sie fühlte sich alleingelassen, als hätte sie keine Chance, dagegen anzukommen..... Bisher war Erzengel Michael immer bei ihr gewesen, sie hatte ihm vertraut und darauf, dass die Geistige Welt des Lichts und der Liebe kompetente Schutzwälle aufbaut.....doch ihre Wahrnehmung hatte nun versagt, und sie spürte die geistigen Freunde, Helfer und Angehörigen nicht mehr wie bisher.....es war etwas mit ihr geschehen.....sie konnte ihre Wahrnehmung nicht mehr aufrechterhalten, nicht mehr channeln.

Sie öffnete dann später 6.30 Uhr die Schlafzimmertür zum Flur und vernahm nur kurz eine Schatten-und Nebelenergie, die die Treppe herabglitt.... Das war gruselig genug, auch als sie beim Frühstück vernehmbar Antwort auf ihre Bemerkungen zur Nacht, die sie mit sich selber abhielt, bekam, es war eine negative Energie im Hause, die trotz ihrer Räucherei vor ein paar Tagen nicht verschwunden war, ...ein Dämon? Ging die dunkle Seite der Macht nun so weit, was sie betraf? Griff diese sie nun persönlich an? Was hatte sie Spektakuläres getan? War es wegen der Buchinhalte? Es schien so. Welche Chance hatte sie? Wer würde ihr nun helfen? Engel gegen Dämonen? Sie hatte bisher gedacht und gehofft, eine feinstoffliche Leibgarde gehabt zu haben.....

Kapitel 2

Keine akute polymorphe Schizophrenie

Der Tag nach dem nächtlichen Vorkommnis gestaltete sich schwierig, denn Doula hatte Mühe, die Wahrnehmungen wegzustecken. Zu tief rumohrte das Gewesene in ihrer Seele; sie empfand die paranormalen Aktivitäten als Angriff auf ihr Selbst, ihre Identität. Es war fast unmöglich, dies zu verarbeiten oder zu verdrängen....Sie zweifelte daran, dass die Geistige Welt des Lichts und der Liebe dem Spuk oder den "Wahn"-Vorstellungen, falls es welche gewesen waren, etwas entgegenzusetzen hatte, denn der Kampf der Engel gegen die Dämonen (herabgestiegenen bzw. gefallenen Engel) war ein nichtirdisches UND irdisches Politikum.....Sie selbst schien, darin festzustecken....

Es wurde erneut Abend und damit schon viel früher dunkel, der Sommer war fast vorbei. Ein Gefühl von Angst beschlich sie, als später die Dunkelheit hereinbrach und sie sich bettfertig machte. Ihr Sohn hatte von all ihren Wahrnehmungen nichts mitbekommen, er konnte ihr eh geistig nicht folgen und war von seinem Vater manipuliert, der aus Ostvorpommern Kontakt zu ihm hielt. Doula kam mehr und mehr in Panik, sie wollte solche Nächte nicht mehr erleben, sie fühlte sich bedroht. Wo sollte sie hin? Auswandern? Das Land verlassen, um der nichtirdischen Verfolgung und der Überwachung infolge Jo´s Strafantrag zu entgehen?...und dem Strahlenbeschuss auf ihr Haus? Sie wollte ihren Sohn hier nicht allein zurücklassen. Er sollte mitkommen. Vorerst wollte sie zu ihren Eltern, zum

Oderhaff, um in Ruhe zu planen, etwas Geld hatte sie ja noch.... doch ihr Sohn wollte nicht mit, er zockte lieber mit seinen Freunden und war vertieft und starr in seiner virtuellen Welt. Außerdem hielt er sie für völlig übergeschnappt. Doula kam jedoch immer mehr in Bedrängnis, je weiter die Zeiger der Uhr über Mitternacht hinweg gingen. Bis zur Dämonenstunde 3.00-4.00 war nicht mehr viel Zeit....

Sie packte kurzentschlossen ein paar Sachen, Waschzeug, Geld und Laptop in einen Koffer, um aufzubrechen. Ihr Sohn würde des Nachts nicht zu Schaden kommen, ihm hatten sie die ganze Woche nichts getan....er hatte solche Wahrnehmungen nicht, er hörte auch keine Geräusche oder Stimmen, er war mental und spirituell nicht entwickelt, für die negative Seite kein Gegenspieler, er war neutral..... Doula hinterlegte ihm genügend Geld für die nächsten beiden Wochen, bis sie eine Lösung für ihn gefunden hätte, vielleicht würde er bei seinem Kumpel zur Untermiete wohnen können. Doch vorerst musste sie Haus und Hof verlassen....

Ihr Kia Sorento durchfuhr belebte nächtliche Stadtgebiete, eigentlich wollte sie diese Nacht die A 20 in Kauf nehmen und zu ihren Eltern fahren, doch Nachtfahrten lagen ihr nicht, weil sie dabei schnell müde und orientierungslos wurde. So stellte sie sich an eine Tankstelle, um zu schlafen. Bis hierher würden sie ihr vielleicht nicht folgen. Doch es war kalt ohne Decke, und sie fand keine Ruhe, sie konnte sich nicht entspannen, Innenohrgeräusche, ihr eigener Atem und bedrohliche Töne im Kopf erreichten sie weiterhin. Sie änderte ihren Plan und fuhr zu ihrem Ferienhaus am See, hier wollte sie sich vorerst schlafenlegen....

Dort angekommen, legte sie sich mit Sachen ins unbezogene Doppelbett oben im großen Schlafzimmer des Dachgeschosses und schlummerte leicht ein, es war nach 1.00 Uhr.... Sie hatte die Nachttischlampe brennen lassen.....Es vergingen keine 10 Minuten, da hörte sie die bedrohlichen Geräusche draußen, als kämen die Schatten der negativen Seite nun verstärkt zum Haus....Sie hatten sie ausgemacht, das hätte ihr doch klar sein müssen.....es gab wohl kein Entrinnen.....Sie saß mit weit aufgerissenen Augen im Bett und machte die zweite Nachttischlampe auch an.....Es war 1.30 Uhr, als sie etwas die Treppe heraufkommen hörte, es klopfte an die Schlafzimmertür....sie wusste, was es war, stand aber nicht auf, um zu öffnen, sondern schrie aus Leibeskräften immer wieder ihren Spruch: "Licht und Liebe verteilen sich im ganzen Haus, alle negativen Fremdenergien und negativen Wesenheiten verlassen sofort mein Haus und gehen dahin zurück, woher sie gekommen sind, auf der Stelle. Dieses Haus ist frei von allen negativen Wesenheiten und negativen Fremdenergien. Licht und Liebe verbreiten sich in allen Ecken und Winkeln dieses Hauses...." Dies schrie sie nun immer und immer wieder, ihr blieben Spucke und Stimme bald weg.....und trotzdem polterte es im Haus....über ihr auf dem Spitzboden und hinter den Wänden....Doula war kreidebleich, heiser und irre vor Angst, aber sie schrie zwischen den Beschwörungen unaufhörlich nach der Geistigen Welt des Lichts und der Liebe und bat um Hilfe. Es ging so weit, dass sie Hilfe FORDERTE. Sie erklärte das Haus zur neutralen Zone, in die sich keine negative Fremdenergie oder Wesenheit zu wagen hätten, das schützte sie vorerst. Sie vermutete, dass es um ihre Bücher ging, deshalb forderte sie eine nichtirdische Verhandlung, eine Beratung zwischen der schwarzen und der weißen Loge, zwischen den Dämonen und den Erzengeln, um sie, Doula, Erzengel Emanuel, freizusprechen von Anfeindungen, Belästigungen,

Angriffen....Es sollten GottVater und MutterGöttin, deren Kind sie war und ist, als oberste Schiedsrichterei herangezogen werden. Man konnte sie doch nicht einfach so verheizen.....Warum machten sich die Dämonen bemerkbar, die Engel aber nicht? Sie forderte sofort und auf der Stelle Personenschutz, eine Leibgarde....und dass sich endlich auch ihre Engel zeigen, damit sie zur Ruhe und aus der Gefahrenzone kommt.....doch nichts passierte....und es hätte sie wohl nervlich total umgehauen, wenn tatsächlich die Engel des Lichts und der Liebe strahlend und gleißend aufgetaucht wären.....Es war still geworden im Hause, doch sie hatte permanent Angst, große Angst, alleingelassen worden zu sein, und dass alles gleich wieder losgeht....Sie stürmte runter in die Küche und hatte gleichzeitig Schmetter, den Schatten da unten zu begegnen, Fratzen, Dämonen, wem auch immer.... Eiseskälte legte sich mehr und mehr um ihr Herz, als sie runterkam, sie ergriff das Brotmesser, sie wollte den Dämonen zuvorkommen, lebend sollte sie sie nicht kriegen, in der anderen Ebene würde sie zu Hause sein, wenn das irdische Leben ausklingen würde..... Sie sägte sich mit dem Brotmessersägeblatt je 2 Kerben in das jeweilige Handgelenk, lief ins Bad und legte sich in die leere Badewanne.....sie starrte die Wunden an, rechts hatte sie die Sehne angeratscht.....aber das Blut lief nicht, es tropfte nur.....waren ihre Engel doch da und verhinderten, dass sie verblutete.....so würde sie nicht einmal bewusstlos werden, um von den Dämonen nichts mehr mitzubekommen......Sie sprang aus der Wanne, riss die Haustür auf und rannte in Todesangst in die Dunkelheit, den schmalen Pfad 3 Häuser weiter durch´s Dickicht zu ihrer lieben Nachbarin und Hausverwalterin....die im Jordanienleben im 7. Jahrhundert ihre Mutter war....und schrie wie am Spieß hoch zu ihrem Dachfenster, wo sie ihr Schlafzimmer hatte und flehte um Einlass..... Doula schrie aus Leibeskräften, bis sie endlich erhört und eingelassen wurde.....Hier wurde sie schnell notversorgt und man rief den Notarzt...

Doula war total unter Schock und ließ sich nur noch bemuttern, zu lange hatte diese schreckliche Woche gedauert....und nun spürte sie Nächstenliebe bei ihrer liebevollen Freundin, die ihr wie eine Mutter oder ältere Schwester war. Als dann Notarztwagen und Polizei kamen, hatte ihre Freundin ihr das Laptop und das Geld aus dem Koffer entfernt und in Verwahrung genommen...sie getröstet und zum Krankenwagen begleitet....es ging dann alles weitere beruhigend, kompetent und versorgend.....Transport, Klinik, Notfallaufnahme, Nähen der Handgelenke, Psychologe, Stationsaufnahme in der Psychiatrie, hierher würden die Negativen ihr nicht folgen.....hoffentlich.....

Doulas Augen waren immer noch aufgerissen, an Schlaf war nicht zu denken, aber an Ruhe, alles zog sich bis 5.30 Uhr hin, dann hatte sie endlich ein Zimmer und eine Zimmerkollegin, bald darauf Frühstück und ärztliche Konsultationen....Und doch war alles Auslegungssache----War sie hier richtig? In der Psychiatrie?....paranormale Angriffe....Wahnvorstellungen? oder tatsächlich mittendrin erlebt? Wer wollte das beurteilen? Doch der Umstand an sich, dass ein Suizidversuch vorlag, ließ die Diagnose "akute polymorphe Schizophrenie" zu, scheinbar eine vorübergehende paranoide Psychose, kurzzeitige Stoffwechselerkrankung des Gehirns, das jedenfalls weist die Weltgesundheitsorganisation so aus....Doch paranormale Begebenheiten sind umstritten, ein Lager weiß um die Dinge, das andere Lager, nämlich das der Schulpsychologie, streitet es ab....ein Politikum....ein irdisches.....Es gibt nicht, was nicht sein darf...? Kann ein Blinder behaupten, es gäbe kein Licht, nur weil er es nicht sieht?....oder ein Tauber, es gibt keinen Klang, nur weil er ihn nicht hört? Wenn sich deren Wahrnehmungen erweitern würden, also vervollkommnen, wie "erschlagen" und "überwältigt" würden sie sich fühlen....Was werden Menschen denken und fühlen, wenn sich ihnen bald andere, neue, nie dagewesene WAHRnehmungen, Sinne, eröffnen, wenn die Schleier fallen....werden sie es verkraften können oder treten sie dann lieber vor Angst und Panik freiwillig ab...?

Doula war 3 Tage auf Station, doch da gehörte sie nicht hin, sie war geistig nicht behindert, geisteskrank oder psychisch eingeschränkt, sie hatte gewiss unter Schock gestanden, wurde mit Medikamenten behandelt, sträubte sich jedoch gegen die stupide Behandlungsweise der Ärzte und Pfleger. Sie forderte ihr Laptop zurück, weil sie unter Schockeinwirkung der Meinung war, eine Schwester hätte es in Verwahrung genommen, genau wie ihre Einwegrasierer und die Nagelschere. Sie stand wie unter Strom....und nach den Tablettengaben sackte sie dann in einen tiefen nachmittäglichen Schlaf, der anhielt bis zum nächsten Morgen. Doch dann stand sie. Sie brauchte eine Aufgabe, Abwechslung, gescheite Gespräche, kein Gefängnis, hier waren zu viele psychisch Geschädigte unter den Mitpatienten, alle standen unter Psychopharmaka und Aufsicht. Doula wehrte sich gegen diese Mittel, ihr Körper sträubte sich, sie konnte nicht mehr so wahrnehmen wie sie es gewohnt war....ihr Rundum-Blickwinkel war total eingeschränkt, sie fühlte sich gedrosselt und benebelt, konnte nicht mehr multitask agieren. Sie verhandelte mit den Ärzten und ließ nicht locker. Sie war mit 0,00 Promille eingeliefert worden, aber es hatte andere Phasen gegeben, man hatte die anderen beiden Aufenthalte in 2014 auf den benachbarten Stationen ausgemacht.....das war belastend und setzte sie in kein günstiges Bild. Die Ärzteschaft, die Psychologen merkten aber schnell, dass man mit ihr nicht so umgehen konnte wie mit den anderen Patienten, dazu war sie geistig zu helle, zu agil, zu taff....ihre kognitiven Fähigkeiten waren bemerkenswert....sie war besonnen und ging systematisch und abwägend vor, um ihr Ziel, die Entlassung nach 2-3 Tagen zu erreichen. Sie wollte vorerst die Tabletten ja gern weiternehmen, die diese Angstzustände beseitigten, aber sie wollte frei von zu Hause aus agieren, ihren eigenen Tagesablauf haben und ihren Geschäften wieder nachgehen, der Schuh drückte.....ihr Sohn war allein....Die Klinik schickte das Jugendamt in die Spur, das für den Sohn Einkaufstouren und Wäschewaschen organisierte, vorübergehend zu einer Pflegefamilie wollte er nicht, er war ja schon 16,5 und konnte selbst für sich und die Hoftiere sorgen. Die Geräusche in Doulas Kopf waren vermindert durch die Medikamentengabe, sie plante nun ihre weitere Vorgehensweise, zog einen Assistenzarzt auf ihre Seite, der sich für sie einsetzte, mit dem sie über ihre Bücher reden konnte und über Seelenverwandtschaft und Nichtirdisches.....Er setzte durch, dass sie Ausgang bekam, sie durfte sich frei bewegen und auch in die Stadt gehen, unterhielt sich mit dem Schwesternpersonal und hatte Einzeltermine bei Ärzten....und überzeugte diese.... man entließ sie auf eigenen Wunsch und mit Anraten auf Weiterbehandlung ambulant....denn es gab ja Ursachen für diese jahrelangen Belastungsstörungen....die kannte Doula selbst....... Jo....die Trilogie......sie war einfach zu tief und zu intensiv IN IHRER EIGENEN GESCHICHTE VERFANGEN gewesen..... Das Ausklinken daraus war nun eine Überlebensstrategie...Das ging sie nun zielstrebig an, step by step.... und die Medikamente waren vorerst ein Garant, zur nächtlichen Ruhe zu finden, damit sich das Gehirn von all dieser Überlastung erholen konnte....und nach und nach kam auch das Vertrauen in ihre Geistigen Helfer, Freunde und Angehörigen des Lichts und der Liebe zurück....

Es war die letzte Nacht vor ihrer Entlassung, Doula konnte nicht schlafen, im Zimmer schräg gegenüber war des Nachts ein Neuzugang eingeliefert worden - eine Frau - sie hatte getobt, geschrien, das Zimmer zerlegt, die ganze Nacht lang. Sie schrie und sprach in 4 verschiedenen Stimmen mit sich selbst und anderen. Diese Frau hatte einen Dämon IN SICH.... Es war für Doula nicht unbedingt beängstigend, also diese Sache an sich, doch sie traute ihrer eigenen Wahrnehmung nicht mehr. Waren es Halluzinationen oder war es Realität? Sie wollte davon nichts verlauten lassen, man würde sie sonst womöglich hierbehalten....also hieß es, zu schweigen.... Aber sie war morgens wie gerädert, die Frau ließ das Brüllen und Drohen nicht, sie fluchte und forderte Gott heraus, und das permanent: "Gooot.....hol mich hier raus, ich will raus hier.....was willst du, was soll das?.....Booooaaahhh.....ich habe Hunger, ich kriege hier nichs zu Fressen, ich will raus hier.....lasst mich raus.......siehst du, wie man mit mir umgeht, was willst du dagegen tun?....." Sie antwortete oder schrie dann wieder mit anderer Stimme, so als wären mehrere Wesen in ihrer Brust....Zum Glück war sie wohl unter Verschluss.

Beim Frühstück auf Station bemerkte dann eine Mitpatientin, dass sie nicht hatte schlafen können, weil neben ihr ein tobender Neuzugang eingeliefert worden war, den man im Zimmer eingesperrt hatte, weil es ein Fall für die Geschlossene war, diese aber überfüllt und daher nicht beziehbar war.

Doula fiel ein Gebirge vom Herzen, sie hatte also nicht halluziniert. auch die Schwester, die ihr die Pulsverbände wechselte, berichtete von dieser besessenen Frau, die wie die Darstellerin in dem Film "Der Exorzist" wirkte. Sie versetzte selbst Ärzte und Schwestern in Schrecken....

Doula wusste um die Sache, sie hatte gespürt, dass da ein

Dämon in der Frau aktiv war, die mit sich selbst in 4 Stimmen wie in Konferenzschaltung sprach. Warum kam genau jetzt so ein Fall? Wollte man ihr aufzeigen, dass sie sich auf ihre Wahrnehmung verlassen konnte? So schien es. Für sie war jedenfalls klar, dass sie hier unbedingt raus musste, und es kam ihr kein Gedanke, dieser Frau helfen zu wollen oder zu müssen, in Form der Auflösung der dämonischen Besessenheit. Sie hatte nun nur noch an sich selbst und ihre Genesung zu denken....Jetzt stand nur sie selbst zur Debatte. SIE war Mittelpunkt ihres Lebens, alles andere und alle anderen waren Nebensache....

Kapitel 3

Piet - Seelenpartner Nr. 15 als Vorbereitung

Während ihres 4tägigen Psychatrie-Aufenthaltes hatte Doula nur einmal Besuch gehabt, und das waren ihre liebevolle Nachbarin des Ferienhauses und deren erwachsene Tochter. Alle anderen, Doulas Familienangehörige und ihr Ex, waren weit weg. Sie war ganz auf sich allein gestellt, wie die ganzen 3,5 Jahre schon. Sie bestellte nun am Entlassungstag gegen Mittag ein Taxi, um von der Klinik in Rostock zum Ferienhaus am See zu kommen, wo ihr Auto stand, und wurde abgezockt, weil sie vorher nicht nach dem Preis gefragt oder ihn verhandelt hatte. Künftig musste sie ihren Gürtel enger schnallen, denn es gab eine Durststrecke bis zur Abfindung, die ihr Ex zu zahlen hatte, zu überwinden. Am Ferienhaus angekommen, flitzte sie zu ihrer Nachbarin, die ihr letztes Geld in Verwahrung hatte, um die Taxi-Rechnung zu begleichen. Dann klönte sie noch mit ihr und machte sich später auf den Weg nach Hause zu ihrem Landsitz, damit ihr Sohn und die Tiere wieder unter Aufsicht waren und ihre Ordnung hatten. Als das alles wieder lief, kniete sie sich in ihre spezielle Singlebörse, um nun zielstrebig nach neuen Kontakten zu suchen, denn ihr Sohn sollte in den nächsten Tagen für eine Woche auf Klassenfahrt nach Italien gehen, und sie war nicht in der Lage, ab Dunkelheit allein zu bleiben. Es war noch zu früh, die Erinnerungen waren noch zu frisch. Sie musste sich einen Hausfreund suchen...oder 7 Nächte auswärts schlafen.... Doch wen sollte sie damit belästigen? Ihre liebe Nachbarin vom Ferienhaus wollte sie nicht überstrapazieren, sie hatte sie schon zu sehr in helle Aufregung versetzt...

Doulas Ex? Der war eine linke Bazille und hatte lediglich vor, mit ihr zu schlafen, alles andere war außen vor, wirklich um sie besorgt war er nicht. Er hatte seinen inneren Vorbeimarsch, wenn sie in den Seilen hing, finanziell und/oder mental - es war seine Retourekutsche, von ihr verlassen worden zu sein....

Für eine Nacht ließ sie ihn kommen und im Gästezimmer übernachten, er erledigte tags auch ein paar kleinere handwerkliche Dinge, aber dann war sie froh, dass er wieder fort war, denn er verstand es, ihr die Lebensfreude zu nehmen.

Doch da war noch ein anderer Mann: Piet -- Er war auf der Singlebörse zuerst an ihrer Seelenverwandten und Dualseelenklientin Silke dran, da kam von ihr aus aber nichts zustande, und so baggerte er Doula an. Sie hatte angfangs gar kein Interesse an ihm, obwohl er ihr vertraut rüberkam, er musste wohl auch aus ihrer Seelenfamilie sein, sonst wäre da nicht auch die Verbindung zu Silke, die wiederum 2012 leiblichen Kontakt zu Jo hatte und es Doula detailgetreu auf´s Brot schmierte, keine schöne Geste, wo diese doch wusste, wie Doula für ihn fühlt....Sie hatte mit den Einzelheiten zu kämpfen gehabt....diese Enthüllung war gerade jetzt im August gewesen, als es sie daraufhin aus der Bahn warf....

Piet war nicht groß, er war schwarzhaarig mit Bart, eigenlich schon gänzlich grau, aber hatte alles gefärbt. Er war am Körper stark behaart, auch auf dem Rücken, die Körperhaare waren noch alle schwarz. Er hatte schon Glatzenansatz am Hinterkopf und Oberkopf, braune Augen, einen knackigen Hintern und war nicht schmächtig. Doch Piet war nicht wirklich Doulas Kragenweite. Doch was sollte es, sie brauchte Gesellschaft und wollte sich abgewöhnen, so wählerisch zu sein. Er war witzig, spritzig, wendig und sehr mitteilsam. Das war schonmal sehr gut. Es kam immer prompt Antwort. So sollte es sein. Sie trafen sich am Ostseestrand des Darß, in einem Restaurant, in dem gerade Sonntagsbrunch war, deshalb war es sehr laut und ungeeignet für ein Kennenlernen. Doch er war ihr auf Anhieb sympathisch, und so ließen sie sich nicht stören. Sie hatte vorher schon einmal "nachgesehen", ob sie ihn aus anderen Leben kennt....So kam dabei heraus, dass er in ihrem Indianerleben bei den Sioux ein Freund war und in ihrem Leben in Malaysia bei den vedischen Piraten ihr Bruder. Im Russlandleben um 1650 wurde er nach ihrer Emigration ihr Lebenspartner... Gute Voraussetzungen, um im Hier und Jetzt aufeinander zuzugehen....Und so dauerte das Date inklusive der Spaziergänge und Fahrt zu einem anderen Strand mit Restaurant 8 Stunden. So lange wollte sie es von vornherein gar nicht dauern lassen, aber Piet wollte den ganzen Tag mit ihr verbringen, ließ nicht locker und wich ihr nicht von der Seite. Er nahm sie in einem günstigen Moment sogar in die Arme und küsste sie, Doula ließ es sich gefallen, es fühlte sich gar nicht schlecht an. Als er ihre Puls-Pflaster sah und die Hintergründe dazu erfuhr, wollte er sie fortan beschützen und bei ihr sein. Es schien, als verstehe er sie, ihre Beweggründe und vor allem ihre Mission....und all das, was damit zusammenhing. Endlich war mal einer da, der auf sie einging und sie wirklich auf Dauer begleiten wollte. Piet gab sich alle Mühe und redete ihr zum Munde, das war auffällig.... sie ließ es geschehen, da sie nun für die Klassenfahrtwoche ihres Sohnes einen Schlafgast hatte.

Piet war seit einem Jahr wegen Arthrose in den Händen krankgeschrieben, d.h. er war seitdem kein Truckfahrer und Kommissionierer mehr, sondern widmete sich seinen Hobbys, dem Segeln, dem Colt-Schießen und den Schiffsreparaturen für andere. Er fuhr einen Ami-Ford, um seine diversen Segelboote, die er billig bei ebay erstanden hatte, befördern zu können. Und er hatte auch mehrere Oldtimer, die ihm in einer maroden

Bauernhalle vergammelten....und Motorräder hatte er wohl auch...und diverse Westernsättel, weil er mal im Ausland auf einer Ranch gejobt hat und in Deutschland mit Pferde-Bodentraining befasst war.... So ganz sah Doula bei ihm nicht durch. Er hatte eine "Wohnung", scheinbar eher eine Absteige für 260,- Warmmiete, mit defektem Bad....und eine Wohnungskatze mit Durchfall....das war ihr alles suspekt, aber es war ja nun egal, er schlief bei ihr für die Tage der Abwesenheit ihres Sohnes, und er reparierte einige Dinge auf ihrem Hof. Handwerklich konnte er was. Sie waren nun auch schon intim geworden, das ließ sich nicht abbiegen, es war für ihn ja die Gelegenheit, denn sie war in einer Notsituation...Doch er machte sich Gedanken über das Risiko, das er damit einging, wenn er Zeit und Arbeitskraft für sie bzw. ihren Hof investierte und noch gar nicht wusste, ob aus ihnen etwas werden konnte, er wirkte sehr berechnend.....Doula konnte nicht sagen, ob er ihr wirklich gefiel, sie wollte darüber nicht nachdenken, außerdem machten sie die Tabletten/Psychopharmaka abgestumpft und emotionslos....Sie konnte sich weder richtig freuen, noch konnte sie weinen, wenn ihr danach war....

Doula hatte mit dem Hofkauf-Interessentenehepaar einen Gutachtertermin, der von deren Bank anberaumt worden war. Die Banken taten sich schwer mit der Finanzierung eines Resthofes. Vor dem Termin gab es kurz Knatsch mit dem Ehepaar, weil Doula bei ebay einiges Zubehör, das mit Rinder- und Pferdehaltung zu tun hatte, verkaufen wollte, wie Gatter, Weideraufe u.s.w. Da wurde sie laut, sie seien noch lange nicht Herrscher aller Reusen, noch wäre immer noch sie Inhaber und hätte das Recht Dinge zu verkaufen, die ein Übernehmer nicht nutzen könne, weil er keine Tierhaltung betreiben würde....

Der Gutachter kam vorrangig für eine Überprüfung der Feuchtigkeit im Mauerwerk per Messgerät...Schlussendlich sprang das Käuferehepaar am nächsten Tag ab, weil der Gutachter auf Grund der Mängel und der erheblichen Feuchtigkeit in der Betriebsleiterwohnung vom Hofkauf abriet. Eine nachträglich Feuchtigkeitssperre und Wärmedämmung würde 80 TE kosten.... Es war also klar, dass Doula selbst vom Vorbesitzer in 2008 getäuscht und betrogen worden war....Unter diesen Umständen wurde sie den Hof nicht wieder los....Das damalige Orakel der Zigeunerin Camilla in 2013 hatte Recht behalten....Der Hof würde für Doula im letzten Moment gerettet werden, das hatte sie auch gehofft, denn sie wollte gar nicht mehr verkaufen...Sie hatte weder eine kleine schöne Immobilie für ein künftiges Nest gefunden, noch einen Job, mit dem sie ihr tägliches Brot verdienen konnte. Sie hatte jetzt erst bemerkt, was sie an ihrer Landsitzscholle hatte, als der Hofverkauf an dieses Ehepaar so gut wie in Papier und Tüten war. Es waren einige Krisen und Baustellen in ihrem Leben der letzten 3,5 Jahre gewesen, doch nun wollte sie sich einen Mann nach ihrem Geschmack nehmen - ihr Verstand, ihr Ego wollte das - Jo schien abgehakt, er würde immer einen Platz in ihrem Herzen behalten, doch sie wollte Partnerschaft LEBEN.

Sie "castete" nun verstärkt ernstzunehmende Kandidaten. Der erste war in diesen Tagen eben Piet. Er war keine Schönheit, aber putzig und redselig, wendig, pfiffig und hinter der Geldverdiene hinterher. Sie ließ ihn machen, doch es gab eine Sache, die absolut nicht klappte....das war seine Sexualität...die funktionierte nicht einmal bei ihm selbst mit Masturbieren... Doula konnte, wenn sie wollte, Tote auferstehen lassen mit ihrer Libido und mit Fellatio, doch Piet hatte akute Erektionsstörungen und kam nicht bis zum Einführen, weder mit einer Gespielin, noch durch Stimulation mit sich selbst. Es

war anstrengend, unbefriedigend, auch für Doula, und vor allem ging die Lust dabei flöten, die Lust auf ihn. Da ihm das selbst bekannt, aber unangenehm war, versuchte er, es zu überspielen und ihr einzureden, dass es immer an der Frau läge....Na da war er ja bei ihr an der falschen Adresse...von wegen....Doulas Männer waren immer noch, auch nach all dem zwischenmenschlichen Stress der Meinung, dass sie im Bett eine Granate ist....sie war in deren Augen immer noch ein heißer Feger. Da mit schlaffem oder nicht hartem Glied keine Penetration durchführbar war, war ihr das Gejuckel zu blöd und sie versuchte, Intimitäten oder den Beischlaf abzuwenden. Vor allem seine Begrifflichkeiten und Befehle in Bezug auf Sex mit ihr gingen ihr mächtig auf den Senkel. Das war kein Dirty Talk, sondern vulgär, abstoßend und abartig, weil die Situation es nicht hergab, da war ja keine Lust- sondern eine Frustebene....
"Komm her, blas mir einen, ich will endlich mal abspritzen..." Blasen war sowieso für sie ein nichtzutreffender Begriff, wer den erfunden hatte, scheint Null Ahnung zu haben.... und außerdem könnte man an seinem Ding rubbeln, saugen, lutschen, tun und machen, was und wie man wollte, er bekam oder hielt die Erektion nicht, und DAS war krank.... Wie ekelhaft es bald für sie wurde, sie war doch nicht seine Möse....sollte er doch wie früher nach seiner Erzählung lieber eine Gummipuppe nehmen, doch auch damit schien es nicht geklappt zu haben....Er war so peinsam, so penetrant in seinem Wollen, aber nicht Können, auch tagsüber, doch es ging ja nichts bei ihm in dieser Beziehung. Es war ihr einfach von vornherein zu mühselig, da Hand oder Mund anzulegen. Beim Nachhaken erfuhr sie, dass er diese Probleme schon länger hatte und deshalb einsam war. Er hatte auch schon Professionelle und Spielzeug benutzt, doch es war eben etwas so, wie es nicht sein sollte...

Doula ließ sich von ihm nun ungern ankommen, es war ja auch irgendwie zwecklos, denn wie sollte das weiche Schwänzchen in sie eindringen können. Und sie hatte Lust auf mehr, doch er interessierte sich nur für seine Befriedigung. Sie ging seinen blöden Anmachen aus dem Weg, doch dann musste sie es ihm doch besorgen, denn sie war Fellatio-spezialisiert und endlich war er kurz davor......doch es kam nicht....nun wurde sie bockig wegen seines Versagens und wandte sich brüsk ab. Sie wurde verbal sehr direkt und blockte nun die ganze Affäre....er war stinksauer und packte seine Sachen zusammen. Sie trauerte ihm nicht im geringsten nach, sondern war froh, wieder ihre Ruhe zu haben....

Und doch tat es Doula nach zwei, drei Tagen leid. Sie spürte, dass Piet eine Art Lernaufgabe in Vorbereitung auf den zu erwartenden bleibenden Lebenspartner war. Sie wusste ja, dass auch Jo Potenz- und Erektionsstörungen hatte. Jo kam ihr immer öfter in die Gedanken. Sie verglich beide Männer häufig und musste wie immer feststellen, dass niemand Neues ihr Herz erobern konnte, weil es Jo gehörte. Egal, was er ihr angetan, egal, wie er sich verhalten hatte, ihre Liebe war so groß, so unendlich und unzerstörbar. Doula wusste seit langem um das oberste Prinzip der Vergebung, und sie vergab Jo ALLES, jede Schmach, jeden Schachzug gegen ihr Ego, jeden Dolchstoß in ihr Herz / ihre Seele. Sie war nicht geisteskrank, sondern seelisch angeschlagen, doch sie erholte sich rasch, denn alles, was sie emotional durchlebte, hatte zu ihrer Seelen-Ent-Wicklung beigetragen, die nun scheinbar wohl abgeschlossen war. Auch die seit 3-4 Wochen allabendlichen Ängste vor der Dunkelheit vergingen und machten Vertrauen Platz, das ihre Freunde, Helfer und Angehörigen der Geistigen Welt des Lichts und der Liebe bei ihr waren und auch bei Jo, um ihn in die

Genesung und durch die Etappen SEINER Ent-Wicklung zu bringen.

Doula war derweil damit beschäftigt, noch 2 weitere Seelenverwandte kennenzulernen, einen Dentaldesigner / Zahntechnikermeister mit eigenem Labor und danach einen Typ Bodyguard, der als Eventmanager selbstständig war. Möglicherweise würden ihr beide wichtge Puzzle für ein noch größeres Bild ihrer Seelenfamilie und der nächsten Aufgaben liefern, Zusammenhänge, Verbindungspunkte zwischen den einzlenen Leben..... Doch ihre wahre Lernaufgabe an diesen beiden war, endgültig ihren Hang zum Materiellen aufzugeben, ihr Streben nach finanzieller Absicherung, nach Versorgung, denn ihr ging es momentan schlecht, was die Finanzen betraf. Jetzt hätte sie die 22000,- Euro, die sie einst Jo als Darlehen gegeben hatte, gut gebrauchen können, um Rechnungen, Heizöl, Diesel und Lebensmittel bezahlen zu können...... Diese beiden Männer waren solvent, der Dentaldesigner noch mehr als der Eventmanager, doch als Mann interessierten sie sie beide rein gar nicht, nur als Gesprächspartner waren sie interessant....

Doch vorerst wollte sie Piet helfen, und zwar mit einer telepathischen Regression und Auflösung der negativen Energie, was seine Erektions- und Orgasmusstörungen betraf. Da er ihr bei der Dachrinnensäuberung ihrers Landsitzes geholfen und diverse Dinge auf dem Hof repariert hatte, sah sie diese mehrstündige Behandlung seines gravierenden und ihn seelisch belastenden Problems als Energieausgleich an. Sie wollte außerdem nicht so wie früher nach den Dates und Affären den Kontakt versiegen lassen, sondern wollte diese Seelenverwandten als Freunde oder Bekannte behalten, denn die in den letzten Monaten getroffenen Männer waren spirituell ganz gut entwickelt. Sie verstanden nicht nur Bahnhof, wenn Doula philosophierte, sie begriffen zwar nur knapp die Hälfte von allem, doch das war ja schon ein guter Einstieg für die für sie so wichtige Kommunikation. Die telepathische Sitzung mit Piet dauerte täglich eine viertel Stunde, es waren negative Wort- und Gefühlsenergien die Ursache sein Defizit.... Doulas liebevolle Behandlung führte zu durchstoßendem Erfolg, im wahrsten Sinne des Wortes....sie scannte ihn und reinigte ihn dann mittels imaginärer Licht-Waschstraße und imaginärem Licht-Kärcher...Er war es wert, dass sie ihm half, ihn mochte sie gern, zeitweise sogar sehr gern....

Piet hatte sich in Doula verliebt, das wollte er zwar nicht zugeben, er war doch ein dominanter Mann, der eine herbe kurze Enttäuschung mit einer dominanten Frau erlebt hatte, aber Doula war genau seine Kragenweite. Ihn störte es, dass sie neben ihm weitersuchte und sich noch mit 2 anderen Männern getroffen hatte. Die kamen zwar für sie nicht in Frage, aber sie schien noch nicht angekommen zu sein. Sie forderte, erwartete, wog ab....Piet war ihr zu dominant, er stutzte sie mitunter zurecht, doch sie waren ja auch sehr gute Freunde, eben Freunde mit sexuellen Versuchen, da gab es dann auch Eifersüchteleien. Piet wollte nicht Knall auf Fall eine Beziehung, aber eben doch die uneingeschränkte Favoritenrolle bei ihr. Die hatte er, schon deshalb, weil er ihr auf dem Hof zur Hand ging, sie unterstützte, wo er nur konnte. Doula hatte nun endlich DAS, was sie sich 4 Jahre lang von Jo gewünscht und nie bekommen hatte. Piet warb um sie, brachte ihr Gefühle entgegen, versetzte sie in Leichtigkeit, übernahm trotz allem Verantwortung für sie, kümmerte sich darum, dass sie seelisch wieder auf die Füße kam. Und er wusste um den Umstand, dass Doula noch immer nicht vollkommen von Jo losgelassen hatte. Piet machte sich Gedanken, auch um Doulas sexuelle

Vorliebe, 2 Männer haben zu wollen, Jo und einen zweiten. Doch damit kam sie bei Piet nicht durch. Er wollte ihr ja gern switchend entgegenkommen und seine Dominanz zügeln, doch einen zweiten Mann oder dass Doula Dreier MMF herbeisehnte, duldete er nicht. Doula wurde deshalb vorsichtig, und doch mochte sie Piet sehr und wunderte sich über sich selbst, warum sie nicht endlich zufrieden sein konnte.... Weil die Liebe ihres Lebens und vieler anderer Inkarnationen eben Jo war....Da biss die Maus keinen Faden ab. Doula arbeitete mittlerweile mit Veritas Videre Karten und mit Runen, so dass sie über mögliche Tendenzen bei Jo oder sich immer im Bilde war. Er schien noch eine andere Hürde nehmen zu wollen, eine für ihn größere - das unselige, aber erlassene Darlehen....

Jo hatte Stolz und Moral, war aufrichtig, zwar schwierig und distanziert, aber ehrlich, er wollte es ihr aus freien Stücken ganz und gar wieder zurückgeben....es hatte ihn 2,5 Jahre mehr als belastet, ihr Erlass war damals seine Schmach gewesen, er hatte es sich geschworen, es ihr eines Tages auf Heller und Pfenning zurückzuzahlen, sobald er es konnte....

Piet ging es finanziell auch nicht gut, doch Doula würde nie wieder auf die Idee kommen, jemanden finanziell zu unterstützen. Erstens konnte sie es nicht mehr, zweitens wollte sie Gunst nicht erkaufen, und drittens war Piet ein Pfennigfuchser, schon fast geizig, was er ergattern konnte, nahm er ohne Bedenken....

Kapitel 4

Das 4. Jahr seit der ersten Begegnung endet – Jahr 5 beginnt

Seit sich Jo und Doula im Oktober 2011 auf einer kostenlosen Singlebörse begegnet waren, was zuerst in regen Kontakt und auch in einem realen Treffen mündete, waren nunmehr 4 Jahre des Rückzugs, der gegenseitigen Spiegelungen und Verletzungen vergangen. Und dadurch hatte jeder von beiden auch ohne Kontakt zueinander und körperliche Begegnungen seine Transformationen durchschritten, Doula im Sprint und Jo im Schneckentempo, weil übergestülpte negative Hüllen seiner Ahnen und des Hades-Clans ihn beschwerten und im Netz gehalten hatten, vor allem durch Laila, seine atlantische voreheliche Tochter Muriel. Doula war immer der Meinung gewesen, sie wäre längst durch, mit ihm und mit ihrer Ent-Wicklung, doch sie musste etliche Abschüsse und Wiederholungsrunden einstecken....wie im Computerspiel...sie sprang auf immer höhere Level und bekam von den Gegnern zwischenzeitlich derart eines auf die Mütze, dass sie kurzfristig wie durch eine Falltür zurückfiel, dann aber mit Turbo wieder aufstieg und 10 Stufen höher war. Und wenn man ihr im Herbst 2014 noch geweissagt hatte, es würde im Herbst zusammenkommen, was zusammmengehört, so wurde es durch Torpedos so sabotiert, dass alles sich um ein ganzes weiteres Jahr verzögerte.....

Dass ihr die negative Seite im August 2015 ihre verfügbare Gehirnkapazität von über 30 % gewaltsam auf 20-25 % zurückgedreht hatte - im Vergleich zum menschlichen Durchschnitt von 8-10 % immer noch gewaltig - war nicht nur von Nachteil, das Hören von Bedrohung und Strahlung war nämlich eingedämmt, dadurch hatte sie Ruhe, und außerdem war sie wohl, was die Dämonen betraf, nun vorerst aus der Schusslinie. Die Angehörigen in der 13. BewusstseinsDimension hatten eingegriffen - Doulas Bücher hatte die Geistige Welt der Finsternis zu respektieren - oberstes Gebot des freien Willens und oberstes Gebot, dass Liebe nicht zerstört werden darf - und Doula war nicht nur als Erzengel Emanuel die Liebe selbst. Diese glückliche Fügung war ihr sehr angenehm und wichtig. Es war wieder ein ganz anderes Leben und Erleben, sie fühlte sich nicht mehr verfolgt, nicht mehr auf der Abschussliste. Und sie fühlte, dass Jo sehr oft an sie dachte und in Gedanken mit viel Gefühl mit ihr schlief, auf vielfältigste Art und Weise, er hatte im Herzen die Kommunikation und wollte alles Negative, alle Erfahrungen der letzten Jahre, mit Familie, Laila, Freunden, Bekannten, hinter sich lassen. Es war nichts zwischen ihm und dieser jungen Frau, eine freundschaftliche Verbindung wie zwischen väterlichem Freund und Tochterersatz, nichts Sexuelles, mehr etwas Platonisches, auch wenn diese es anders wollte. Er war über sich selbst verwundert, wie er ihr so lange die Treue halten und sich vor ihren Karren im Feldzug gegen Doula spannen lassen konnte. Welche karmischen Verpflichtungen hatten ihn dazu bewogen? Die Ahnenschaft? Seine vergangene Adoption in Atlantis I, der eigentlich ein Raub aus der Lemurischen Königsfamilie war, durch den Hades-Clan? Jo konnte sich Laila nicht als Partnerin oder Gespielin vorstellen, sie war ihm als Frau nicht gut genug, flatterhaft, besitzergreifend, erdrückend, geistig beengt, wenig intelligent und tolerant. Es war eine gegenseitige und emotionale Abhängigkeit, das Spiel von Täterin und Opfer.....doch Jo war unbewusst selbst zum Täter geworden...in Bezug auf Doula. Er hatte sie aus Angst vor dieser Liebe, vor der Tiefe dieser Gefühle, aus seinem Leben verbannt. Andereseits war er der Laila monatelang hörig gewesen aus Kummer, diese

Verbindung zu ihr zu verlieren, er hatte Verlust- und Versagensängste, Verlustangst bei Laila, Versagensangst bei Doula, seiner atlantischen Ehefrau, für die er sich nicht wertig genug wähnte, er glaubte, ihr nicht gerecht werden zu können, auch was das Sexuelle betraf, denn da hatte er in den letzten Jahren so seine akuten Probleme....

Nun aber war Jo erstarkt, er machte sich mental frei von Laila, er wollte seine Freiheit, seine Unabhängigkeit, wollte nicht Teil ihres Lebens sein und sich ihre Lebensvorstellungen aufdrücken lassen. Sie nahm ihm die Luft, sie drängte sich ihm auf, war oft wie ein lästiges Anhängsel und andererseits nicht wie eine Tochter, sondern wie seine Mutter, die ihn bevormundete. Er hatte zeitweise die Achtung vor sich selbst verloren, auch weil Doula ja im Recht war....wie hatte er dieser Frau so weh tun können, der Frau, die er heimlich abgöttisch liebt, er hatte es sich selbst nicht eingestehen wollen, sie hatte sein ganzes Weltgefüge durcheinandergebracht, ohne ihn zu fragen.... Jo fühlte, dass er nicht mehr der Alte war, weder seine Kutterleidenschaft , seine Freunde, die gemeinsamen Törns, der Schifferverein und die unzähligen Events füllten ihn aus, noch das Geflaxe mit Laila oder anderen Frauen, mit denen er flirtete oder sich traf. Alles war oberflächlich, nicht wahrhaft, alle sabbelten das Gleiche und brachten sich in den Mittelpunkt, alle dachten nur an sich, nicht so Doula, die ein liebes natürliches Mädel war und sich für die gesamte Menschheit einsetzte, sie dachte über den Tellerrand hinaus, sehr weit hinaus, wie er fand, denn er hatte nun auch ihren zweiten Teil gelesen. Seine Schifferkumpels und Freunde frönten unter Alkohol oft dem dummen Geschwätz und dem Gegröle, nicht sein Ding, obwohl er früher selbst der Clown gewesen war. Doch nun war er mittlerweile 51, gereift, tiefgründig....und spirituell hatte er sich auch heimlich weiterentwickelt, angestoßen durch den energetischen Kontakt mit Doula und durch die Unterstützung der Geistigen Welt des Lichts und der Liebe, zu der er in Wahrheit gehörte als Erzengel Arielle. Jo bewunderte Doula, sie hatte trotz aller Warnungen und Anzählungen durch die Kripo, trotz der Strafsachen über die Staatsanwaltschaft gelegentlich immer eine liebevolle Briefkarte geschickt oder mal eine kurze mail. Sie war nicht dreist, nicht aufdringlich, sondern unerschrocken und ließ sich nicht den Mund verbieten, von niemandem. Er zollte ihr heimlich Respekt, sie war etwas Besonderes für ihn, auch wenn er jahrelang den Kontakt gemieden und sie später abgeblockt und bekämpft hatte. Er stellte sich selbst die Frage - Wie hatte er gegen sie vorgehen können, nur weil Laila es so wollte??? Warum hatte er sich von dieser als Waffe gegen Doula benutzen lassen? Das war doch nicht er! Jo hatte sein ganzes Leben lang die Ahnung gehabt, dass Frauen stärker sind als Männer, das ging schon mit seiner Mutter los, und er hatte sich von solchen dominanten Frauen vereinnahmen lassen. Doch er suchte eine liebevolle , natürlich schöne, anmutige Frau, die sich ihm hingibt und sich von ihm führen lassen will, nicht andersrum. Laila hatte ihm diese Rolle nur vorgespielt, sie war in Wahrheit eine besitzergreifende machthungrige Hexe und saugte ihm die Lebensfreude aus, sie nahm ihm die Luft. Die gemeinsamen Kutterfeten und Törns bestimmte sie, und er hatte sich alles gefallen lassen, weil er vor den Schifferkumpels eine heile Welt demonstrieren wollte.....und er wollte nicht einsam sein....liebevolle Freundschaft wie zwischen Vater und Tochter hatte ihm eigentlich vollkommen genügt, auch wenn er eine Zeit lang völlig von Laila den Kopf verdreht bekam und sie sexuell begehrte....sie wusste genau, an welchem Knopf sie bei ihm drehen musste, und er sprang auf sie an, mental und emotional. Sie hatte ihn völlig in der Hand. Und doch bekam sie ihren Willen nicht. Er ging nicht mit ihr ins Bett. Da konnte sie flirten und mit ihren großen Augen kullern wie sie wollte. Im letzten Moment zog Jo im wahrsten Sinne des Wortes immer den Schwanz ein.

Laila war arbeitslos geworden, ihre Erzieherstelllle wurde ihr gekündigt, sie hatte es aber darauf angelegt, denn sie wollte in Jo´s Unternehmen mit einsteigen als seine Mitarbeiterin, und sie wollte mit ihm eine WG führen, d.h. bei ihm einziehen. Jo war hilfsbereit, er hatte für sie ein Herz, denn überwiegend war sie für ihn wie eine Tochter, die man beschützen und fördern muss. Im Grunde wollte er mit ihr nicht unter einem Dach leben, es hatte schon gereicht, dass sie bei ihm ein- und ausging wie sie es wollte. Doch Laila machte auf hilfebedürftig und zuckersüß.....und schon war Jo wieder hin und weg. Er gab ihr ein Zimmer und stelllte sie ein. Damit war Laila dann noch dichter an ihm dran, sie war in viele Dinge involviert und konnte ihn sich um den Finger wickeln. Sie bettelte auch um finanzielle Unterstützung, denn sie wollte sich ein neues Auto beschaffen. Jo gab ihr ohne lange zu zögern ein Darlehen auf unbestimmte Zeit. Er wies sie in seine Geschäfte ein, nahm sie mit in sein Ferienhaus, auch mit nach Mallorca, überallhin schleppte er sie mit. So kamen sie sich sehr nahe, zusätzlich provozierte Laila mit körperlichen Reizen, denn ihr tropfte schon lange der Zahn. Oftmals war es Jo dann doch zu viel, denn er konnte Doula nicht vergessen, und er wusste, dass er sich mit Laila umgab, um sich vor seiner Liebe zu Doula zu schützen. Laila spürte genau, dass Jo Doula als Frau liebte und nicht sie. Das machte ihren Hass auf die Konkurrentin immer größer. Sie stritt oft mit Jo deswegen, doch er ließ nichts auf Doula kommen, er wollte darüber mit Laila aber nicht reden. Laila war für ihn nur ein Alibi, das wusste er. Immer öfter machter er sich aus der Umklammerung von Laila frei und sehnrte sich nach Doula. Das mit Laila war eine Verbindung von

Wirt und Parasit. Das hatte er lange Zeit nicht wahrhaben wollen, und obwohl er wusste, dass nur Doula die Richtige für ihn ist, hatte sein durch Laila manipuliertes Ego sich dagegengestellt, außerdem hatte er große Ängste vor einer Bindung zu Doula, denn würde es nicht klappen, glaubte er , nicht mehr weiterleben zu können.....doch die Seele, das Unterbewusstsein marschiert unaufhaltsam zur Erfüllung des Seelenplans, arbeitet der Verstand dagegen, machen sich psychosomatische Störungen im Körper bemerkbar.....

Doula hatte Jo Ende August am Abend der Bedrohung durch die Dämonen auf seinem Handy kurz angeklingelt, er war gerade auf seiner Kutterfete auf der Spree, sie hatte ohne ihren Namen zu sagen lediglich vor Angst gesagt: "Du hast mich ans Messer geliefert..." Da hatte Jo, der so überrascht war, dass ihm der Unterkeifer runterfiel, sie vor Schreck weggedrückt.....Er war komplett durch den Wind....hatten seine Freunde und Laila es mitbekommen? Es war ihm unangenehm, doch es sollte keine Stimmung mehr in ihm aufkommen.....Was war mit Doula? War sie in Gefahr? War es seine Schuld? Warum rief sie ihn abends um 23.00 Uhr an? Hatte sie getrunken? Es klang nicht danach.....sie wirkte verstört, gehetzt, total verängstigt.....Was hatte er nur angestellt....dieser unselige Ordner mit ihren Recherchen zum 2. Buchteil...... Jo´s Gewissen meldete sich.....er hatte sie doch nur auf Distanz halten und ihr einen Denkzettel für diese bescheuerte Beileidskarte verpassen wollen, Laila hatte ihn aufgehetzt.....doch ER hatte alles ins Rollen gebracht, ER war Schuld daran, dass Doula nun mit Konsequenzen zu rechnen hatte. Jo war es peinlich, dass er tatsächlich kurze Zeit angenommen hatte, Doula würde ihm Böses wollen..... Wie vernebelt waren seine Sinne damals durch Laila..... Er musste und wollte endlich alles in Ordnung bringen. Er war kein

Denunziant und Verräter, es war an der Zeit, Klarheit und Wiedergutmachung zu schaffen.....Das 4. Jahr seit ihrer beider Begegnung im Internet endete nun, es brach im Oktober das 5. Jahr an, das Jahr der Ernte im Sinne von Gott/Göttin, des Pentagramms, des ALLES, WAS IST.....das Jahr der Beseitigung der Trennung der Dualseelen, der Trennung der Seelen von ihrer göttlichen Ur-Quelle und der Trennung des Weiblichen vom Männlichen.... wenn da nicht die negativen Kräfte wären, die zeitweise außer Kontrolle gerieten..... und wenn da nicht die Fädenführer wären, die ungefragt manipulierend lenkten, als Besetzung aus der Aura, als Kritterkobolde während des Trinkens und als dämonische Wesenheiten, die sich Zutritt in menschliche Körper verschafften (Besessenheit) und deren Seele verdrängten.....

Doula fühlte sich einsam, sie glaubte kaum noch daran, dass Jo nach dem einen Besuch irgendwann wiederkommen und ganz bleiben würde. Sie hatte auch keine Ambitionen, anderen Männern die Türe zu öffnen. Sie hatte sich zwar mit einem sehr interessanten Mann über das Internet verabredet, doch als es zu einem Besuch bei ihr kommen sollte, kniff sie und sagte alles ab. Es hielt ja doch keiner ihrem internen Vergleich mit Jo stand. Und so lebte sie lieber wie eine Nonne und träumte von heiler Welt und dem Ideal-Mann. Sie versuchte auch nicht mehr, realen Kontakt mit Jo zu halten, es blieb nur beim Telepathieren, und das auch nur ab und zu. Doula nahm nun wieder ihre Medikamente, die sie seit der Diagnose wegen der paranormalen Zustände verschrieben bekommen hatte. Sie fühlte aber, dass diese ihr nicht guttaten. Sie dämmten nicht ihre zeitweiligen Depressionen, sondern vertieften diese und führten zu suizidalen Gedanken. Außerdem fühlte Doula Appetitlosigkeit, Ekel vor Nahrungsaufnahme, Abscheu vor

Einkauf von Lebensmitteln, gegen Null gefahrene Libido, Angstzustände und Panikattacken, Erschöpftheit, Schlaflosigkeit oder Schlafstörungen – und immer in der morgendlichen Stunde ab 3.00, der Dämonenstunde, gravierende Panik und Angst vor der Zukunft. Es ging soweit, dass sie nachts umherlief, um zu rauchen, nach Tabletten suchte, vormittags bis mittags nicht unter der Bettdecke, unter der sie sich versteckte, hervorkroch und Angst hatte, Auto zu fahren oder mit Leuten in Kontakt zu kommen.

Sie siechte vor sich hin, bekam nichts mehr in den Griff, vernachlässigte ihre persönliche Pflege und jeglichen Kontakt zur Außenwelt. Sie zog sich total zurück und ging auch nicht mehr ans Telefon oder den Postkasten.

Das zog sich hin bis Weihnachten. Vor den Festtagen hatte sie ganz besonderen Horror, denn sie wusste, sie ist allein, niemand wäre da, das Fest mit ihr zu verbringen, sie hatte aber auch keine Lust und Kraft, etwas zu organisieren. Sie wollte nur noch hinüberdämmern.

So kam ihr Ex-Mann gerade recht, der sie über Weihnachten zu sich einlud. Sie war froh über seine Nähe und über alles, was er so schön für sie herrichtete, und doch konnte sie kaum einen Bissen herunterbekommen und war körperlich total geschwächt. Er machte sich große Sorgen um sie, deshalb war er dann über Silvester, als sie Feriengäste hatte, bei ihr und managte alles. Aber er sah, dass sie so nicht weiterleben konnte und es immer mehr bergab ging. Er hatte versucht, sie mit Sex aufzumuntern, doch Doula hatte absolut kein Interesse und Empfinden mehr, alles in ihr war schon fast tot.

Und so kam er eines Abends mit einem extra für sie gekauften Teddy und mit Viagra aufgeladen, schon mit steifem Glied aus dem Auto gestiegen. Er war angetrunken mit Höchstgeschwindigkeit gefahren, um das umzusetzen, was er in seiner sexuellen Gier schon lange mit ihr vorhatte. Doula hatte zwar keine Lust, aber sie wollte ihm den Gefallen tun, und so ließ sie seine Anmachen geschehen und fast willenlos über sich ergehen. Er platzierte sie auf dem großen Flözsessel, zog sie behutsam aus und begann, sie zu verwöhnen. Er stimulierte mit Lippen und Zunge ihre Klitoris, fingerte sie und griff dann selbst zu seinem Schwanz. Doula empfand nichts, rein gar nichts in ihr bewegte sich. Sie hatte keinerlei Erregung, obwohl sie feucht war. Feucht war sie, weil sie tief in ihrem Herzen immer an Jo denken musste, verzweifelt und mittlerweile hoffnungslos. Sie machte sich auch nicht mehr die Mühe, sich ihn als den Gespielen vorzustellen, was sie sonst bei sexuellen Kontakten tat. Sie dachte jetzt nur noch, hoffentlich dringt er fix in mich ein und kommt schnell zu seinem Orgasmus, dass ich Ruhe habe. Doch er wollte oral von ihr verwöhnt werden und hielt ihr seinen Penis vor den Mund. Sie nahm ihn widerwillig auf, den Geschmack angewidert über sich ergehen lassend. Doch sie hatte Erfahrung und so klappte es trotzdem, dass er immer größer und gieriger wurde. Sie brach ab, zog ihn zu sich auf den Sessel und gab ihm zu verstehen, dass er in sie eindringen solle. Das tat er dann auch ohne Umschweife. Doch er penetrierte sie infolge des Viagras derart lange, dass sie nach einer Weile genervt und unwillig abbrach und ihn von sich schob, mit den Worten, dass sie nicht in der Stimmung sei, was sicher an den Medikamten läge. Er hatte Verständnis und trotzdem blieb sein Ständer auch danach noch eine Stunde stehen. Sie wandte sich ab und widmete sich anderen Dingen, verzog sich aus dem Wohnzimmer und überließ ihm die weitere Gestaltung seines Abends. Schnell verzog sie sich in ihr Schlafzimmer und legte ihm sein Bettzeug ins Gästezimmer.....

Am nächsten Tag war er immer noch frustiert und verzog sich nach Hause. Ihr war es nur recht, obwohl sie Panik vor dem Alleinsein hatte. So telefonierte sie nur weiterhin mit ihm und ertrug seine telefonischen Anmachen, die sie immer wieder abbrach. Und doch wäre er ihre wirtschaftliche Rettung, denn er hatte ein mehr als gesichertes Einkommen über sein Gehalt und monatliche Miet- und Pachteinnahmen. Außerdem stand der Betriebsflächenverkauf in den nächsten Jahren bevor, der ihn zum Millionär machen sollte. Sie liebte ihn zwar nicht, kein Stück, und doch wäre er ihr Rettungsanker in Bezug auf finanzielles Überleben bei ihm, mit ihm und in seinem Umfeld. Doch er zögerte noch, zu sehr hatte sie ihn verletzt und betrogen, kurz bevor es 2011 sowieso auseinanderging, weil sie einen anderen Lover ausfindig gemacht hatte.

Sie war innerlich bereit, wieder ein Leben mit ihm ohne ihre Liebe in Kauf zu nehmen, er hatte ja Empfindungen für sie, doch sie kam über Freundschaft nicht hinaus. Auch ihre Eltern waren der Meinung, dass sie lieber diesen Weg wählen sollte, als unterzugehen in Einsamkeit und finanziellem Ruin.....

Mit Grauen sah sie ihren 50. Geburtstag kommen und spielte mit dem Gedanken, es bis dahin ausklingen zu lassen.....das Leben.....das würde alles beenden, diese ganze jahrelange Herzensqual um Jo, eine gemeinsame Zukunft und wahre Liebe, die sie sich immer erhofft hatte, aber in der Realität von ihm nicht bekam. Es war keine Kraft mehr in ihr, weiterzugehen und zu leben.....Das hier war kein Leben mehr, es war nur noch Siechtum.....es häuften sich die Weinflaschen, die sie durch Sturztrinken in sich hineinquälte, zum Teil auskotzte, um sich dann neue zu holen. Sie ekelte sich vor dem Zeug, aber es schaltete ihr Bewusstsein aus, wenigstens für kurze Zeit, bis sie wieder aufwachte und der ganze Mist von vorn begann, ein Auslöschen, dass nicht aus ihrem Selbst kam, sondern wie durch andere Kräfte erzwungen. Sie fühlte die Kritterkobolde, wie sie sie nannte, regelrecht in ihrer Aura und in ihrem Hirn. Doch sie konnte nichts dagegen tun. Sie fühlte sich wie ferngesteuert, und das war sie auch. So konnte niemand freiweillig das Gift in sich hineinschütten, nicht in so kurzer Zeit in solchen Mengen, dass sie den Notarzt rufen musste, um ins Krankenhaus zu kommen.....Dort ließ sie sich nach 3 Tagen entlassen, und schlug alle Empfehlung von Therapie in den Wind, denn sie wusste, dass es nichts mit Sucht zu tun hatte, sondern mit Fremdeinwirkung, Fernsteuerung, denn es gab lange Phasen, in denen sie rein gar nichts trank und auch kein Verlangen nach Selbstzerstörung hatte.....Man versuchte, ihr hochgradige Depression mit Alkoholsucht einzureden und empfahl ihr, sich 6 Wochen in eine Entzugsklinik zu begeben, parallel dazu Antrag auf Rente zu stellen, so fertig war sie schon mit der Psyche. Doula war willenlos und sah sich mittlerweile als Pflegefall, sie hatte alles verloren, was ihr einmal etwas bedeutet hatte.....zwei ihrer Kinder, auch der Jüngste drohte, ihr zu entgleiten, da er oft mitansehen musste, wie sie fast krepierte. Er litt entsetzlich darunter und zog sich in seine virtuelle Welt zurück, schwänzte das Gymnasium und verzog sich oft zu seinen wissenden Kameraden.....Doula und auch er hatten keinen Halt mehr, das ganze Leben brach auseinander, es war nichts mehr da, was Doula am Leben erfreuen ließ, auch die besorgten Anrufe der Mutter brachten nichts. Manchmal kam die Mutter mit einem Taxi über die weite Entfernung, um sie aus ihrem Siechen herauszureißen und zu sich nach Hause zu holen zur Genesung bzw. zur ärztlichen Betreuung.....es kam soweit, dass Doulas Eltern schon einen Platz auf dem Friedhof neben den Großeltern vorsahen, denn das Ende war abzusehen.....

Kapitel 5

Der 50. Geburtstag steht bevor - Flug des Blut-Raben

Doula konnte keine feste Nahrung mehr zu sich nehmen, es ekelte sie - und wenn sie sich etwas hineinquälte, hatte sie Mühe, es herunterzubekommen. Sie hatte weder Geschmack noch andere Empfindungen. Sie schlief am Tage, weil sie mit dem Wein im Körper eindämmern konnte, ohne noch nachdenken und verängstigt sein zu müssen. Sie stand morgens auf, machte ihr aufgequollenes Gesicht flüchtig zurecht, um beim Bäcker neuen Wein zu kaufen oder an Tankstellen, oder sie ließ welchen vom Taxiunternehmen kommen. Ihr war es egal, ob es sich herumsprach oder nicht. Es war eh alles zu Ende. In drei Tagen war ihr 50. Geburtstag, am 12.2.2016, eigentlich etwas Besonderes, doch nicht für sie. Was sollte ein weiteres Lebensjahr bringen, ohne Aussicht auf Zukunft, Liebe, Halt, Gesundheit, Familie. Sie trank, aß nichts und lief nur noch in Lunschen oder Bademantel umher, auch die Augen waren schlechter und die Feinmotorik nicht in Ordnung. Sie hatte alles gründlich satt und bereits zwei Flaschen heruntergestürzt, eine halbe mitten in der Nacht, den Rest morgens. Wie von unsichtbarer Hand gelenkt, ging sie zum Medikamentenschrank, denn dort hatte sie starke Beruhigungstabletten, die ihr ihre Psychaterin bei Bedarf verschrieben hatte. Einem starken Antrieb folgend, nahm sie erst zehn Stück auf einmal, und ihr war die Wirkung völlig Wurst. Sie trank Wasser dazu und schmiss sich die nächsten zehn ein. Dann legte sie sich auf die Couch im Wohnzimmer, um zu schlummern und nichts mitzubekommen. Nach einer Weile schreckte sie hoch, sprang wie gehetzt auf und holte sich noch einmal zehn Tabletten davon. Sie legte sich wieder hin und stellte Wasser auf den gläsernen Couchtisch. Mehr bekam sie nicht mehr mit, alles um sie herum verging langsam.....

Doula empfand tiefste Finsternis, sie wusste nicht, wo sie war, alles war fremd, aber nicht unheimlich. Sie versuchte, den Kopf zu heben, vergeblich, sie hatte Schmerzen, im ganzen Körper.....und glitt wieder hinweg.....Als sie erneut den Kopf heben wollte, stieß sie an etwas Hartes, sie lag wie in einem Käfig, überall von Metall begrenzt. Irgendwann bemerkte sie, dass sie unter dem gläsernen Couchtisch mit schmiedeeiserner Einfassung war, konnte aber kein Glied rühren. Ihre Beine und Schenkel sowie die Hüfte, auf der sie lag, waren gelähmt und steif vor Schmerz. Sie fühlte etwas Warmes, Feuchtes, in großen Stücken zwischen ihren Schenkeln von Scham bis Steißbein. Die Hose war durchnässt. Doch es war stockfinster, und sie konnte nichts sehen. Später war sie in der Lage, einseitig Hand und Arm zu bewegen und ertastete das Eklige zwischen ihren Schenkeln. Sie roch an ihrer Hand. Es war Blut, in großen wabbeligen Klumpen, es stank, sie lag in ihrer eigenen Seche und ihrer eigenen Blutgrütze. Doula schrie verzweifelt, ihr Jüngster kam und machte Licht. Er war angewidert und wollte sich verziehen. Da bettelte sie, er möge ihr das Handy reichen, damit sie einen Notarzt rufen könne. Schließlich - er sagte, es wäre kurz nach Mitternacht - beorderte sie Hilfe zu sich, so dass ein Bereitschaftsarzt ihren Fall untersuchen konnte. Sie erzählte ihm von einem Alptraum und dass sie wohl von der Couch geknallt wäre. Der Arzt untersuchte sie und diagnostizierte eine Hüftfraktur. Darauf ging alles ganz schnell, und es kam ein Notarztwagen. Doula konnte sich nicht bewegen, man schob den Tisch beiseite und manövrierte sie auf eine Trage. Es war entsetzlich, schmerzhaft und peinlich, doch sie wollte überleben und biss die Zähne zusammen. Sie fuhr ohne persönliche Sachen mit in die Klinik. Dort hätte man jedoch kein Bett gehabt, nur ein Notbett auf dem Gang.....Sie stank bestialisch und war eine Zumutung für die Helfer und Ärzte. Man machte diverse Untersuchungen und Röntgenaufnahmen, doch niemand kam auf die Idee, ihr Blut abzunehmen, um genauer zu prüfen.....Schlussendlich stellte man lediglich eine Hüftprellung fest, gab ihr Krücken mit und schickte sie per Taxi wieder nach Hause.....

Es war eine Qual für Doula, denn sie konnte nicht auftreten und nicht zur Toilette, sie hatte auch keine Empfindungen, was die Blase betraf. Wenigstens hatte sie Schmerztabletten bekommen, so dass sie irgenwann auf der Couch einschlief, immer noch in denselben stinkenden Klamotten.

Doulas Mutter hatte gespürt, dass mit ihr wieder etwas nicht stimmte, sie war tagelang nicht ans Telefon oder Handy gegangen, deshalb rief sie nun, nachdem sie ihren Enkel aus dem Bett geklingelt hatte, bei ihr an und organisierte daraufhin sofort eine Taxifahrt, um zu Doula zu kommen, mit der Absicht, sie fahrfähig aufzupäppeln und in eine heimatliche Klinik zu schaffen.....Ihre Mutter war herzkrank und schlecht zu Fuß, außerdem psychisch wegen Doula überstrapaziert, doch sie wusste, es war jetzt mit ihrer Tochter das Letzte vor dem Total-Aus. Sie wollte verhindern, Doula in einem Sarg in die Heimat holen zu müssen. Monatelang hatte sie versucht, ihre Tochter dazu zu bewegen, den Hof abzustoßen und in die Heimat zu den Eltern zurückzukehren.

Doula dämmerte vor sich hin, irgendwann konnte sie sich nach oben ins Schlafzimmer quälen, um einen Koffer zu packen, sie hatte lange nicht gewaschen, und das Bettzeug und der Schrankinhalt lagen verstreut, weil ihr Jüngster vor Wut auf sie ausgerastet war..... Später, als Doulas Mutter mit dem Taxi ankam, wurden sie und ihr Sohn endlich wieder versorgt und bekocht, die Mutter hatte mit dem Taxifahrer zusammen eingekauft.

So war der 50. Geburtstag ein Tag, an dem Doula Fürsorge und Mutterliebe genießen konnte, sie lag regungslos auf der Couch, und langsam kam auch die Kraft zurück, sich duschen und umziehen zu wollen. Sie war umsorgt und behütet, wie lange hatte sie das schon vermisst. Ihr Körper nahm nun endlich Schonkost an, Rührei und Kartoffelstampf, damit kamen die Lebensgeister zurück. Irgendwann konnte sie sich dann auch in die Dusche quälen und sich neue Sachen anziehen. Zum Schminken war sie noch nicht wieder bereit. Ihre Mutter blieb des Nachts neben ihr auf der Eckcouch sitzen, um dort so zu schlafen und Doulas Atem zu bewachen. Sie befürchtete, ihre Tochter würde doch noch von der Welt gehen, da der Urin immer noch dunkelbraun und der Puls nicht in Ordnung war.

Es wurde organisiert, dass Doulas Vater dann mit dem Auto kam, um beide abzuholen. Doulas Jüngster sollte allein zu Hause bleiben, er war es ja gewohnt, außerdem war er bereits 17 Jahre alt und musste sich seit längerem mit Pizza versorgen lassen und selbst Wäsche waschen. Doula hatte ein furchtbar schlechtes Gewissen, sie liebte ihre Eltern und ihren Sohn und musste nun mitansehen, wie sich alle große Sorgen um ihr Überleben machten. Sie musste und wollte unbedingt in eine Entgiftung, schon wegen der vielen Tabletten, wollte aber in der Nähe ihrer Eltern sein, um von ihnen Besuch empfangen und Halt haben zu können. Sie ließ sich einfach fallen und hoffte auf eine Wiederherstellung ihrer Gesundheit. Das war jetzt das Wichtigste.

In der Entzugsklinik, in der sie elf Tage verbrachte, bekam sie Einblick, wie weit das Gehirn von betroffenen Alkoholmissbrauchenden und -abhängigen geschädigt sein kann. Doch Doula hatte Glück, ihre kognitiven Fähigkeiten waren immens und ihre Blut-und Organwerte relativ in Ordnung. Sie nahm an allen therapeutischen Veranstaltungen teil, auch mit einem stark angeschwollenen Elefantenbein infolge der Hüftprellung im Rollstuhl sitzend. Sie hatte regen Kontakt zu den Mitklienten und erfuhr viel von deren Lebensgeschichten und -problemen. Im Grunde wollte Doula 5-6 Wochen bleiben, weil empfohlen, davon waren jedoch nur elf Tage auf dieser 1. Station, der Rest sollte zeitversetzt stattfinden, da kein Platz frei war. Das wollte sie jedoch nicht, außerdem war ihr die Begrenztheit, das "Kindergartentheater" nachher auch über, sie wollte nach Hause und ihr Leben selbst wieder in die Hand nehmen. Therapieplatz in der Nähe ihres Hofes, Reha-Klinik oder sonst dergleichen.....Und sie wollte nicht mit dem Zug zurückfahren, dazu war sie noch zu schwach und optisch zu entstellt. Doula hatte Glück, ihr Ex-Mann holte sie ab und brachte sie zu sich nach Hause. Er hatte großes Mitleid mit ihr, sie verstanden sich immer dann prima, wenn es ihr schlecht ging und sie fast zerstört war, ...ging es ihr blendend, hatte er ein Problem mit ihr.... Nun war es aber soweit, dass er sie bei sich aufnehmen wollte, als WG-Mitglied, bis sie wüsste, wie es weitergehen soll. Natürlich hatte er den Hintergedanken, wieder mit ihr zusammenzukommen, auch, was den Sex betrifft, denn das hatte er noch nicht aufgegeben. Sexuell war sie in seinen Augen wörtlich rattenscharf, dafür hatte sie gar kein Ohr, das blendete sie aus.....

Doula war alles recht, und sie war ihm sehr dankbar für diese Zwischenlösung - so zog sie vorerst mehrere Tage zu ihm und pendelte zwischen ihm und ihrem Sohn. Anfangs hatte sie

Angst und Panik vor der leeren Bude, wenn er arbeiten war und verkroch sich wieder ins Bett, kochen und essen konnte sie immer noch nicht wieder, doch es gab Streit wegen ihrer Lethargie, und so zwang sie sich zum Aufstehen. Sie wollte unbedingt die in der Klinik verschriebenen Antidepressiva und Neuroleptika absetzen, denn sie spürte, dass sie wegen dieser Medikamente nicht wirklich auf die Füße kam.... Sie organisierte sich ganz schnell einen Therapieplatz in der Nähe seines Wohnortes für 3 Wochen, was in der Regel gar nicht ging, so ausgebucht waren die Plätze, aber sie setzte alle Hebel in Bewegung, zu erreichen, was sie unbedingt wollte und brauchte.

Doula reduzierte die Medikamenteneinnahme im April von sich aus und kam so schnell auf die Beine und in ihre Kraft, dass die Therapeuten und Mitklienten in der Tagesklinik staunten. Sie war ganz fix wieder ein lebenslustiger und kontaktfreudiger Mensch, authentisch und voller Power.....sie nahm nun keinerlei dieser Medikamente mehr ein und all dieses Gift verflüchtigte sich. Sie wusste, dass Antidepressiva und Neuroleptika das Gegenteil von dem bewirken, was sie vorgeben, zu heilen. Die Pharmazie ist ein Bestandteil der Wirtschaft, des Goldenen Kalbes (Finanzimperiums), bei dem es um Profit geht, nicht um das Wohl der Menschen, Klienten bedeuten Geld, immerwährend kranke Menschen bedeuten viel und lange Geld.....Dass aber diese Medikamente sogar in suizidale Phasen bringen bzw. Suizid begünstigen, hatte sie erlebt..... Je länger sie von diesem Zeug runter war, desto besser ging es ihr. Sie begann, Möbel und persönliche Sachen zu holen und schrieb Bewerbungen, um eine sinnvolle Tätigkeit zu finden. Die alten Möbel der WG wurden zur Deponie gebracht und ihre einst gemeinsamen Wohnzimmer- und Flurmöbel bei ihm aufgebaut. Diverse Sachen bekam ihre große

Tochter geschenkt.

Doula war froh, nicht auf ihrem Hof miterleben zu müssen, wie Hof-Kaufinteressenten vom Makler durch das Objekt geführt wurden. Doch sie musste es ihrem Sohn zumuten, der sich hinter seinem PC verschanzte. Damit hatte sie ethisch ein ganz großes Problem, denn sie wusste, wie menschenscheu ihr Jüngster war. Schmerzlich wurde ihr nun auch bewusst, dass er sich eine WG in Rostock suchte und sich für´s Studium einschreiben würde - wieder jemand, den sie liebevoll loslassen musste.....

Kapitel 6

Endgültige Trennung von Nexus

Dass es nun Zeit war, sich zu positionieren, wusste Doula. Ihr Ex hatte sich kein Stück verändert in den fast 5 Jahren. Er war immer noch griesgrämig, nörgelig, nervös, fahrig, stinkig und ein Energievampir. So oft wie möglich fuhren sie, um ihn auf andere Gedanken zu bringen, zusammen los, ein anderes Auto für Doula aussuchen, denn ihr Geländewagen war in der Unterhaltung zu teuer. Sie kauften zusammen Lebensmittel ein, zogen durch outlet-Center, gingen Eis essen oder zum Strand. Doch sie hatten sich nichts zu sagen, immer wenn sie von ihren Themen, die sie bewegten, anfing, blockte er ab. Er war der Meinung, ihr Können, ihre Gabe sei brotlose Kunst, sie solle endlich ihren Beitrag zum Haushaltsetat leisten. Doch sie erhielt nirgendwo Zusagen bei den Jobangeboten, die ihr lagen. Er nervte nur noch, denn er war mit sich selbst unzufrieden, weil er nun 4 Wochen lang wegen eines Rückenleidens krankgeschrieben war und nichts mit sich anzufangen wusste.

Sexuell ließ Doula ihn nicht an sich heran, obwohl sie längst wiederhergestellt war. Sie hatte sehr große Sehnsucht nach Jo und fühlte ihn wieder körperlich. Sie hatte oft das Gefühl, er käme abends oder nachts zu ihr, um sich mit ihr zu vereinen. Erst bemerkte sie, dass er telepathisch andockte, dann spürte sie ihn körperlich neben oder hinter sich, sie umarmend, küssend und zärtliche Worte ins Ohr flüsternd. Ihr Körper drängte seinem entgegen, und sie streckte wohlig ihre Brüste aus, die er innig umschlang und an den Knospen zwirbelte. Seine harte Männlichkeit stieß an ihren Leib und bat um Einlass, doch sie wollte ihm oftmals erst voller Wonne seine

Hoden mit Lippen und Mund stimulieren, brachte ihn in Hündchenstellung und begann von hinten, die strammen Eier zu streicheln, zu lutschen und mit der Zunge anzutörnen. Mit der Hand griff sie von hinten durch die Schenkel durch und massierte sein beachtliches steifes Glied. Es war eine Wolllust für sie, ihn stöhnen zu hören, wenn sie die Vorhaut über seine Eichel vor und zurück schob und mit den Fingerspitzen die empfindliche Kuppel miteinbezog. Jo war sehr gut bestückt, dagegen waren seine Füße und Hände eher klein, aber trotzdem schön. Für seine relativ geringe Körpergröße von ca. 1,75 hatte er einen mächtigen Hammer, im Verhältnis entsprechend der Königselle der Elohim, wie sie es immer sinnierte (die Elohimmänner in 12 D entsprechen einer Körpergröße von irdisch 5 Metern und haben eine eregierte Penislänge von ca. 52 Zentimetern). Doula spürte, wie seine Sahne in ihm aufstieg und die Schwellkörper sich ausdehnten. Er genoss es, sie so aktiv zu erleben. Oft ging sie zum Fellatio über, ihrer Lieblingsaktion, um sein Ejakulat in sich aufzunehmen. Das liebte sie so sehr. Doch sie hatte noch eine andere sehr schöne Variante entdeckt, den Anilingus. Jo ließ es erschauern, wenn Doula mit ihrer Zunge zärtlich seine Rosette stimulierte und dabei Anus und Hoden streichelte. Und noch erregter wurde Jo, wenn sie mit eingegeltem Finger in seine Schließmuskeln eintrat, um die Prostata zu fingern. Dann gab er Töne der Ekstase von sich und schmolz dahin. Er gab sich ihr hin, in seiner ganzen Empfänglichkeit, konnte sich wahrhaft fallenlassen und einen wunderschönen Orgasmus genießen, den sie durch Handjob auslöste. Sie leckte seinen Erguss auf oder hielt ihr Gesicht zum Besprtitzen hin. Wenn er kam, war sie meist selbst dem Höhepunkt nahe, den er dann durch Fingern oder Lecken auskostete. Telepathisch waren sie sich beide einig, aufeinander ab- und eingestimmt. Jo frohlockte, wenn Doula orgastisch wurde und ihm ihren Unterleib zuckend entgegenstreckte. Doch noch schöner war es, wenn er IN IHR kam und oft gleichzeitig MIT IHR. Sie wiederholten dies mehrfach, denn sie konnten voneinander nicht genug bekommen, später umschlangen sie einander, spürten das Nachhallen der Kontraktionen und schliefen glücklich entspannt miteinander ein.

Doula hatte schon viele Männer gehabt und Jo viele Frauen, bevor sie sich beide 2012 real trafen, doch so eine Intensität und Intimität wie telepathisch miteinander gab es bisher nicht. Das war einzigartig, das war etwas Besonderes, ein Gleichklang.

Mit ihrem Ex wollte Doula keine körperliche und geistige Nähe, sie konnte ihn wohl ab und zu einmal in den Arm nehmen, doch vermied sie weitere Zärtlichkeiten. Sie spürte seine grimmigen Blicke und seine Genervtheit wegen des Sexentzugs - deshalb wusste sie, dass es nicht mehr lange dauern würde, bis die Bombe platzt. Dass ihr Ex in der 6. Dimension der Atlantische Magier, der Reptiloide, Nexus ist, hatte sie ja schon länger im Bewusstsein. Nexus hatte Jo und ihr nicht nur in Atlantis geschadet, indem er Laila (Muriel), die atlantische voreheliche Tochter von Jo, vor seine Karre spannte und sie in ihrem Vater ein Inzest-Implantat setzen ließ, was in diesem Leben Auswirkungen hatte.....sondern z.B. auch im Altbabylonischen Reich, als er beide, Jo und Doula, als Hohepriester beim für Priester verbotenen Sex erwischte, sie verrriet und aus niederen Gründen wie Eifersucht zur Hinrichtung brachte. Nexus stand schon seit 2011 dieses Lebens zwischen Jo und ihr, sie hatte viel Karma und negative Energien aufgelöst, wusste aber, dass diese WG jetzt lediglich eine Kooperation war, eine Karmabereinigung. Nexus hatte an ihr wiedergutzumachen, deshalb versorgte er sie jetzt zur Überbrückung. Laila, die immer noch auf Jo fixiert war und ihn stalkte, hatte energetisch dafür gesorgt, dass Nexus wieder mit Doula zusammenging, um Jo und Doula füreinander zu blockieren. Doch Doula war im Bilde, und ihr Herz ließ Jo nicht los und umgekehrt.....

Es war nun die Zeit, dass Doula wieder aktiv auf ihrer facebook-Seite wurde, sie hatte das alte Profil vom Vorjahr gelöscht, auf dem sie kontrolliert, zensiert, beschossen, gestalkt und geschnitten worden war. Nun "sammelte" sie wieder die "alten" Seelenverwandten ein, aber nur diese, keine anderen mehr. Sie fand wieder: Arne, Paul, Anne u.s.w. aber auch aus dem Likedeelerleben, in das sie öfter ging, Likedeeelr Ole (in diesem Leben Rudi), Stine und noch ein paar aus Jo´s Berliner Hafen. Bei Rudi freute sie sich, dass er ihre fb-Anfrage annahm, denn sie hatte schon befürchtet, er hätte sie nach all der Briefpost zu MK Ultra für bescheuert gehalten. Bei der Gelegenheit erfuhr sie von ihm vom plötzlichen Tod ihres Likedeeler Vaters Claas, der im November dahingeschieden war. Jedoch konnte Doula nun mit diesem telepathieren und war darüber im Bilde, dass die negativen Kräfte ihn ausgekickt hatten, was gegen die Vorsehung verstieß, genau wie bei Doulas alter Freundin Tizia-Rebecca, die als Keltische Hohepriesterin gewirkt hatte. Claas hatte Jo positiv beeinflusst, und die Hohepriesterin hatte ihr selbst oft geholfen. Doula hatte in DER Zeit selbst gesundheitliche Probleme durch die Schwarzmagie, die auf alle drei abgezielt war. Doch vor allem Psychotronics (Haarp), Subliminals und Skalarwellen hatten diese Krankheiten forciert.

Doch mittlerweile wusste Doula, wie man Negatives ausschaltet, man braucht es nur regelmäßig und gründlich zu BESTIMMEN (freier Wille ist oberstes Gebot), also denken oder sagen, dass man FREI IST von negativen Eigenenergien, negativen Fremdenergien, negativen Wesenheiten, sämtlicher Manipulation wie Psychotronics, Subliminals, Skalarwellen, Plasmawellen und von schwarzmagischer Beeinflussung....

Doula hatte nun einen kleinen feinen Freundeskreis, alles Mitglieder ihrer engsten Seelenfamilie. Sie arbeitete wieder medial und brachte viel und oft uraltes Geheimwissen über ihre "Channel-bewusst-TV"-postings. Die Leute lasen es mit großer Aufmerksamkeit, auch wenn sie real nicht alles verstanden, sie folgten ihr und waren offen dafür, wie Doula anders und frei zu denken und zu fühlen. Doula gewöhnte sich an, alle, die um Aufnahme baten, zu checken, zu prüfen, aus welchem Leben sie sie kannte und sie vom demiurgischen Seelenpakt mit der schwarzen Loge zu befreien, der allein in diesem Leben mit der Taufe geschlossen wurde und lebenübergreifend für alle Ewigkeit galt, vorher fragte sie in jedem Fall die Seele, ob sie das tun dürfe.

Doula musste nun in der Krankheitszeit ihres Ex´ heimlich auf facebook agieren, denn es passte ihm nicht, dass sie medial wirkte. Er wollte sie kontrollieren, nahm an, dass sie dort mit diversen Männern flirtete. Sie hatte immer ein schlechtes Gewissen, weil er sich ausgegrenzt fühlte, doch es war ihre Berufung, ihre Mission, außerdem war sie gewillt, ihren 4. Buchteil vorzubereiten, dazu dienten ihre posts als Klatte. Seine Stimmung wurde immer schlechter. Und obwohl sich beide einig gewesen waren, dass kein Alkohol getrunken wird, fing er wieder an. Er besoff sich am Tag und fuhr am nächsten zu Doulas zweiter Tochter und deren Mann, die sich von ihr abgewendet hatten. Dort wurde gezecht und im Internet auf facebook gestalkt, man kontrollierte dort, was Doula machte, postete und welche Internetseiten sie aufrief. Als er dann wieder aus dem Wochenende zurück war, trank er weiter. Er fuhr angetrunken zur Tankstelle und besoff sich, kam zurück und textete sie zu: "Du wirst ohne meine finanzielle Absicherung untergehen...." - "Aus dir wird sowieso nichts...." - "Du wirst nach wie vor nichts auf die Reihe kriegen...." Doula blieb ruhig und löste in Gedanken seine negativen Wortformationen in Licht und Liebe auf für alle Ewigkeit und im Torus. Dann verzog sie sich aus seiner Schusslinie. Als sie wiederkam, schnarchte er sitzend auf der Couch. Den Rest des Abends ging sie an den PC und bereitete mental ihren Abgang vor, denn er hatte ja damit geendet, dass er sagte: "Morgen kaufen wir für dich für den Geländewagen ein kleines Auto, und dann kannst du mit deinem Hof dort machen, was du willst." Doula war froh, dass nun Schluss war, wollte aber trotzdem einen freundschaftlichen Ausstieg, um kein neues Karma zu erschaffen. Deshalb wurden am nächsten Tag alle Verträge aufgelöst, die gemeinsamen Möbel ließ sie da, auf finanzielle Absicherung verzichtete sie und sie channelte ihm seinen weiteren Lebensweg – nachdem sie ihn sich FÜR das Leben und nicht für den Alkohol entscheiden ließ. Sie gab ihm den Vornamen seiner künftigen Lebenspartnerin, Alter, Haarfarbe, Wohnort, Treffpunkt. Nach dem Autokauf, dessen Auslieferung später sein sollte, lieh er ihr sein altes Auto, sie verabschiedete sich, nahm ihre persönlichen Sachen und verzog sich zu ihrem Ferienhaus. Dort ging sie in Meditation, reinigte ihn, aber auch Jo, und befreite beide von negativen Besetzungen. Nexus hatte sich in Jo´s Aura festgesetzt gehabt, sicher, um ihn zum Trinken und zur Labilität zu bewegen und ihn dadurch nicht in Höheres Bewusstsein kommen zu lassen. Sie schickte an Jo die Nexus-Besetzung zurück zur Ur-Quelle, zu Licht und Liebe, und das im Namen der Heiligen 5 Elemente des Universums, für alle Zeiten, alle Leben, alle Inkarnationen, alle Ebenen, alle Dimensionen und auch in der Akasha-Chronik und im Äther (Torus).

Kapitel 7

Entbindung vom demiurgischen Seelenpakt -- Nächtlicher Besuch

Es war nun an der Zeit, dass Doula die tieferliegenden Ursachen finden wollte, weshalb sich Menschen als Schergen der schwarzen Loge, der negativen Kräfte, irdisch und überirdisch missbrauchen ließen. Alle Politiker dieser Welt sind Marionetten an Fäden, die von ganz anderen als den irdischen Mächten geführt werden. Durch das Herabsteigen von Engelsfürsten wie einst Erzengel Michael als griechischer Hades, sumerisch Enlil - und Erzengel Sathanael=Lucifer (Erzengel Samael) als griechischer Poseidon, sumerisch Enki - die demiurgisch manipuliert und mit dem Ogonki-Virus (Reptiloide) infiziert in die Verpaarung mit Menschen übergegangen waren, erstens, um Sexualität körperlich auszuleben mit Menschen und zweitens, um ihre reptiloiden Blutlinien zu schaffen - konnten Menschen dann nach dem Gen-Experiment, dass diese sumerischen Annunaki-Götter an ihnen vorgenommen hatten, auf Grund ihres reptiloiden genetischen Erbes angedockt und manipuliert, ferngesteuert, für egoistische Zwecke missbraucht werden. Die DNS war von 6 Doppelhelixes auf 2, die verfügbare Gehirnkapazität auf 6-10 % und das körpereigene Sonar auf 7 Chakras reduziert worden, schon in der Epoche Atlantis I während des Gen-Experiments, so war die Wahrnehmung der Menschen auf ein Minimum reduziert. Sie kamen durch das Reinkarnationsrad immer wieder ohne all ihr in der jeweiligen Inkarnation erarbeitetes uraltes Wissen auf die Welt und hatten nur wenige Lebensjahre zur Verfügung, ihr Seelenpotential zu entwickeln. Über Besetzungen in der menschlichen Aura oder über Besitzungen im Inneren (dämonische Besessenheit) wurde der menschliche Ego-Verstand gesteuert. Das Herz/die Seele ging nicht zu manipulieren, doch die Seele war durch einen demiurgischen Seelenpakt gebunden, verkauft worden. Es ging dann immer um das Erleben der Dualität in der Matrix, das Erleben von Schmerz, Leid, Qual, Trauer, Angst, Neid, Missgunst, Trieb, was Futter dieser dämonisch-reptiloiden Wesenheiten war. Der Demiurg, der im Himmel als nur-Geist-Sohn ohne eine weibliche Zwillingsflammen-Entsprechung als Experiment von den Heiligen 5 Elementen des Universums erschaffen worden war, war zwar Licht (uraltes Wissen) aber ohne Liebe. Er ersann, weil er einen hochentwicklten Mentalkörper, aber keinen Emotionalkörper hatte, Mittel und Wege, eine neue Welt, die ihm diente, zu erbauen. Er schuf das Ogonki-Virus - und damit entwickelte sich irdisch und überirdisch alles aus sich selbst heraus. Gut und böse, schwarz und weiß, Krieg im Himmel und auf der Erde. Die Kräfte des Licht UND DER LIEBE schickten ihre Vertreter auf die Erde, als Inkarnierte in menschlichen Körpern, diese mussten sich aber immer erst geistig entwickeln. Doch auch die Kräfte des "nur" Licht (Nur Wissen, ohne Liebe) platzierten ihre Schergen auf der Erde, und so war es ein Schachspiel der Titanen, der Engel gegen die herabgestiegenen Engel (Dämonen). Es ging dem Höchsten Bewusstsein der Heiligen 5 Elemente des Univerums nun darum, zu beweisen, dass letztendlich die wahre, bedingungslose, reine Liebe siegt und alles wieder dahin zurückkehrt. Das war über all die Zwischen-Lerninkarnationen seit Atlantis I bisher nicht geglückt, doch nun waren in diesem Leben in den 50er und 60er Jahren gezielt die Hauptschachfiguren, die Schlüsselpaare aus Atlantis I, wiederinkarniert, mit ihrer jeweiligen Mission. Es sollte zusammenkommen, was vorgesehen/vorbestimmt ist, Schicksalspaare vieler Leben, die Zwillingsflammen (Dualseele), die getrennt inkarniert waren, sollten SICH SELBST und einander finden. Wenn nicht nur spirituell und emotional nach Karmabereinigung, sondern auch körperlich zusammenkam, was zusammengehörte, würde es einen Dimensionssprung in die 5. und Höhere Bewusstseinsebene geben, für das Wesen Erde und ihre Bewohner. Würde das Drachenpferd der Elohim, Erzengel Emanuel und Erzengel Arielle in körperliche Vereinigung und Verschmelzung gehen, gäbe es einen weiteren Bewusstseinsanstieg um 5 % - Somit würde der Kipppunkt von 10 % des Kollektiven Bewusstseins überschritten werden und damit eine Kettenreaktion über das morphogenetische Feld der Menschehit ausgelöst werden. Dass diese Schlüsselpaare blockiert wurden, in vielen Leben, lag auf der Hand.

Durch die demiurgische Erschaffung der 5 Weltreligionen, die immer den Demiurgen selbst als Gott-Symbol enthielten, die Menschen aber voneinander trennten und gegeneinander aufwiegelten, wurde nicht nur das Reinkarnationsrad, die Bindung an die Matrix gefördert, sondern auch Formen des Seelenpakts über die Religionszugehörigkeit, z.B. die Taufe innerhalb des Christentums. Dieser demiurgische Seelenpakt galt ÜBERGREIFEND auf Leben, Zeiten. Inkarnationen, Ebenen, Dimensionen, in der Akasha und im Äther. DAS war das Entscheidende, also egal, in welchem Leben ein solcher Pakt abgeschlossen wurde oder Chips, Sticks, Implantate, Siegel gesetzt wurden, sie galten torudal.

Es war nun also erforderlich, die Menschen im Einzelnen von ihrem Seelenpakt mit der schwarzen Loge zu entbinden. Doula begann damit bei den engsten Seelenverwandten, die sie bei facebook gesammellt hatte, dann bei ihren Ex-Männern, Kindern, Eltern, Jo und sich selbst, und jeden, den sie bei facebook aufnahm, checkte sie erst und entband ihn dann, um weiterhin sicher recherchieren und ihre Klatte veröffentlichen zu können. Vorher fragte sie bei jedem über die Seele, ob das gewünscht sei, mit manchen musste sie clever argumentieren, doch letztlich gab es niemanden, der nicht doch zurück zu Licht UND LIEBE wollte. Es machte sich auf jeden Fall im Verhalten der Beteiligten deutlich. Doula nahm so einige Skipper aus Jo´s Hafen mit auf, die sie aus dem Likedeelerleben erfühlte. Viele waren erst sehr gnatzig im Umgangston, wurden dann aber offener, zugänglicher für Spirituelles und harmonischer.

Doula befasste sich nun zunehmend mehr mit Dingen, die kursierten wie flache Erde, Polöffnungen, Mondbesetzung, Innererde-Bevölkerung. Dabei stieß sie darauf, dass je nach Bewusstseinsdimension die Erde andere Formen hatte. So war sie in der 2. Bewusstseinsdimension 2 D eine Fläche, eine Scheibe. Und je weiter / höher sie stieg im Bewusstsein, desto mehr wurde sie zum Torus, zu einer pulsierenden Kugel mit 2 Polöffnungen bis hin zu 12 D. Und so sind alle 12 Plaenten unseres Sonnensystems aufgebaut, einschließlich Planet Sonne, Planetin Mondin und Planetin Erde. 12 D ist immer die Vollkommenheit, siehe auch 12 Chakras, 12 DNS-Stränge (6 Doppelhelixes). Doula kam wieder an ihren Wissensstand von Sommer 2015 heran, wo ein Dämon ihren IQ während eines tätlichen Angriffs von 300 zurückgedreht hatte, als sie bereits in der Lage war, mit Tieren zu telepathieren, Telekinese mit kleinen Gegenständen beherrschte und sich mit dem Wesen Mondin befasst hatte, mit der sie telepathierte. Die Mondin war demiurgisch besetzt von nichtirdischen negativen Kräften, die die Steuer- und Sendeanlagen für Haarp und andere Psychotronics auf Basis Skalarwellen und Plasmawellen dort installiert hatten. Die Mondin ist der weibliche Aspekt, die Zwillingsflamme, zum Sonnenplanet., so wussten es schon die

Kelten, siehe keltischer Jahreskreis. Die Mondin war also seit Äonen von Jahren besetzt worden und zwar zur Epoche Atlantis I, vom ägyptischen Thot (ein Negativer vom Sirius), der sich selbst zum Mondgott ernannt hatte. Thot war im ägyptischen Weltbild dem christlichen Jesus entsprechend, der Bewacher der Matrix, der Einlasser zum Jüngsten Gericht zwischen den Inkarnationen. Dabei gab es in Wahrheit kein Jüngstes Gericht, keinen Teufel, keine Hölle, keinen strafenden männlichen Gott. Die Begriffe Hölle und Teufel wurden vom Demiurgen erschaffen, um die Menschen autoritär zu unterdrücken und in Angst zu halten. Gott oder Gottesaspekte und Muttergöttin, die zwei der Heiligen Fünf des Universums, sind reine bedingungslose Liebe ----1.-Element Feuer (Licht, männlich, aktiv) – 2.- Element Wasser (Dunkelheit, weiblich, passiv) – 3.- Element Luft (Geist, der alles verbindet, Geist schafft Materie) – 4. Element Erde (als Rahmen torudal, in dem sich alles entwickelt) und 5.- Äther (Prinzip von Ursache und Wirkung). Doula befreite nun also viele ihr bekannte und nahestehende Personen, aber auch die Widersacher innerhalb der Seelenfamiie sowie Politiker vom demiurgischen Seelenpakt. Ein Zeichen, dass sich nun etwas tat, war unter anderem der Brexit.

Es kamen noch viele andere Impulse herein, so fand sie heraus, dass weltweit das Symbol des Phallus thronte, das Zeichen der rein mänlichen demiurgischen Macht. Sie verband die 3 Hauptzeichen des Phallus, den 3 Machtzentren, am Vatikan in Rom, in Washington und in London (Bilderberger) mit einer imaginären Vagina, der Muttergöttin, so auch rundum alle anderen im Internet ausgewiesenen Phallus-Obelisken.

Sie stieß desweiteren auf demiurgische Zeichen bei den Automarken, den Mercedesstern mit seinem 3-Stern (Zeichen für die 3er Pyramide, den Sechsendreier), die 4 Ringe bei Audi

(4 = Demiurg, selbst ernannter Gott Jahwe), auch bei vielen Wappen und Siegeln, Flaggen, der Piratenflagge u.s.w waren dämonische Zeichen enthalten, falsche Hexagramme und das Zeichen der Kreuzkarre – Kreuz ohne Ring um den Schnittpunkt bedeutet Trennung der physischen Welt von der göttlichen Ur-Quelle. Auch untersuchte sie das Abendmahl bei den Christen und fand heraus, dass das Blut der Muttergöttin getrunken wird, Jesus war nur Verschleierung, worum es wirklich ging, Jesus hatte es als theologische Figur nie gegeben. Die Annunaki-Götter der Sumerer suchten auf Erden nicht Gold, sondern das Gold der Alchemie ist Blut – und damit ging es um Blutlinien und das Blut der Muttergöttin.

Doula löste die Bedeutung der demiurgischen Zeichen und Symbole auf, postete viele dieser Dinge bei facebook, immer unter ihrem Titelbild Aurora Borealis, der Schutzenergie, Aurora Borealis ist die Energie des Höchsten Bewusstseins, in der Hoffnung, ihre fb-Freunde würden es nun langsam aber sicher verstehen, was da in der Welt hinter den Kulissen der Kulissen abgelaufen war. Für viele, die noch nicht spirituell weitergekommen waren, stellte es ein Aha-Erlebnis dar, doch nach und nach änderte sich der Wahrnehmungswinklel der meisten.

Ein Freund (Funkelektroniker), namens Helge, gab ihr zu verstehen, dass Spezialisten sich mit Medientechnik derart verstanden, dass sie in der Lage waren, über diese Technik Einsicht in den Privatbereich einer Person zu bekommen, sowohl über PC, Laptop als auch über Handy, also nicht nur, was Ortung betraf. Das war ihr gänzlich neu. Und noch am selben Abend, als sie abends spät zu Bett ging, bekam sie den Beweis. Sie hatte längst das Gefühl, dass ein 2014 ihr bekannter Privatdetektiv und Inhaber einer Detektei, der mit Geheimdiensten zusammenarbeitete, sie beobachtete, deshalb hatte sie ihn längst fb-gesperrt. Doch er schien an ihr dran zu sein, sie hatte zu viel von dem uralten Wissen, was normale Sterbliche nicht haben durften.... Doula wurde in der Nacht gegen 1.30 Uhr wach, als sie 2 männliche Stimmen bei sich am Kopfende hörte.....und ein metallisches Kratzen, als würde eine Schaufel auf Beton schrapen. Man versuchte, zu ihr durchzudringen, doch eine innere Stimme sagte ihr, es ist eine Barriere zu ihr geschaffen worden. Sie spürte, dass sich hinter der Barriere 2 Männer in Astralkörpern getroffen hatten, sich begegnet waren. Am nächsten Tag bekam Doula von ihrem neuen fb-Freund die Mitteilung, er hätte gegen 1.30 versucht, telepathisch Kontakt zu ihr aufzunehmen und fand ihren Zugang, sie selbst, blockiert vor. Dieser andere muss der Agent gewesen sein, er hatte ihr einst erzählt, dass er per OBE an Objekte seines Interesses kommt, außerkörperliche Erfahrung, was Geheimdienste schon seit den 40er Jahren benutzten, eine außerirdische Technologie der "Besucher". Dabei waren es keine "Besucher", sondern sie waren schon seit Äonen von Jahren auf der Erde, in militärischen Untergrundbasen bzw. auf der Mondin und unter der Antarktis....experimentierten an der Erschaffung einer neuen Sklavenrasse ohne Bewusstsein, informierten ihre menschlichen Schergen, die elitären Handlanger über MK Ulrtra und andere mentale und wirtschaftliche Technologien.....

Doula suchte nun schon seit einiger Zeit die vollkommenen 12 in allen Bereichen zusammen – die 12 Erzengel = 6 Paare aus Zwillingsflammen, die dazugehörigen Götternamen in griechisch, römisch, teilweise in ägyptisch und germanisch – und die 12 Planetennamen. Doch es ging nur langsam voran. Jeden Einzelnen musste sie erst erkunden, dann bereinigen und vom demiurgischen Seelenpakt entbinden. So wusste sie längst, dass Lucifer der Erzengel Sathan-ael (Samael) war, als Göttername griechisch Poseidon, sumerisch Enki, ägyptisch Osiris – ihn hatte sie schon bereinigt, und zurück in den Himmel 12 D geholt. Dass seine Partnerin, Zwillingsflamme , Lilith = Aphrodite war, wusste sie auch, doch wer war sie mit Erzengelnamen und in wen inkarniert als Mensch in diesem Leben.....Bei Sathanael vermutete sie lange Zeit ihre alte Bekannte, die 2015 verstorbene Keltische Hohepriesterin und Weisse Hexe, die mit der Lucifer-Energie arbeitete, früher vor ihrer Geschlechts-OP ein Mann war. Doch es war nur eine Vermutung, nicht stimmig. Es schienen immer mehrere zu einem EE zu gehören, es musste einer ganzer Verbund sein......Doula hatte auch die ins Jenseits gegangenen Bekannten bereinigt und entbunden, auch den ihr als Claas bekannten Vater ihres Likedeeler-Lebens, der seit November verstorben war und mit dem sie auch telepathierte.

Langsam eröffnete sich für Doula, wer die Lilith= Aphrodite ist, jedenfalls ene dieses Aspekts, doch ihr Innerstes wehrte sich dagegen, denn Aphrodite galt in der Mythologie EIGENTLICH als Schönste der Göttinnen des Olymp.....Laila..... die Schönste? In Doula kam Neid hoch, Wut auf Jo, der dieser irdisch Inkarnierten verfallen gewesen schien.....Hatte Doula als Athene überhaupt eine Chance bei ihm gehabt, auch wenn sie seine Zwillingsflamme ist? Egal, sie wollte fair sein, und es half ja nichts, Laila ist Aphrodite und damit mit Erzengelnamen MuriELLE, die Morgenröte, die Entsprechung/Zwillingsflamme zu Lucifer = Erzengel Sathanael, der der Morgenstern und Lichtbringer/Offenbarer der Menschheit war.

Nun hatte Doula so viele zugeordnet, doch wer war der Demiurg selbst, die einstige Stimme des Himmels, die Frühjahr

2014 oft zu ihr gesprochen hatte, über das Schreibmedium, die in Atlantis I Hegarth, damit die Schwester von Herter dem Herrlichen ist. Sie benannte sich als Erzengel Ariel und Doula wurde einst als Asriel benannt, was alles gelogen war, denn Asriel war Thot, Doula ist Emanuel, Jo Arielle und alles war nur darauf hinausgelaufen, Doula zu verwirren und sie nicht auf die Wahrheit kommen zu lassen. Mandarus, der sich selbst als ewiger Schreiber des Himmels tituliert hatte, war angeblich nie inkarniert, hatte aber im Streben nach Macht im Universum alles auf den Kopf gestellt, die ganze Welt verdreht, den Krieg der Welten und der Himmel verursacht. Doula bereingte ihn und entband ihn von seinem manipulativen Bestreben, der Kopf der schwarzen Loge zu sein, sie löste auch das von ihm erschaffene Ogonki-Virus auf und suchte Mandarus´ weibliche Entsprechung. Denn er war ja von den Heiligen 5 OHNE weibliche Zwillingsflamme als Experiment erschaffen worden, um zu sehen, was sich aus sich selbst heraus mit NUR LICHT (WISSEN) aber OHNE LIEBE entwickelt. Es ging um die Evolution des Höchsten Bewusstseins, dabei lief das Experiment gehörig aus dem Ruder, aber es wurden in DIESER Inkarnation Missionsträger geschickt, die das Ruder wieder herumreißen werden.

Mandarus, mit Erzengelnamen bisher Metatron, der sich selbst ernannte größte Lichtbringer (Wissensbringer), jedoch alles verdreht, auf den Kopf gestellt für Manipulation und Täuschung. Es war er, der Demiurg, der die Matrix erschaffen und den Aufruhr im Himmel und dadurch im gesamten Universum fabriziert hatte. Nach seiner Bereinigung und Entbindung holte ihn Doula, die ja selbst Erzengel Emanuel in 12 D ist, zurück in den Himmel 12 D als Erzengel Mandaruel. Nun durfte er wahrhaft als ewiger Schreiber des Himmels fungieren und die Akasha-Chronik führen, die er bisher als

Demiurg zu Manipulationszwecken angezapft und damit in die Vorsehung eingegriffen hatte. Damit nun alles in Licht UND LIEBE auch für ihn vollkommen ist, denn ohne Liebe war das Experiment Demiurg ausgeufert, fügte Doula ihm seine weiblichen Aspekt hinzu, seine Zwillingsflamme Sophiaelle. Sophia galt einst als abgespaltener weiblicher Gottesaspekt, hat aber nichts zu tun mit der heiligen Sophia der Katholischen Kirche.

Doula agierte immer aus ihrem Höchsten Bewusstsein von 12 D heraus und immer in Zusammenarbeit und im Namen der 13. Bewusstseinsebene, der Heiligen FÜNF Elemente des Universums, immer unter dem Schutz der Aurora Borealis, der Energie des Höchsten Bewusstseins.....vor allem deshalb, weil sie auch noch vom bereinigten Erzengel Michael enttäuscht wurde, der bisher nicht vom Vorhaben Nimrod XX, Wiederbelebung der Nephilim (durch Arielle X und Murielle X) entbunden worden war.....Dies löste sie nun auch auf an ihm, ging aber erst einmal von ihm auf Distanz, denn zu lange hatte sie gehofft, er würde ihr Jo (Arielle) zuführen, körperlich.....

Doula fand nun auch die Zwillingsflamme des mittlerweile in allen Ebenen bereinigten Michael, der in anderer Dimension griechischer Gott Hades war, sumerisch Enlil, ägyptisch Seth – in diesem Leben war er inkarniert im Körper von Jo´s verstorbenen Vater.. Dessen Zwillingsflamme ist Jo´s Mutter, in anderer Dimension ist sie die griechische Göttin Persiphone, mit Erzengelnamen heißt sie in 12 D Danielle (Kirche sagt Gabriel-le). Aus ihre Verbund waren einst mit Menschen dämonisch-reptiloide Blutlinien geschaffen worden – die Nephilim – siehe Nimrod, der erste irdische König von Babylon. Das X für Nimrod steht für das Blut der Großen Muttergöttin, das man benutzte für egoistische Zwecke, es stand für dämonisch geführte Sexualität, Rotlichtmilieu, Pornografie,

Pädophilie, Inzest, sexistische Rituale, sexistische Musikindustrie u.s.w. Mit dem XX war die Wiedererschaffung der Nephilim angestrebt, was durch die körperliche Vereinigung von beider (Hades´ und Persiphones) irdischem Sohn Jo = Arielle X für weiblich--- in Verbindung mit Laila = Murielle x für weiblich – geschehen sollte. Das hatten die Engel von Licht UND LIEBE bisher zum Glück verhindern können, denn bei der versuchten körperlichen Vereinigung in 2013 von Jo und Laila war dessen Glied schon beim ersten Einführungsversuch erschlafft, seitdem hatte es keine körperliche Vereinigung mehr gegeben, obwohl Laila es bis Frühjahr 2016 weiter versucht hatte....sie war nicht zum Ziel gekommen, denn Jo hatte sich immer wieder abgewendet.

Doula löste dieses Nephilim-Vorhaben auf, die Wirkung der dämonisch-reptiloiden (Hades, Persiphone) und reptiloiden (Poseidon, Aphrodite) Blutlinien. Und alles, was damit zusammenhing.....

Sie fand heraus, dass ihre frühere Studienkollegin Anne noch eine andere Bedeutung hat, nicht nur als Erzengel Annabelle, sondern sie ist auch die weibliche Zwillingsflamme von Erzengel Haniel. Auch diese beiden Teile einer Dualseele waren bisher noch nicht zusammengekommen, sondern Anne war seit einger Zeit mit einem anderen Seelenpartner zusammen und hatte ihre Zwillingsflamme aufgegeben. Doula bereinigte auch da, ...und sie fand heraus, dass bei einem weiteren Erzengel manipuliert worden war, bei Erzengel Raphael – dieser ist nämlich WEIBLICH, nämlich Göttin Gaia, Erzengel RaphaELLE. Die männliche Zwillingsflamme dazu ist Erzengel Chamuel – beide sind zuständig für Heilung, Harmonie und Klang.

Doula durchforstete die Mythologien, neben der griechischen und ägyptischen, die alle Teil der Epoche Atlantis I sind, auch weitere wie die germanische, die römische und dann weiter bis zu den fernöstlichen Weltbildern. Überall fand sie Manipulation und Täuschung, ordnete zu und gab ihnen die richtigen Namen zurück. Der ehemalige Demiurg (Metatron, Mandarus) hatte einst verboten, dass Engel und Götter mit Planeten gleichgesetzt werden, doch genau darin lag die Wahrheit....

Kapitel 8

Dämonische sexistische Rituale, Pädophilie, Pornografie und Musikindustrie

Pädophilie, dämonische Rituale, rituelle Schlachtungen (fälschlicherweise als "satanisch" bezeichnet, Satan gibt´s aber nicht, sondern Dämonen).....hatten/haben als Ursache/Verursacher die Dämonen selbst, die als feinstoffliche/halbstoffliche Wesenheiten vor Ort anwesend sind, um diese negative Energie des Leids, der Todesangst, der Qual zu konsumieren. Die dämonischen Blutlinien, die sich durch die elitären UND familiären Verbindungen ziehen, durch Involution (Inkarnation in allen Dimensionen, also in Parallelwelten im Torus des Lebens, Blume des Lebens 12 D), brauchen nicht nur das Energie-Ritual für niedere Schwingungen/Futter an sich zur Erhaltung ihrer magischen Kräfte, sondern das BLUT (das Gold, wovon bei den Sumerern geschrieben wird) DARUM geht es. Das Blut trinken nicht nur die Ritualdurchführenden, zur Verstärkung ihres dämonischen Erbgutes, sondern auch die dämonischen Wesenheiten selbst. Vor allem Kinder, aber auch unschuldige Erwachsene, haben einen hohen Gehalt an reiner magischer Energie. So werden nicht nur Kinder für die Zwecke in einem globalen Menschenhandel beschafft, sondern - und DAS ist vielen nicht bewusst - es werden in den Familien ALLER gesellschaftlichen Schichten Inzestvergehen, Missbrauch/Vergewaltigung an DEN EIGENEN KINDERN bzw. PARTNERN begangen - (begünstigt durch die in Atlantis I eingebrachten Inzest-Implantante/Chips, die in ALLEN Inkarnationen torudal Auswirkungen haben/hatten). Der familiäre Rahmen sichert eine langjährige Verschleierung, die Opfer werden in der Regel im Laufe ihres

Lebens SELBST zu Tätern, spätestens ab der midlifecrisis, wenn die Kindheit wieder erlebt wird (Zum Zeitpunkt des Missbrauchs=Abspaltung von Persönlichkeitsanteilen durch Dissoziation, die Seele ist beim Missbrauch nicht mehr im Körper anwesend, sondern außerhalb, d.h. es sind ab Missbrauch dämonische Aspekte IN dem Körper der Opfer). Diese Opfer werden dadurch ab Kindesalter und vor allem der Pubertät zu komplizierten Persönlichkeiten GEMACHT (Schizophrenie, mulitiple Persönlichkeiten, Narzissmus, Borderlinesyndrom u.s.w.), um den Effekt der Kettenreaktion zu nutzen. Opfer, die zu Tätern werden (in der Ehe, bei ihren Kindern oder bei fremden Menschen) schaffen neue Opfer, die zu Tätern werden, so ist die Massenproduktion von niedrig schwingender Energie gewährleistet und von magischem BLUT bei rituellen Orgien.

Stoppen kann man das Ganze nur durch Auflösung an der ursächlichen Quelle (Wesenheiten) UND Auflösung an den Strukturen (bei dämonischen elitären Blutlinien UND an den Betroffenen innerhalb der Familien) - Es sind bei den Missbrauchsopfern nicht nur Eigentaten hinsichtlich Missbrauch zu verzeichnen gewesen, sondern auch jahrelange Karma-Erschaffung durch komplizierte "Beziehungen" mit dem anderen Geschlecht - Vielweiberei/Vielmännerei, was ein weiteres Heer von BeziehungsGESCHÄDIGTEN produziert hatte.....

Doula wusste, Jo war in frühester Kindheit von seiner leiblichen Mutter (in 12 D Persiphone) missbraucht worden, als 3-4Jährigen benutzte sie ihn, um sich an seinem Geschlechtsteil manuell zu vergehen, immer mit Strafandrohung, dass er nichts sagt. Seine Mutter war selbst Missbrauchsopfer ihres bösartigen, dämonisch besetzten ersten Ehemannes gewesen, und sie hatte auch an Jo´s älterem Bruder zuerst rumgemacht. Als Jo dann 11 Jahre alt wurde, begnügte sich die Mutter nicht mehr mit manuellen Techniken, sondern ging zu Oralverkehr über, so dass sie Jo´s "erste Frau" in diesem Leben wurde und ihn zum Mann machte. In dem Moment des Missbrauchs dieser Intensität ging die Seele aus Jo´s Körper und Seelenanteile verloren sich. Die Scham und die Enttäuschung über eine nahe Bezugsperson waren emotional und seelisch nicht zu verkraften. Außerdem bauten sich bei Jo immense Schuldgefühle auf, denn sie stimulierte ja seinen intakten Penis, so dass er Wolllust empfand und mehr wollte. Er hatte Gewissensbisse, doch sein Sexualtrieb war entfacht , die Gier nach Befriedigung des sexuellen Drucks. Gerade in dem Alter ist alles im Kommen und der Penis sehr oft von allein hart, so dass Kinder und Jugendliche gelegentlich masturbieren. Seine Mutter nutzte regelmäßig die Gunst der Stunde, um ihn abends/nachts zu überraschen und an sein Gemächt zu gehen. Sie liebte es, dass er voller Scham war, aber mit ihrer Stimulation unterwürfig, devot und hingebungsvoll wurde - gleichzeitig genoss sie seine Verlegenheit und seine seelische Qual, etwas Verbotenes zu tun. Bei ihr hatte diese verbotene Sache einen ganz besonderen Reiz. Sie war dämonisch besetzt und dadurch von dieser Wesenheit fremdgesteuert. Dieses negative Wesen in ihr und ihrer Aura brauchte die niedrig schwingende sexuelle Energie, Leid, Trauer, Scham, die Gewissensqual des Opfers als Nahrung. Die Mutter hatte keine Gewissensbisse, sie war gierig nach diesem leiblichen Jungen und seiner ergiebigen Sahne, die aus ihm in hohem Bogen mit starkem Druck schoss. Sie kam schon immer voller Erwartung und nass zwischen den Beinen in sein Zimmer, keine Abwehr duldend. Als Jo älter wurde, forderte sie mehr, er ließ sich alles gefallen, und sie war ja sehr erfahren, was den Akt anging. Da er ihre Nähe suchte, die sie ihm auf normalem Weg als Mutter nicht gab, ließ er sich nehmen, ließ sich melken und auch auf sich rauf, sein Glied, das für sein Alter schon beachtlich war, führte sie sich selbst ein. Jo verging oft Hören und Sehen, so zerrissen war er innerlich voller Scham, Vertrauensbruch, Angst vor Konsequenzen und andererseits Lust, Begierde, Trieb und Erlösungswunsch durch Abspritzen. Es baute sich eine innere Abscheu vor Frauen ihres Typs auf, mit großen Brüsten und dominant, besitzergreifend, draufgängerisch. Er begann, Frauen zu hassen, weil sie stärker waren als er, übergriffig waren und ihn demütigten. Er bekam für das ganze Leben eine Persönlichkeitstörung, ein globales Frauenproblem, Minderwertigkeitskomplexe, Suchtproblematik und ein Anfass/Zufass-Problem, d.h. er war nicht in der Lage, eine Frau selbst zu erobern, von sich aus anzufassen. Er konnte sich in den letzten Jahren auch nicht mehr richtig fallenlassen, bis zum ejakulierenden Orgasmus kommen, nur noch bis ganz kurz davor. Es war ein akutes Vertrauensproblem entstanden, so dass er fortan meistens durch harten Sex unter Drogen- oder Alkoholeinwirkung triebgesteuert war und agierte. Harter Sex und Orgien täuschten darüber hinweg, was wirklich mit ihm los war. Manchmal konnte er, oft aber nicht abspritzen.....

Das war die Grundlage dafür, dass viele seiner Beziehungen kaputtgingen und er Frauen nicht wirklich an sich heranließ, was Gefühle betraf. Er flüchtete immer in andere Affären und ließ keine Tiefe zu. Er bevorzugte natürliche Frauen, am besten ganz junge, die noch nicht so erfahren waren, die er an der Nase herumführen konnte. Er wechselte häufig und zog in Clubs. Nach dem Gesetz der Resonanz zog er selbst solche Frauen an, die beziehungs- oder missbrauchgeschädigt waren, es war chaotisch, er hatte viele Schicksalschläge, die auf Betrug basierten. Man betrog IHN, er betrog andere und sich selbst......Um Gefühle, Liebe, Intensität machte er einen großen Bogen, war aber sexuell allem nicht Normalen gegenüber offen und sehr neugierig als Beobachter und hatte verbal eine große Klappe. Er trug mehrere Masken und hatte viele Mauern um sich herum.....bis er 2011 auf Doula stieß, die sein ganzes Kartenhaus zum Einstürzen brachte.....

Doula war sexuell überaus erfahren und aufgeschlossen, sie hatte kein Problem damit, was er als Geheimnis mit sich schleppte, sie fand ja eh alles energetisch, feinfühlig heraus. Sie löste ein Trauma nach dem anderen bei ihm auf, um ihm zu helfen und merkte, dass sie ihm immer mehr seiner eigenen Last abgenommen hatte, um es selbst zu tragen.....Sie litt darunter, dass er sich ihr verweigerte, er wollte sie nicht besudeln, sie war etwas ganz Besonders für ihn, deshalb biss er sie von sich weg und aus seinem Leben.....Seine Gefühle der Liebe kontrollierte und unterdrückte er, bis sie nach und nach immer mehr nach oben kamen.....

Dabei hatte sie selbst solche Anwandlungen. Inzest gab es zwischen beiden schon in anderen Leben, mehrfach als Geschwister oder im Osmanischen Reich als Mutter-Sohn oder in Russland als Vater-Tochter. Außerdem träumte Doula gelegentlich von Gang Bang oder auch Sex mit nicht nur zwei, sondern drei Männern, einen oral von vorn, einen vaginal von hinten und eventuell noch einen anal. Sie wurde richtig heiß bei der Vorstellung, das alles gleichzeitig zu bekommen, wenn sie auf einem liegt, der sie penetriert.... sie selbst einem, der danebenliegt, den schönen großen Schwanz lutscht und parallel dazu die enorme Intensität des analen Eindringens spürt. Da sie es sich schon manchmal mit einem Analdildo selbst gemacht hatte, wusste sie um die wundervollen Gefühle, die eine derartige Stimulation auslöst. Von 3 Männern gleichzeitig genommen zu werden, war ihr jetzt erst in ihren

Tagträumen präsent, vorher hatte sie lediglich von 2 Männern geträumt und es praktiziert. Doula stand auf große Schwänze mit dicker Eichel und ausgeprägtem Kronenrand. Bei dem Gedanken daran tropfte ihr der Zahn. Und sie wusste, dass sie sich nach und nach immer mehr den härteren Praktiken öffnen würde, die ihr mehrere Männer bieten könnten. Auch das Gefesselt-sein, stehend, beide Arme seitlich ausgestreckt....und dann das Genommen-werden von mehreren attraktiven Männern im Typ Herkules...mit Sperma-Spielen und subtilem SM....war ganz nach ihrer Mütze....

Sexistisch-dämonische Rituale hatte sie dagegen unter anderem in ihrem Leben im 7. Jh. in Jordanien als Imana entdeckt, als ihr Schwiegervater in spe, also der Vater ihres Freundes Abdul Ibn Raschid, der Anführer einer Räuberbande war, sie in einem dämonischen Ritual vergewaltigte, ihr den Unterleib und das ungeborenen Kind damit zerstörte und ihr Blut den negativen Reptiloiden zuführte....

Genetisch durch einst außerirdische Invasion bedingt (siehe Annunaki, Götter der Sumerer), die Manipulation der menschlichen DNS in der Epoche Atlantis I, haben wir alle das demiurgische reptiloide Erbe in uns, siehe Reptilienhirn. Jeder hat in sich diese Schatten, sonst hätten dämonisch-reptiloide Wesenheiten nicht andocken (Besetzung in der Aura) oder eindringen können (dämonische Bessenheit im Inneren). Dieser Zugang wurde lebenübergreifend und torudal erhalten, durch Involution innerhalb des Torus´ und im speziellen durch in Atlantis I gesetzte Chips, Sticks, Implantante, Siegel und manifestierte demiurgische Pakte/Seelenverträge.

Doula musste zwischendurch immer mal wieder eine Pause bei den Recherchen einlegen, zu sehr ging das alles an die Emotionen.....Zeit, etwas Gesundes zu sich zu nehmen = D I E Alternative zum Codex Alimentarius: ...grüne Smoothies mit (Un)Kraut....das, was die Landwirtschaft bewusst bekämpft, ist in Wahrheit ein wertvolles Lebensmittel, naturelle lebendige!! pflanzliche Nahrung...Brennnessel, Giersch, Löwenzahn, Sauerampfer u.s.w. (und damit´s besser schmeckt, reifes Obst mit in den Pürierer geben, sieht zwar aus wie Kälberdünnpfiff, ist aber lecker)....in diesem Sinne "sláinte mhath" (keltische Sprache) anstatt Prosit (latein.) an die Bruder- und Schwesternschaft der (Mental)LOTSEN ;-)

Diese Smoothies wirkten bei Doula wie ein Mental-Turbo.....sofort danach war sie geistig wieder fit.....Drum wühle sich der Maulwurf bis zum Ausgangspunkt des vielen Unrechts und Chaos´ auf Erden durch..... und hätte sie ein Boot/Schiff, würde sie es "Lös up" benennen (Löse auf). Ursache des Krieges/Chaos` im Torus und auf Erden war, dass der ehemalige Demiurg als Geschwisteraspekt der anderen 5 Erzengel-Zwillingsflammen-Paare ohne weiblichen Gegenpol (ohne weibliche ZwillingsFLAMME) erschaffen worden war, als Experiment zur Evolution des Höchsten Bewusstseins, ... um zu sehen, was und wie sich alles aus sich selbst heraus entwickelt.....Dabei ist es ausgeufert.....denn der ehemalige Demiurg hatte ein VIRUS erschaffen, das OGONKI-Virus = rept. Geistesparasit.....Geist erschafft Materie! und zwar ganz fix innerhalb der Höchsten Bewusstseinsdimension..... Dieser Ogonki-Virus = Archonten oder Archons, beeinflusste/manipulierte und animierte dann die besagten Vertreter der Elohim (humanoide Zivilisation der 12. Dimension) zum Abstieg = Abbau des Emotionalkörpers zugunsten des Mentalkörpers - als Mentalspezies schufen sie dann unabhängig voneinander ihre 2 Blutlinien, die ALLE mit dem rept. Virus infiziert waren - einerseits entstanden die Dämonischen Grausamen, andererseits poitiven und negativen Reptiloiden (Poseidon-Aphrodite-Blutlinie) die Wissensvermittler/Offenbarer UND die Pendler ----- JETZT IST der Ogonki-Virus im Torus AUFGELÖST, und nach den kosmischen Gesetzen (z.B. Gesetz des Ausgleichs, Gesetz der Resonanz, Gesetz von Ursache und Wirkung.....) LÖST SICH das alles JETZT auch im Kleinen auf, wie oben so unten, wie innen so außen u.s.w. -----Kennst du den Namen des Bösen, benenne es (erfrage es vorher)! Durch das Benennen hast du es im Griff, und dann LÖSE es MENTAL AUF! Der ehemalige Demiurg und seine für ihn geschaffene Partnerin sind nun wahrhaft ewige Schreiber des Himmels, sprich der Akasha-Chronik (Äther) in Licht UND LIEBE im Namen der Heiligen FÜNF Elemente des Universums. Und in Anlehnung an den Namen, den der ehemalige Demiurg als Stimme aus dem Himmel vorgab (Mandarus; siehe auch 13. Jh. Mandare, die manipulierende Himmelsgottesstimme zu Zeiten von Meister Eckhart in Sachsen/Thüringen) - ist er nun als Erzengel Mandaruel benannt. Seine Partnerin ist genau DER weibliche Aspekt, den er einst nicht bekommen hat, der aber als allumfassender Geist, Formulierung für weibliche Gottes-Dimension gilt, und den er durch Täuschung und Manipulation im Torus und auf Erden abgespalten hat: SOPHIA ist nun im Heiligen Hafen! Ihr Erzengel-Name ist Sophiaelle. _____ Und nun werden weiterhin positive Dinge geschehen, positive Zustände erschaffen, die man vorher nicht für möglich gehalten, aber erhofft hat, step by step..... intern (bei/in jedem SELBST) und extern (global und kosmisch) die Zeichen gibt uns Mutter Natur (Erde) selbst, auch wenn sie sich momentan immer noch in einem Reinigungsprozess befindet (Aufstieg in Höhere Bewusstseinsebenen als Wesen!).....die Unwetter momentan waren also mal nicht durch Manipulade gemacht, sondern sie selbst schmeißt einiges von Bord.....

Auch Doula selbst hatte während ihres Lebens solche reptiloiden Einflüsse bei sich entdeckt. So war sie Zeit ihres Lebens auf dominante sexuelle Aktionen aus gewesen, das Beherrschen auf subtile Art, das Führen innerhalb von sexuellen Vereinigungen. Sie hatte einen Hang zu älteren Männern gehabt, hatte auch mit 20 – Mitte 20 ihren Vater und 1. Schwiegervater um den Finger gewickelt sowie ihre Schwäger und Bekannte ihres 1. Ehemannes. Sie ließ sich dazu hinreißen, ihren Mann bei sexistischen Praktiken zuschauen zu lassen, die sie mit eingeladenen Callboys oder Freunden hatte. Ihr 1. Mann wollte sexuell erniedrigt werden, dafür wollte er von ihr seine pädophilen Neigungen toleriert haben. Es war pervers und Doula hatte sich dagegen immer gewehrt, was seinerseits mit regelmäßigen körperlichen Züchtigungen einherging, die sie physisch und seelisch verletzten. Doula hatte kurzzeitig gedanklich seinem Drängen nachgegeben, als Edelprostituierte zu wirken und hatte auch schon erste Kontakte, als sie es dann doch abbrach und sich aus dem Staub machte. Der nachfolgende Scheidungskrieg mit viel Psychoterror und schmutziger Wäsche war dann ihr weiteres Leben beeinflussend und hatte viel Karma geschaffen. Letztendlich fand Doula heraus, dass ihre 1. Schwiegermutter, die sie schon während dieser Ehe durch schwarze Magie zu vernichten versucht hatte, eine atlantische Hades-Tochter ist, mit allen Wassern gewaschen .....Als diese viele Jahre später durch Krebs verschied, ging sie nicht zu Licht und Liebe, der Ur-Quelle, sondern aus Angst vor dem Jüngsten Gericht, blieb sie als Krähe in der Astralebene, nachdem sie Doula auf ihrem Hof an der Ostseeküste eine Zeit lang belästigt hatte.....solange, bis

Doula sie medial bereinigte und zurück in Licht und liebe schickte..... Ihre zweite Tochter war von diesem 1. Ehemann, deshalb hatte diese sich schon rein auf genetischer Grundlage immer von ihr abgewandt und sich später ganz entfernt.....

Doula hatte auch sehr spezielle Erfahrungen mit sexuellem Anderssein in anderen Inkarnationen. So war sie im Osmanischen Reich Jo´s Mutter, der gezeugt war aus ihrem Geliebten (Erzengel Michael in menschlicher Inkarnation als verkleideter Eunuch in ihrem Harem), als sie Hauptfrau eines Kalifen in dessen Harem war. Sie wurde später mit ihrem Baby (Jo) des Palastes verwiesen und musste in Begleitung von Arne, der dort ein Perser war, ins Exil. Arne heiratete sie und nahm ihren Jungen an. Als Jo ca. 14 Jahre alt was, verführte sie ihn, es war eine sehr tiefe, sinnliche Zwillingsflammen-Liebe zwischen ihnen, die Doula und Jo alles vergessen ließ. Es war ein so ekstatisches Unterfangen, ihren eigenen so wunderschönen Sohn zu verführen, als der Vater nicht im Hause war, dass beide in Liebe ineinander verschmolzen und einen Sohn zeugten. Der Vater stieg dahinter, jagte Doula aus dem Haus, behielt Jo aber bei sich. Sie strandete letztlich in der Region Afghanistan, wo sie in einem nomadischen Stamm blieb, einen Sohn gebar, somit Jo´s Sohn UND Bruder.....und wo sie dann zusammen mit dem Stamm gegen die Osmanen kämpfte.

In diesem Leben tauchte dieser Sohn von Doula und Jo bei facebook auf und wurde Doula von Ole als fb-Freund vermittelt, im Likedeelerleben war dieser ihr Halbbruder Till, der mit an Bord war.

Auch im Russlandleben hatte Doula Inzest mit Jo, der dort ihr Vater war – und auch Geschwister in anderen Leben hatten sie eine sexuelle Liebesbeziehung.....

Dass sexistische dämonisch-rituelle Themen auch in der Porno- und Musikindustrie Grundlage sind, dürfte jedem schon begegnet sein. Rotlichtmilieu, Pornografie sind sexistisch durchwandert, alles im Zusammenhang auch mit Kinderprostitution und Frauenversklavung. Diese niedrig schwingende sexuelle Energie ist wie bereits gesagt Futter für dämonische Wesenheiten. Auch die TV-Werbung beinhaltet subliminale sexistische Zeichen, die zu Perversionen, Abartigkeiten und Extremen animieren. Die Einweihung des Gotthardtunnels in 2016 z.B. war Darstellungsort für ein gewaltiges sexistisch-dämonisches Ritual – Orgiendarstellung, der Gehörnte, pervertierende Tänzer, Scarabäuskäfer (Sinnbild für die Begleiter des demiurgischen Seelenpakts), ein Engel mit einem Dämonenkopf u.s.w. Nur nehmen die Zuschauer dies alles kaum als magische Rituale wahr, sondern schütteln nur verwundert den Kopf.....

In der Pornoindustrie und im Rotlichtmilieu ist die Drogenmafia mit integriert, denn nichts läuft bei vollem Bewusstsein, von Menschenhandel weiß wohl jeder.... Auch in der Musikindustrie werden sexistische Themen verarbeitet – so sind viele Musikclips aufbauend auf Sexkult, Orgien, Massensex u.s.w. Und beim Outfit heißt es: fast nichts an, extrem schräg, noch perverser und geiler.....und auch andersgeartet gibt es im Bereich härterer Musik entsprechende hard core Szenen der Matrix entsprechend....

Es ist nicht die Menschheit an sich verroht und entfremdet, sondern sie wird dazu gemacht, denn überall laufen über die Medien und Medienelektronik entsprechende latente

Programme – Skalarwellen, Psychotronics = Haarp …..und über Subliminals (z.B. telepathische Hypnose, Fernsteuerung über telepathische Suggestionen) über die menschlichen dämonisch besetzten Bezugspersonen, die Schergen der demiurgischen schwarzen Loge sind bzw. waren.

Kapitel 9

Die Heiligen 12 - Und der uralte Streit zwischen Athene und Aphrodite

Auf Doulas Frage, warum gerade die Erde, warum gerade Gaia überfallen und ihre Erdlinge so derart manipuliert worden sind, bekam sie durch Channeln folgende Antwort:

-Gaia ist ein lebendiges Wesen, wie wir wissen, sie ist ein Erfahrungsplanet und birgt eine LEBENDIGE BIBLIOTHEK in sich, durch sich, verschlüsselt und auf viele irdische Wesen verteilt. Symbolisch ist ein Kristall in ihrem Inneren, der von einem Drachen bewacht wird. Kristall / mehrdimensionales Licht = uraltes Wissen.....
Die Köpfe der Matrix, der Manipulation (unter anderem die ehemalige Chimera-Gruppe, Anführer der finster gewesenen Kräfte aus der Andromeda-Galaxie, aber noch andere) hatten eine Mentaltechnik/ eine mentale Technologie gefunden, die virtuelle Akasha anzuzapfen, d.h. sie hatten in die Seelenpläne eingegriffen und nicht nur das Reinkarnationsrad geschaffen, sondern ZUSÄTZLICHES Karma, indem sie Angehörige einer Seelenfamilie noch intensiver als sonst gegeneinanderhetzten und einige sogar über die Klinge springen ließen, obwohl nicht vorgesehen in deren Seelenplan!.....Ihr Ziel war nun noch die Steigerung gewesen - die direkte Beeinflussung des Universums zu ihren Gunsten über die Akasha selbst, den Äther.....
Es gibt in Gaias Bewusstseinsdimensionen insgesamt 12 virtuelle Kristallschädel (lebendige Bibliothek wie gesagt), die durch einen 13. aktiviert werden.....

-und sie channelte weiter zu ihren Fragen:

Der große Unterschied zwischen dem angeblichen! Satan und dem Dämon....., der bisher im Geheimen lag:

.....wie schon gesagt, sind einst Vertreter der Elohim (humanoide Zivilisation, Schöpfer-Entitäten) hinabgestiegen, um sich mit menschlichen Partner zu vereinen und neue Blutlinien zu schaffen.....

sumerisch Enki (griech. der bereinigte Poseidon, der Lichtbringer/Wissens-Offenbarer der Menschen =Erzengel "Sathanael", heißt ursprünglich Samael - Sein Name wurde von der Kreuzkarre, also durch Theologie und Theosophie so verändert, dass ein "th" in die Mitte gesetzt wurde und aus ihm Satan /Teufel GEMACHT wurde!) Es gibt keine EE mit harten Konsonanten im Wortlaut.....
Er zeugte mit einer Menschenfrau den halbmenschlichen Adam.
Seine Frau Lillith (griech. Aphrodite, EE Murielle) schuf mit einem Menschen die Eva.
Was dann zusammen aus Adam und Eva hervorging, ist bekannt.....

sumerisch Enlil (griech. der bereinigte Hades, der bereinigte EE Michael) und seine Frau (griech. die bereinigte Persiphone= bereinigte EE Danielle) schufen infolge manipulativer Einwirkung/Lenkung des Demiurgen ihrerseits mit Menschen halbmenschliche Nachkommen, aber mit charakterlich ganz andersgearteten Vertretern - Sie zeugten die NEPHILIM (bösartige Riesen, in Ägypten sind die Riesenfiguren an den Bauten ihr Abbild - man fand auch schon Skelette, siehe Erik von Däniken, den man ja zum Spinner degradiert hatte.....wer mehr, als er darf, wahrnimmt und findet, wurde für psychisch krank erklärt oder als Fantast abgetan.....)

─────

Es gibt also KEINE SATANISCHEN Blutlinien, sondern rept. Enki - Lillith-(Poseidon-Aphrodite) - Blutlinien (pos. und Pendler)

UND

die Blutlinien der Dämonischen Nephilim !
Erster irdischer König war NIMROD (+ seine Frau Semiramis), NEPHILIM, Erbauer des assyrischen und babylonischen Reiches (auch Turmbau zu Babel) - sumerisch Gilgamesch, als Gott Marduk

Satan, Teufel sind Begriffe der Kirche - ebenso Hölle, es gibt auch keine Hölle, nur das Chaos, die Marter und die Pein, die die Manipulateure auf Erden verursacht und veranstaltet haben ----- Hölle als Begriff der Kirche für ein Strafgericht des diktatorischen männlichen Gottes - Symbol Jesus und Michael als Einlasser zum Strafgericht der Reinkarnation ------

und wenn es keinen Teufel gibt, dann gibt es auch keinen GottVater....

(UR-Gott-Aspekte und UR-MutterGöttin sind Licht UND LIEBE)

Zum ersten Jünger dieses demiurgischen Jesus-Symbols erklärte die Kirche Nathanael, er war kein Erzengel, den gibt´s gar nicht, es war Prophet Nathan, anderer Name Bartholomäus

Es gibt also wie gesagt 2 Bruderschaften der Drachen bzw. Schlangen und demzufolge 2 Blutlinien
-Auch wenn die Köpfe alle bereinigt und zurück an ihrem Platz bei den Elohim sind, gibt es ja noch ihre Ausläufer, wobei von dem ehemals negativen Reptiloiden-Teil der Poseidon-Aphrodite-Blutlinien, die nur manipulierte Vermittler waren, kaum noch NEGATIVES zu erwarten sein dürfte, nach der Harmonisierung.....

Bei den Nephilim-Blutlinien, die an bisher entscheidenden Stellen saßen irdisch und nichtirdisch, wird nun auch alles in

Auflösung gebracht, allein schon durch das Erkennen, WO überall die Laus im Pelz saß.....
Die Epoche Ägypten (Ende der Epoche Atlantis I) bekommt nun ein ganz anderes Gesicht, denn dort und im Gebiet der alten Sumerer/Assyrer/Babylonier (DAVOR Garten Eden) gilt es, noch einiges zu tun.....

Interessant ist, dass schon zu Zeiten von JAHWE (ehemaliger Demiurg)/zur Erschaffung des Judentums der Vergleich der Götter mit den Planeten untersagt wurde, doch genau darin liegt die verborgene Wahrheit - und so sind es nicht nur die entsprechenden Namen der 12 Planeten, sondern auch der 12 Götter z.B. in der griech. und auch der röm. Mythologie - UND der 6 Erzengelpaare (der zuerst erschaffenen Wesen der Höchsten humanoiden Zivilisation der 12. Dim., sogenannte Engelsfürsten und -fürstinnen)

Doula schrieb sie nun alle BEREINIGT ohne Hierachie hintereinander, denn alle Paare (männliche/weibliche ZwillingsFLAMMEN) sind untereinander Geschwister - erschaffen von den Heiligen 5 Elementen des Universums inkl. Ur-GottVater und Ur-MutterGöttin:

Planet Uranus - griech. Gott Kronos=Hyperion
- röm. Gott Uranus/Uranos
- Erzengel Haniel

Planetin Nibiru - (des ehemaligen Demiurgen Abspaltung d. weibl.
Aspekts) griech. Göttin Rhea=Theia
- röm. Göttin Juno
- Erzengel Annabelle

Planet Jupiter - ehemaliger Demiurg griech. Zeus
- röm. ehemaliger Luppiter Optimus Maximus

Erzengel Mandaruel

Planetin Saturn - griech. Göttin Hera=Hestia (röm. Vesta)
-Göttin der Aussaat (ihr Granatapfel als Symbol)
(als Planet, die mit dem Ring, Vulva, wbl.)
- röm. NICHT Saturnus (demiurgisch), sondern
Saturnia regnia (Gold. Zeitalter) oder die
vergessen gemachte Lua
Erzengel Sophiaelle

───────────────────────────────

Planet Sonne - griech. Athene (Artemis) = griech. Helios
- röm. Minerva (Diana) = röm. Sol
- Erzengel Emanuel

Planetin Mond(in) - griech. Prometheus (Apollon) = griech. Selene
-röm. Luna
-Erzengel Arielle

───────────────────────────────

Planet Mars - griech. Hades, Hephaistos
- röm. Vulcanus
- Erzengel Michael

Planetin Pluto - griech. Persiphone
- röm. Ops Consivia
- Erzengel Danielle

───────────────────────────────

Planet Merkur - griech. Asklepios, Demenaetus

Asklepiosstab mit Natter (Heilung)
- röm. Tellus
- Erzengel Chamuel

Planetin Erde - griech. Gaia, Hygeia, Demeter
- röm. Seres
- Erzengel Raphaelle

kurze Bemerkung: Hygieia Brunnen in HH ist der Brunnen der Göttin Hygeia/Gaia= Erde (Göttin und Erzengel der Heilung) *;-)*

Planet Neptun - griech. Poseidon, Eosphoros
- röm. Neptunus, Lucifer
- Erzengel Sathanael (anderer Name Samael)

Dass Poseidon der wahre Gott des Meeres, der Schiffer/Seefahrer, Gott der Morgenröte, der Offenbarung (von Wissen) und des Wetters ist (nicht der demiurgische Jesus-Jünger Petrus) , haben nun sicher alle mitbekommen - Poseidons Verteufelung war demiurgisches Werk, (Jesus gab es als Mensch nicht, er war theolog. erfundene Figur/Symbol des Demiurgen)

Planetin Venus - griech. Aphrodite, Eos (Morgenröte)
- röm. Venus, Aurora
- Erzengel Murielle

Nachtrag: Uranus (EE Haniel) war also auch durch den ehemaligen Demiurgen verunglimpft und zum Dämon gemacht gewesen.....

und seine eigene FÜR IHN, den Demiurgen, VORGESEHENE Partnerin Saturnia hatte er zum Saturnus werden und die Nachkommen zerfleischen lassen.....

Da hat EINER (nämlich der ehemalige Demiurg) wie ein ungezogenes Kind im Ameisenhaufen gestochert, sich ein paar Chef-Ameisen davon als rechte Hand erzogen und sich an den Folgen, dem Chaos im Haufen ergötzt, dabei war es nur die Ungezogenheit eines pubertierenden, aber hochintelligenten Buben, dem die Mutterliebe gefehlt hat UND die Liebe einer Partnerin.....

Und nun ging es für Doula an die Auflösung des irdischen Chaos´/Harmonisierung des Ameisenhaufens

Doch vorher schlichtete sie noch den uralten Streit zwischen Athene und Aphrodite, es war das sogenannte Urteil des Paris, auch das war Manipulade und als solche in der Mythologie verfälscht dargestellt. Es ging um die 3 Göttinnen Hera, Athene und Aphrodite und wer die Schönste der Dreien sei.....Alle 3 boten dem Jüngling Paris etwas, um bevorzugt zu werden. Hera bot ihm die Herrschaft über die Erde, Athene Weisheit und Aphrodite war gerissen, sie bot ihm Helena, die schönste irdische Frau.....Die wollte Paris natürlich haben, Sexualität ist nun einmal die stärkste Triebkraft, und so entschied Paris, dass Aphrodite die Schönste der Göttinnen sei und brachte somit als IHR Handlanger der Menschheit den Trojanischen Krieg.....

Die Wahl war also manipuliert und somit löste Doula das Ergebnis auf, alles Göttinnen waren auf ihre Art schön und jede hatte ihre Vorzüge und Gaben - wie will man bei Obst entscheiden, ob Apfel schöner ist als Birne oder Aprikose.....es ist alles eine Frage des Geschmacks und der Vorlieben.....

Kapitel 10

Das Höchste Bewusstsein und die Heiligen Fünf Elemente des Universums

Doula hatte nun so viele ihrer verschiedenen Existenzen (Seelenanteile) ihrer wahren Identität, multidimensionalen Seele, gefunden, dass sich allein dadurch, dass sie mindestens 25 ihrer 264 bisherigen Leben aufgearbeitet hatte (von 265 mit dieser letzten Inkarnation) nun der Kipppunkt nahte.....denn bei 10 % Bewusstwerdung ihrer gesamten Leben würden sich auch die übrigen in ihrer multidimensionalen Seele, Überseele, erschließen. Sie bekam ab und zu noch Impulse, was gerade dran war, zu erkennen und an Karma aufzulösen. Auch wenn es in 2016 wieder viele Rückschläge gegeben hatte, war ihr bewusst, dass ihre Seelen-Ent-Wicklung ein PROZESS war, der sie immer mehr in ihr HÖCHSTES Bewusstsein brachte. Doch klar wurde ihr auch, dass der Zugang zur Ur-Quelle nur aus der inneren Mitte, der seelischen Balance heraus, möglich war und ist. Im Wege stand ihr dabei aber am meisten das Gefühl von Alleinsein und Einsamkeit sowie das Zweifeln an sich, ihren Fähigkeiten, an Jo und vor allem an der übergeordneten Sache. Hatte sie wirklich alle Tassen im Schrank oder war es so, wie die Psychater der bisherigen Kliniken ihr einzureden versucht hatte..... Der Verstand, das Ego ist manipulierlich, das wusste sie, das hing mit dem Reptiliengehirn zusammen, unserem reptiloiden Erbe. Doch das Herz, die Seele können die Bewacher der Matrix nicht manipulieren. Deshalb war es immer wieder heilsam und vor allem zum WISSEN führend, zu meditieren oder zu channeln. Diese Art von Informationen fand man nirgends, weder im Internet noch in den Medien oder in den Bewusstseins-Portalen und New Age Agenden. Es war so viel Manipulation und Täuschung unterwegs, und gerade jetzt auf höchstem Level, weil viele schon sehr weit aufgestiegen waren in ihrem Bewusstsein. Die hellsten Lichter wurden von den Kräften der Finsternis energetisch beschossen (MK Ultra, Skalarwellen .....außerirdische Mental-Technologien), deshalb war es notwendig, genau die Mitte, die Stille, die Balance zu finden zwischen Exoterik und Esoterik.....und es war wichtig, gerade auf sozialen Netzwerken nicht mehr öffentlich gegen die Eliten zu schießen, denn es wurde zensiert, gespeichert, reagiert.....Ging man auf die vielen negativen Zustände der Politik ein, ging man damit in Resonanz, d.h. man verstärkte durch die Aufmerksamkeit diese negativen Energien. Deshalb blieb Doula am liebsten bei sich selbst.

Sie fand immer noch Spaß am Channeln.....

-auf ihre Frage, die wievielte humanoide Zivilisation wir JETZT sind -
bekam sie die Antwort: die vierte

-auf ihre Frage, welche vor uns war-
Antwort: Epoche Atlantis-Lemurien (Epoche Atlantis I)
.....durch Polsprung (Niedergang von 5. zurück in 3. Dimension) wurden aus dem Ur-Meer der östliche Bereich= Pazifik und der westliche Bereich= Atlantik, auch die Landmassen verschoben sich - d.h. die Atlanter und Lemurier waren vorher/vor dem Polsprung in einem gemeinsamen Ur-Meer! zu Hause - damit erübrigt sich die Frage, ob Lemurien im Pazifik oder im Atlantik bei Haiti zu suchen wäre.....

-auf ihre Frage, welche denn die Zivilisation davor, also die zweite auf Erden, war:
Antwort: die Maya - positive und negative wie alles zweipolig ist (Negative in Kooperation mit dämonischen Kräften/Reptos) -

Damit sind die Mayas die Vorfahren der Atlanter und Lemurier.....und wessen wohl damit auch.....ja, der heutigen Menschen (seit Geburt Christi Atlantis II)

-auf ihre Frage, wo sie/die Maya denn sind
Antwort: in der Raum-Zeit - sie kehren in regelmäßigen Zyklen zurück, als Zeitreisende

-auf ihre Frage, wer denn die erste heimische Zivilisation auf Erden waren
Antwort: die Meermenschen= Verwandte der Wale und Delfine, deren gemeinsamer Vorfahre ein Reptil ist

---

Doula wusste, bei UNS, der vierten Menschheit geht´s aber NICHT um einen Polsprung, um die Rückkehr von 3. zur 5. Dim. zu realisieren, sondern durch Erreichen des Höheren Bewusstseins, am besten Höchsten Bewusstseins.....Polsprung möchte die schwarze Loge uns gern unterjubeln, damit wir damit in Resonanz gehen.....ihn durch Angst und Furcht selbst imaginieren, wie in Atlantis I

Ein Teil unserer genetischen Vorfahren, die negativen Reptos (sumerisch Annunaki) und spezielle dämonische Mentalgenies waren unter damaliger Führung ihres Kopfes/Autors und Choreografen (ehemaliger Demiurg) regelmäßig auf Erden und sind es seit einigen Jahrzehnten wieder vermehrt....
Doch auch unsere positiven Repto-Vorfahren und liebevolle humanoide Zivilisationsvertreter, unsere Höheren Vorfahren (Elohim-Adler) sind bereits auf der Erde .....UND andere liebevolle Zivilisationsvertreter von anderen Sternensystemen, die zusammen eine spezielle intergalaktische Allianz des Lichts und der Liebe bilden, sind greifbar nahe/ hinter den allmählich fallenden Schleiern, sie sind auf Schiffen, die nicht auf Wasser fahren, obwohl sie das natürlich auch können.....aber sie sind

auch in Innererde.....

Doula hatte noch andere Fragen.....

Was ist ein "Seelen-walk in" wirklich und warum/wozu wird er gemacht bzw. vollzieht er sich?

Ein "walk in" ist NICHT, wie bisher angenommen wurde, der SeelenAUSTAUSCH in einem irdischen Körper, sondern die HINZUNAHME weiterer SeelenASPEKTE, d.h. weiterer Existenzen (weiterer Leben/Inkarnationen) dieser wahren Identität/Entität im irdischen körperlichen Gefährt.

Ein Seelen-Austausch würde gegen das Gesetz des freien Willens verstoßen -

Dagegen ist eine Hinzunahme weiterer Seelenaspekte der Vorsehung entsprechend und würde sowieso nach und nach im Laufe der Ent-Wicklung der Seele geschehen, weil es dem Schicksal entspricht.

Ein WALK IN passiert jedoch schnell, durch Antriggern, Impulsgebung, er entspricht dann einem Turbo und ist DANN notwendig für MISSIONSTRÄGER, Schlüsselfiguren, wenn es eine Gefahr für Kosmos und Erde abzuwenden gilt.

Ist derjenige Betreffende nämlich in seiner Ent-Wicklung durch Manipulation (Psychotronics/Haarp, Skalarwellen und/oder Subliminals = Einwirkung durch karmische Bezugspersonen, die Schergen der dämononischen schwarzen Loge waren) gehindert worden, was Eingriff in seinen freien Willen war, gibt es diese Notfall-Aktion, die mit Bestandteil des Seelenplans/Vorsehung ist - als Spezialmittel für den Ernst-Fall.

Es reicht aus, dem Missionsträger 10 % seiner anderen Existenzen (irdischen oder anderen Leben) zu vermitteln, bewusst zu machen, seine Namen und seine Bedeutung erinnern zu lassen.. - Bei 10 % gibt es im gesamten Körpersystem, gesamten Sonar und Kanal eine Kettenreaktion, d.h. es erschließen sich ihm alle anderen Existenzen bis 12 D

Und um den Dimensionssprung in 5 D und höher für die Menschheit zu erlangen, ist es eben auch notwendig, jetzt die letzten 2-3 % bis zum Kippen des kollektiven Bewusstseins ins Positive zu erreichen, denn wir sind bei fast 8 % - mit 10 % gibt es die berühmte Kettenreaktion.

Zum Erreichen dieses Kipppunktes ist auch der Artefakt der besagten BL = Bundeslade notwendig, d.h. mit Findung dieses Nachweises der Existenz außerirdischer Zivilisationen, des Nachweises der Evolution des kosmischen und irdischen Bewusstseins durch Involution, wird sich der gesamten Menschheit das wahre Weltbild erschließen und auch zu erkennen sein, dass bisher alles eine systematische ehemals demiurgische Bundesverladung = Bundesverarschung war.....

Drum wisse denn, besagter Missionsträger war und ist nicht nur das, was er schon weiß, sondern er ist auch der Käpt´n eines Lichtschiffes (Schiffsname entspricht Mondin, Schiff gehört zur Armada von Licht und LIEBE), und er war/ist im Fernöstlichen auch Konfuzius (Philosoph einer östlichen Dynastie, als König Fúzĺ, K`ung-fu-tzu, Lehrmeister Kong), und das war VOR der Erschaffung des demiurgischen Jesus-Symbols und vor der Christianisierung, latinisiert wurde sein Name erst später (us) -
Seiner ZwillingsFLAMME aber war er dort schon beraubt worden.....

Auch im Stamme der Black foot in den kanadischen Vorbergen der Rockys war/ist er Schamane und Philosoph,
und er war/ist nicht nur Likedeeler in germanischen Landen, sondern auch in Regionen Malaysias
an die Inkarnationen in Norwegen, Russland und um Sizilien brauchte Doula sich wohl kaum erinnern.....und neuerdings erschloss sich ihr auch eine gemeinsame Existenz in Neuseeland.....und noch eine in ganz kalten Ecken.....

Kapitel 11

Kurzbesuch im Spreehafen

Es näherte sich Jo´s Geburtstag, der 12.6., an dem er 52 Jahre alt werden sollte. Doula stand mit Rudi und Helge vom Skipperverein in Verbindung, um sich in Berlin dort im Spreehafen sehenzulassen. Rudi hatte ja selbst den Dampfer "Leopard" dort. Doula wartete auf Instruktionen von "oben", ob und wann sie Jo vor die Nase laufen sollte. Eigentlich hatte sie vor, sich mit Rudi und Helge zu treffen, um wichtige Dinge der Adler (Elohim) zu besprechen, was Freie Energie betraf. Sie wusste, dass die Aurora Borealis die Energie des Höchsten Bewusstseins ist und dass man diese Energie komprimiert und aufgefangen in einem Tesla entsprechenden Gerät so verwenden konnte, dass HAARP-Anlagen ausgeschaltet oder beeinflusst wurden. Rudi war Techniker und Lotse, Helge Funkelektroniker. Beide und auch Jo, so wusste Doula, sind Mitglieder einer Crew eines Lichtschiffs, das in Paralleldimension an so einem Projekt arbeitet und den Erdlingen zu Hilfe kommt, und zwar aus der Zukunft, von den Plejaden.....

Doula schrieb sich mit Rudi und Helge über facebook und wartete gleichzeitig auf grünes Licht von den Elohim, nach Berlin zum Spreehafen fahren zu können. Ihre Intuition sagte ihr, es sollte noch VOR Jo´s Geburtstag sein. Es war schon Freitag, und sie hatte immer noch keine Zusage von Rudi. Der wollte sich zusammen mit Helge mit ihr treffen. Doula wollte aber Helge gar nicht unbedingt dabeihaben, denn sie hoffte, Jo würde dazustoßen, und Helge hatte ja mit Jo wegen Doula ein Problem. Helge hatte schon über facebook versucht, an Doula ranzukommen und ihr schöne Augen zu machen, doch sie blockte ab. Ihr Herz gehörte Jo, da hatten andere keine Chance. Außerdem sah Doula es so , dass unter anderem das Likedeeler-Leben zu Ende geführt werden sollte - und da waren nun einmal Jo (als Hein) und sie Doula (als Käthe) ein Paar, sie war sogar schwanger von ihm. Helge selbst war in dem Leben Doulas Halbbruder Till, der aber an ihr sexuelles Interesse gehabt hatte. Das hatte sie sowohl in diesem als auch in dem Likedeeler-Leben abgewendet, trotzdem gab es zwischen Jo (Hein) und Helge (Till) immer Streit und unterschwellige Konkurrenz. Hein ließ sich nicht seine Frau ausspannen, und Till war spitz auf sie und wollte nicht nachgeben.....

Nach etlichem Hin und Her schloss sich Doula dann mit Rudi kurz, und man beschloss, sich im Spreehafen zu treffen, um auf Rudis Dampfer miteinander zu reden.....

Der Samstag kam, Doula bereitete sich entsprechend vor, denn sie ahnte und hoffte, dass sie Jo sehen würde. Sie wusch sich die Haare, stylte sie, nahm Haarspray für mehr Fülle....zog ein neues blaues hautenges Kleid an, das sie mit ihrem Ex-Mann in einem spanischen Laden eines outlet-Centers erstanden hatte, dazu türkisfarbene höhere Sandaletten, weil türkis und blau ihre Farben sind - blau für die Elohim - türkis für den 13. Bewusstseinsstrahl. Als alles saß, band sie noch einen breiten Gürtel um, der die Taille betonte. Alles war perfekt, sie konnte los. Sie hatte sich ihr Crossrad eingepackt und Radklamotten, jedoch kein Zimmer besorgt oder sich großartig vorbereitet, hoffend darauf, auf Jo zu stoßen und bei ihm auf dem Kutter übernachten zu dürfen.... Sie stieg ins Auto, warf das Navi an, und los ging´s. Unterwegs stellte sie sich in allen Facetten vor, wie es sein würde, Jo wieder gegenüber zu stehen, wie sein Blick sein würde, ob er anbiss u.s.w.

Kurz vor Berlin kam dann ein song im Radio, der davon handelte, dass er sich nicht traut..... da hatte Doula schon fast die Faxen dicke und drehte das Radio ganz leise. Sie achtete auf Zeichen, doch das wollte sie partout nicht hören.....

Im Hafen angekommen, war das erste Problem, keinen Parkplatz zu bekommen.....Sch.....Großstadt.....Doula beschwatzte den Parkwächter, der den Parkplatz der Boots- und Schiffseigner bewachte. Sie bezirzte ihn und bekam dort einen Platz und gleich einen daneben für Helge oder Rudi, je nach dem, wer denn nun kam. Sie wusste es selbst nicht, irgendwie schien es, nicht recht klappen zu wollen. Sie marschierte zu Rudis Dampfer "Leopard" und setzte sich davor, mit einem Mitglied der Crew schwatzend, das dort Instandhaltungsarbeiten erledigte. Doula saß in der Sonne und schielte immer auch zu Jo´s Kutter hinüber, der schräg gegenüber am anderen Ufer im Hafen lag. Sie döste, keiner war zu sehen.....Irgendwann ging sie zum Auto zurück und rief Helge an. Der war ganz erstaunt, dass sie dort vergeblich auf Rudi gewartet hatte. Also stieg er in seinen Wagen, um zu ihr zu kommen, so dass sie nicht einsam und verlassen im Hafen rumstand. Er gab eine Fahrzeit von 30 Minuten vor. Also vertrieb sich Doula die Zeit damit, Schiffe zu begucken und Leute zu beobachten. Sie sah einige Leute im Original, die sie sonst nur auf facebook verfolgte. Das war sehr interessant, und trotzdem langweilte sie sich, denn auch von Jo war keine Spur....

Endlich kam Helge, er war ganz aus dem Häuschen, sie zum ersten Mal zu sehen und ging ihr gleich an die Taille. Er hatte das große Bedürfnis, Doula anzufassen, doch sie blockte ab. Er war ihr optisch nicht nach der Mütze, auch wenn er ein sehr netter und spirituell weit entwickelter Mann war. Es schien, als schiebe er die Spiritualität in den Vordergrund, um an sie ranzukommen, denn anders hatte man bei Doula keine Chance, das wusste er. Er versuchte bei jeder Gelegenheit, sie zu berühren oder ihre Komfortzone zu durchbrechen. Sie hatte sich auf den Dampfer gesetzt, schräg vor der Nase von Jo´s Kutter, so dass Doula es nicht übersehen konnte, falls Jo kam. Rudi hatte sich leider entschuldigen lassen. Das kam ihr irgendwie spanisch vor, diese Art und Weise kannte sie von ihm nicht. Scheinbar wollte Helge sie ganz allein für sich haben und hatte wohl Rudi gebeten, nicht mitzukommen. Helge war ja auch sehr unterhaltsam und trotzdem schielte Doula immer über die Schulter, ob Jo endlich eintraf.... und siehe da, endlich war da Bewegung auf seinem Kutter. Jo war höchstpersönlich anwesend und begann, den Mast zu schleifen, die Schleifmaschine war nicht zu überhören....noch hatte er sie wohl nicht entdeckt, denn er arbeitete, ohne hoch- oder hinüberzusehen....

Helge gab zur Kenntnis, dass ihn Jo nicht interessiere und was der mit Doula abzumachen hätte, er habe eigenes Interesse an ihr. Ups......da wusste sie Bescheid....der alte Konflikt zwischen beiden Männern war wieder entfacht.... Plötzlich hielt Helge im Gespräch inne und guckte über Doulas Schulter hinweg zu Jo´s Kutter. Sie fragte, was los sei, Helge wehrte nur ab und redete weiter. Doch Doula hatte längst gefühlt und vor ihrem geistigen Auge gesehen, dass Jo beide mit einem Fernglas beobachtete....

Jo hatte heute Nachmittag noch vor, einiges an seinem Kutter handwerklich zu erledigen, er wollte zwar heute Abend in seinen Geburtstag hineinfeiern, aber er hatte Spaß an Handwerksarbeit.... abends dann mit seinen Vereins-Schifferkollegen noch grillen und Bier trinken, das ginge schon klar. Er schmiss die Schleifmaschine an und bearbeitete den Mast, die alte Farbe sollte runter. Ihm kam dabei Doula in den Sinn, wie schon so häufig, seitdem er mit Laila gebrochen hatte....Er hatte Doula nun schon lange nicht gesehen, außer bei seinen Schnüffeleien auf ihrer facebook-Seite. Dort hatte er schöne Fotos gefunden, auch eines, auf dem sie eine Corsage trug und ihre schöne Figur zeigte. Oft hatte er dieses Bild auf seinem PC aufgerufen, wenn er onanierte. Er konnte nicht genug von ihr bekommen, sein Herz, aber auch sein Verstand brachten ihn immer wieder zu dieser so schönen, liebevollen, hochintelligenten Frau, vor der er so viel Manchetten hatte, sie berührte ihn tiefer, als er je zugegeben hatte.... Er sah aus den Augenwinkeln einen azurblauen Farbklecks...Er sah genauer hin, denn so eine Farbe nahm er sonst auf dem Dampfer von Rudi nicht wahr....Eine Frau....lange braune Haare...diese Handbewegung von der Stirn über den Hinterkopf die Mähne zurückstreichend, kannte er doch....Jo´s Herz begann heftig zu schlagen, er bekam einen heißen Schauer über den Rücken.... Doula.... Er griff zum Fernglas und stellte sich in die Kabine des Kutters, um unerkannt observieren zu können....tatsächlich, es war Doula.....sein Herz schlug ihm bis zum Halse.....was wollte sie hier....mit einem Mann....wer war das....Jo spürte Eifersucht aufkommen.....was wollte dieser Kerl von Doula, warum machte der sie so offensichtlich an....warum wies ihn Doula nicht von sich.....der Typ entsprach doch gar nicht ihren hochgreifenden Vorstellungen....wahrscheinlich hatte er Geld....Jo beobachtete immer noch, als er feststelllte, dass er bemerkt wurde. Das passte ihm ja nun gar nicht in den Kram. Dieser Kerl hatte ihn auf dem Kieker, der schien es ja nötig zu haben, Doula wie eine Trophäe zu verteidigen....Jo bekam neben der Eifersucht auch Anflüge von Wut.....auf sich selbst....warum hatte er nicht den Mut, dieser Frau zu sagen, dass er sie liebt, sich aber nicht traut, die wahre Liebe anzunehmen....Er könnte sich oft selbst in den Hintern treten....hoffentlich war es noch nicht zu spät....Aber es kochte und brodelte in ihm, es hatte sich nun etwas Entscheidendes verändert....

Doula wartete vergeblich auf Rudi. Er kam einfach nicht, also musste sie mit Helge vorliebnehmen, guckte aber wieder und wieder zu Jo rüber, der so tat, als wäre das Schleifen das Wichtigste auf der Welt. Er sah gut aus, braungebrannt, graues T-Shirt, schwarze Haare, geschmeidige Bewegungen....Doulas Herz klopfte laut und stark, sie wäre am liebsten hinüber oder hätte sich gern bemerkbar gemacht. Sie konnte machen, was sie wollte, Jo würde immer ihre Nummer Eins bleiben, ob er das wohl wusste.... Was war das hier alles albern, sie war extra in Berlin, um auch und vor allem auf Jo zu treffen, und der rührte keinen Finger, um mit ihr zusammenzutreffen....

Helge und Doula verließen den Dampfer und gingen zurück zum Parkplatz. Dort rief Helge bei Rudi an und fragte, wann er denn käme. Rudi hatte aber keine Zeit und ließ Doula schöne Grüße ausrichten, er würde ein anderes Mal mit ihr essen gehen.... Doula war nun etwas brüskiert, doch es war nicht zu ändern. Liebend gern wäre sie noch zu Jo an den Anleger gegangen, aber das ließ sie, denn sie war sich nicht sicher, ob er sie überhaupt sehen wollte....Nun wollte sie auch keine Bleibe in Berlin organisieren, irgendwie war ihr der ganze Tag verhagelt. Sie verabschiedete sich von Helge, der sie eigentlich weiter begleiten wollte, stieg in ihr Auto, und weg war sie.....

Zu Hause angekommen, ging Doula auf facebook und schrieb Rudi an, dass das feige war....aber sie bat ihn, heute Abend Jo zu grüßen, wenn er mit auf dessen Fete wäre...und ihm auszurichten, sie wäre gern noch bei ihm rangekommen, wenn sie nicht von Helge belagert worden wäre...Doula hoffte, dass Rudi es wirklich passig bei Jo anbringen würde, denn sie wollte nicht, dass er falsche Schlüsse aus dem Treffen von Helge und ihr zieht....

Rudi fuhr abends nach der Reparatur an seinem Kutter doch noch zu Jo´s kleiner Geburtstagsfete im Hafenclub. Er hatte nachmittags eigentlich Doula kennenlernen wollen, doch die Reparatur an der Maschine war dringend. Mit Doula würde er später einmal essen gehen, ohne Helge, denn er wollte ja SIE kennenlernen. Diese Frau hatte ein ganz anderes Format, schon fast außerirdisch, mit dem Wissen, mit dem ÜBERblick, den sie hatte.....

Rudi traf Jo tatsächlich im Hafenclub an. Er nahm ihn beiseite und sagte ihm: " Ich soll dich von Doula grüßen. Sie wäre gern kurz zu dir rangekommen, aber sie war von Helge, meinem Kumpel, eingenommen." Jo hatte das Gefühl, er müsse erröten, so klopfte ihm das Herz....woher kannte Rudi denn Doula.....Was wusste er alles von ihr und ihm.....Hatte Doula gepetzt in Sachen Darlehen, Strafbefehl u.s.w.....oder waren sie miteinander bekannt, und Doula war Jo gegenüber loyal geblieben....Rudi sprach ihn vorsichtig an:"Du sag´mal, ich habe den Eindruck, Ihr beide habt eine Menge zu klären....was ich aber weiß, ist, dass diese Frau dich liebt und dir all das vergeben hat, was du angestellt hast, weil Laila dich dazu getrieben hat..." Jo hatte damit nicht gerechnet, dass Rudi solche Einblicke hat, deshalb zog er unwillkürlich den Kopf ein und ging in Deckung. Rudi fragte so ganz beiläufig:"Mich würde interessieren, was du für Doula empfindest. Sie reisst sich ja förmlich den Arsch auf, um dich zu schützen und dir tiefere

Einblicke über uraltes Geheimwissen zu geben, so wie sie es mit einigen wenigen anderen als Aufklärer bei facebook tut...."
Jo empfand bei diesen Worten wohlige Wärme und Verbundenheit Doula gegenüber. Er hatte bisher nie so offene Bekenntnisse gehört, dass Doula ihn wirklich liebt. Und das nun von einem Mann, den er sehr schätzte. Doch er wollte ihm nicht auf die Nase binden, was er wirklich für Doula empfindet. Er fand es noch verfrüht, außerdem war er sehr introvertiert und verschlossen, vom Leben gezeichnet, mit schlechten Erfahrungen, was allgemein die Frauen betrifft.... Er wusste aber, dass Rudi ihm ansieht und spürt, dass er so tiefe Gefühle für Doula hat....deshalb erübrigte sich für ihn eine Antwort. Rudi meinte nur noch:"Vielleicht solltest du mal unter vier Augen mit ihr reden und ihr sagen, was du für sie fühlst. Diese Frau ist Klasse, sie hat aber auch andere Möglichkeiten, Helge z.B. setzt alles daran, sie zu bekommen....warte nicht, bis es zu spät ist. Und ich denke, du musst ihre Achtung erst wieder zurückgewinnen, denn du hast dir ja ein paar gehörige Dinger geleistet....Und wenn du meine Meinung hören willst – Laila kann Doula nicht das Wasser reichen....was du an DER gefunden hast, bleibt mir ein Rätsel...."

Kapitel 12

Kurztrip zu Swantevit und Goldener Fisch

Innerlich konnte Doula nicht zur Ruhe kommen. Fortwährend hatte sie das Gefühl, Jo würde bei ihr energetisch andocken und mit ihr leidenschaftlichen Sex haben. Das war ja auch verständlich, denn beide hatten sich nun nach langer Zeit wiedergesehen, wenn auch auf Distanz. Doch das Gefühlsleben ging wieder Achterbahn. Doula träumte nicht nur am Tage von Intimität mit Jo, gerade gegen Abend spürte sie ihn energetisch und zwar ganz genau, in welcher Form er sexuell an ihr aktiv wurde.... Und obwohl Doula oftmals glaubte, einer Illusion hinterherzurennen, ließ sie sich immer wieder in seinen Bann ziehen und sich Energie klauen. Sie empfand die Gelegenheit als günstig, jetzt ein Zeichen an ihn zu schicken. Sie schrieb ab und zu etwas zu ihm über facebook, er antwortete jedoch nie, und doch gab es eine effektivere Variante, sich in Erinnerung zu bringen: Das goldene Qilin – die 2. kleine Drachenpferd-Statue....Davon hatte Jo bereits 2013 ein Exemplar erhalten, das die Erdkugel zwischen den Vorderbeinen hält. Nun holte Doula ihr eigenes Qilin hervor, das mit dem Drachenpferd-Kind zwischen den Vorderläufen. Eigentlich wollte sie es nicht aus der Hand geben, da sie nicht wusste, ob er es annimmt, entsprechend platziert und dessen Energie aufnimmt oder ob Jo es in der Spree versenkt.... Sie verpackte das Qilin in einer Dekoschachtel und schrieb einen kurzen Text dazu:

"Lieber Jo – oder soll ich sagen Hein ;-) So ist dein Name im Likedeeler-Leben....Dieses Drachenpferd ist nicht für die Spree bestimmt, du putziger Heini, sondern es zeigt, dass es sich um den weiblichen Aspekt handelt, siehe Junges. Und darum geht es, nimm wieder an, was die Seele dir zuflüstert, öffne dein gesamtes Körpersystem und dein körpereigenes Sonar. Du hast viele Existenzen deiner wahren Identität: Prometheus, Erzengel Arielle, König Arthus, Hein u.v.m. und bei mir als dein Gegenpol: Athene, Erzengel Emanuel, Ceridwen, Käthe – DEIN Element ist das Wasser, meines das Feuer (Licht). Beide zusammen löschen sich nicht aus, das ist ein alter überholter Glaubenssatz. Beide zusammen erschaffen Großes, wenn es denn beide wollen. Freier Wille ist das oberste Gebot. Bedingungslose Liebe ist von vornherein gegeben, dazu gehört auch bedingungslose Freundschaft als Form der Nächstenliebe, egal, was du angestellt hast. Ich weiß ja, dass Manipulation im Spiel war. Deshalb hier das Qilin, um dich zu schützen und dir Kraft zu geben.....Ich soll dich noch schön grüßen von deinem Vater und auch von dem verstorbenen Kalle. Liebe Grüße Doula"

Doula hatte leichtes Unbehagen dabei, es zu versenden, weil sie nicht wusste, ob wieder eine Rückmeldung von Kriminalpolizei oder Staatsanwaltschaft kommt, falls Jo immer noch Kontaktsperre zu Doula aktiv hielt... Doch es ging alles gut, und es kam keine Postsendung zurück. Jo hatte es wohl angenommen... Doula wusste auch, dass er regelmäßig auf facebook ihre postings liest und die facebook-Freunde beobachtet....Jo war ebenfalls hellsichtig und -fühlig. Von daher dürfte er sich weit entwickelt haben....und das Zeichen mit dem Qilin verstehen, genau wie den Inhalt der spirituellen posts. Doula nutzte die weis(s)e Raffinesse, um gezielt auf Facebook zu formulieren, was Jo lesen und kapieren sollte....nicht nur Hintergründe, wer wer bei der Involution in welchen Dimensionen zu welchen Zeiten ist, sondern sie platzierte gekonnt die Angaben über ein geplantes Treffen auf dem Darß, zu dem sie ihn erwartete....Sie formulierte es so, dass Jo genau wusste, dass ER gemeint ist: "...Und wer mich dort an der alten Nebelstation treffen will, sollte jetzt braune Augen statt schwarze haben und mit mir frisches Brot mit Kruste oder Milchreis teilen wollen...."

Jo verfolgte schon seit geraumer Zeit Doulas postings, so oft wie möglich schaute er sich ihre Bilder an, denn er liebte es, ihre Augen zu betrachten, ihr Blick ließ ihn wohlig erschauern. Sie ist für ihn eine wahrhaft rassige Schönheit, die er nicht nur begehrt, was das Sexuelle betrifft, sondern für die er tiefe Gefühle hat. Er hatte sich schon oft in letzter Zeit vorgestellt, wie es wäre, Doula als Partnerin an seiner Seite zu haben, denn sie ist ein Pfundskerl, mit ihr würde man Pferde stehlen können. Doch er wollte ihr ebenbürtig sein und nicht in ihrem Schatten stehen, dazu war er zu ehrgeizig. Deshalb las er ihre posts genau durch, die sie zu dem uralten Geheimwissen um die beiden Logen bzw. Drachenclans brachte. Anfangs sah er kein Land, doch nach und nach begriff er, worum es überhaupt geht und welche Rolle ER und SIE spielen.....Ein Leben lang war er niedergehalten worden, vor allem von Frauen, angefangen mit seiner Mutter, sein Selbstwertgefühl hatte darunter gelitten. Nun aber durch Doula merkte er immer mehr, dass sie in ihm einen Missionsträger sieht und ihn als ihren seelischen Partner betrachtet und ihn auch als realen Partner erwünscht. Dazu muss er diese Rolle natürlich annehmen, das wäre ein Lernprozess. Er wolltel lernen, zu begreifen, dass er doch gut genug für sie und für eine Führungsrolle vorgesehen ist....Seine Liebe zu Doula führte ihn immer näher an seine Aufgabe....und trotzdem neigte er manchmal dazu, zu kneifen....

Doula hatte sich auf den Weg zum Darß gemacht, denn ihre Intuition sagte ihr, Jo hat das entsprechende posting gelesen und würde zum Wochenendhaus seiner Mutter kommen, das in dem Darßer Ort steht, welchen Doula anvisierte. Sie wusste ja genau, dass es neben der ehemaligen Nebelstation steht. Sie war kurzentschlossen, loszufahren, ohne eine Unterkunft gebucht zu haben. Sie hoffte insgeheim darauf, mit Jo zusammenzutreffen und bei ihm übernachten zu dürfen....

Doula ging als erstes zum kleinen Hafen, um Mittag zu essen und das Zeesboot vom letzten Mal zu chartern. Das Crewmitglied vom "Bill" hatte Kennung vom Saaler Bodden, wusste, dass Störtebeker sich dort einst versteckt hatte, kannte die Hintergründe der alten verfallenen Seefahrtsschule u.s.w. Doula stand auf Zeesbootfahren, sie hatte ab und zu die Gelegenheit, mitzumachen, doch diesmal ging es ihr darum, auf dem Wasser zu erfühlen, WO Jo´s Vater, in anderer Bewusstseinsdimension Erzengel Michael, einst in Atlantis I Aragon, die Bundeslade versenkt hatte...Sie ist kein Mytos, sondern ein Artefakt, der in der 5. Bewusstseinsdimension gefunden werden wird, und zwar von Mitgliedern seiner eigenen Seelenfamilie, vorgesehen sind Jo und Doula....Die Bundeslade ist entgegen allgemeiner Annahme der Beweis, dass es außerirdisches Leben gibt und vor allem ein Beweis für die Evolution des Bewusstseins durch Involution. Es geht also NICHT um Steintafeln eines sich selbst ernannten Gottes Jahwe....

Doula genoss das Segeln und das Schnacken mit dem Steuermann des "Bill". Sie sah vor ihrem geistigen Auge, wie sie zusammen mit Jo die Bundeslade findet und als Finder entsprechenden Finderlohn erhält. Die Kommune aber wollte sie dazu bewegen, das Geld für den Schatz, den "Goldenen Fisch", in die Wiederherstellung der Seefahrtsschule zu investieren, außerdem in den Neubau des Leuchtturms der Nebelstation in den Elohim-Farben blau und gold. Denn das Provisorium, das nun in klein an der Mole des Örtchens steht, ist lächerlich, genau wie die Swantevit-Statue.....Swantevit als Gott und Anführer der heidnischen Slawen war in Wirklichkeit ein Kerl wie ein Baum, ein Riese und kein Zwerg – zu der Zeit Doulas Mann, er entspricht in anderer Dimension Erzengel Michael, und Jo war/ist in dem Leben beider gemeinsame Tochter. Mit der Christianisierung ging durch Swantevits Manipulation einher, dass man Erzengel Michael/Swantevit vor die Kreuzkarre gespannt hatte, Doula als seine Frau auf dem Scheiterhaufen verbrannt und das gemeinsame Kind entführt hatte.....

Doula war wieder voll in ihrem Element, sie recherchierte und stand mit Michael in Channel-Kontakt....und sie freute sich darauf, zur auf facebook vorgegebenen Zeit, Jo am Strand zu treffen. Sie hatte für diesen Abend zwei Zeiten vorgegeben, 17.00 und 20.00... Zu beiden Zeiten fand sie sich am Strand ein und erwartete sehnsüchtig ihren heimlichen Traummann Jo....Der Strand war fast menschenleer, sie channelte und bekam keine eindeutige Antwort, man war sich nicht sicher, ob Jo käme, er hatte es aber vor....also wartete sie....Zur ersten Treffzeit kam er nicht, sie saß dort allein mit dem Hintern im Sand und wartete voller Aufregung....sie war sehr enttäuscht, ihr Bauch meinte, er kneift....sie hatte aber die Hoffnung, dass er zur zweiten Zeit doch noch käme. Vielleicht würde ihm ja 20.00 besser passen wegen der langen Anreisezeit aus der Metropole, denn er war ja im selbstständigen Arbeitsprozess, und es war Freitag, damit wären also die Straßen voll.....Doch er kam auch dann nicht...Doula war nicht nur enttäuscht, sie war verzweifelt und glaubte nun, alles wäre eine Illusion, und Jo würde rein gar nichts für sie empfinden....warum ließ er sie sonst sitzen....oder hatte er das posting auf facebook nicht gelesen...oder dachte er vielleicht, sie hätte nicht alle Tassen im Schrank....oder war da wieder Schwarzmagie von Kate und Laila im Spiel.....langsam wurde es Doula peinlich, sie war drauf und dran, den ganzen Quatsch hinzuschmeißen. Jo hatte sie auch 2014 und 2015 schon versetzt. Er hatte nie Antworten für sie gehabt und trotz Grußkarten mit Bitte um ein Treffen dort und dort war er nie zum vorgesehenen Treffpunkt gekommen....war es Angst oder war es Desinteresse...Doula wusste es nicht mehr, und das machte sie wütend, vor allem auf sich selbst....

Sie schwang sich in ihren Wagen und rauschte noch am Abend ab, sie hatte die Faxen gehörig dicke. Sie fuhr einen Affenzahn, um nicht in die Dunkelheit zu kommen, sie wollte zu Hause schlafen und kein Geld für eine Pension oder Ferienwohnung ausgeben, denn es ging ihr finanziell mittlerweile sehr schlecht....

Jo hatte über facebook auf Doulas Seite erfahren, dass sie vorhatte, auf dem Darß zu recherchieren, in dem Örtchen, in dem das Ferienhaus seiner Eltern steht....und er entnahm ihrem Text, dass genau ER gemeint war mit: "und wer mich dort treffen will, jetzt braune Augen statt schwarze hat und frisches Brot mit Kruste oder Milchreis mit mir teilen will...." Er staunte immer wieder, wie detailliert Doula über ihn und seine Vorlieben Bescheid weiß... Manchmal machte ihm das Angst, andererseits fühlte er, dass er Vertrauen zu ihr haben konnte, sie ist die einzige Frau, die ihm Verbindlichkeit, Verläßlichkeit, Vertrauen, Geborgenheit und Nähe bieten kann und will, genau das, was er seit Jahrzehnten schon sucht – eine wahre liebevolle Partnerin, die ihn mit all seinen Mängeln und Macken liebt und nicht an ihm herumexerzieren will.....Und doch hatte er Angst vor so tiefen Gefühlen, wie er zu Doula hat. Außerdem war er in der Zwickmühle, würde er sich treffen, würde die Sprache auf den Strafbefehl kommen, darauf, dass er sie denunziert hatte. Er würde auch zu Laila befragt werden....alles war ausgeufert und schiefgelaufen, was die seelische Verbindung zu Doula betraf. Jo wusste nicht, wie er damit umgehen und wie er aus dieser Klemme kommen sollte. Er träumte davon, Doula Liebe zu geben und ihre zu empfangen, und trotzdem hatte er gleichzeitig Ängste davor, wahre Liebe zu leben. Zu viel schon hatte er erlebt mit den Frauen. Im Fall Doula befürchtete er, wenn es schiefgehen würde, eine Partnerschaft mit ihr zu leben, nicht mehr klarkommen zu können....wäre er dann noch lebensfähig oder wäre er nicht eher komplett zerstört....

Jo haderte mit sich, er stellte sich vor seinem geistigen Auge vor, wie es wäre, Doula wiederzusehen, sie zu sprechen, das Kribbeln des Begehrens zu spüren, mit ihr in intensiver Umarmung zu versinken und im Bett zu landen....und dann nicht mehr von ihr loskommen zu können. Er hörte die Fragen, die sie an ihn hat, was Laila betrifft, und es zog sich eine Mauer um sein Herz. Er wollte Doula nicht weh tun, in dem er die Wahrheit über seine Ego-Manipulation offenbarte, denn es könnte sein, dass sie ihn dann ganz fallenließe wie eine heiße Kartoffel....doch so ging es auch nicht, er konnte und wollte nicht ewig vor dieser Liebe zu Doula davonlaufen. Er wollte sich einen Ruck geben, ins Auto steigen und ihr auf dem Darß begegnen, doch er war feige, und er klemmte den Schwanz ein. Er litt unter sich selbst, er wusste auch, dass Doula es nicht noch einmal hinnehmen würde, von ihm wieder versetzt zu werden. Und irgendwie war es ja auch hirnlos, er konnte seine eigene Verhaltensweise selbst nicht mehr verstehen. Er war doch sonst nicht so eine Pussy....doch vor Doula hatte er einen

Heiden-Respekt, sie war scheinbar eine Nummer zu groß für ihn, andererseits liebte er es, dass sie so intelligent, hypersensibel und in hoher Mission unterwegs ist. Bisher hatte keine Frau sich so viel Mühe mit ihm gegeben und die seelische Liebe zu ihm so lange aufrechterhalten, ohne Bedingungen zu stellen.... Doch Jo ging immer den angenehmsten, einfacheren Weg. Er hatte nicht den Mut, sich Doula zu stellen, er kniff lieber und riskierte, dass sie für immer die seelische Verbandelung abbricht.....besser so, als mit ihr zusammen zu sein und dann aber abserviert zu werden....Er tat es ab und machte sich vor, dass sie ihn eventuell gar nicht gemeint hatte auf facebook....Jo litt zwar, aber lenkte sich dann kurzentschlossen mit seinem Kutter und seinen Schifferkollegen ab. Außerdem hatte ihm seine Ex-Frau Kate, die Mutter seines Sohnes Oliver, gesteckt, dass wenn er eine neue Partnerin, speziell Doula nehmen würde, den Kontakt zu seinem Sohn, das Umgangsrecht unterbinden würde....und dem Sohn anvertrauen würde, dass Jo nicht sein leiblicher Vater ist....Sie gönnte ihm nicht, glücklich zu werden, sie ist hellsichtig und wusste genau, dass Doula die Richtige für Jo sei – ein uralterKonflikt zwischen Kate und Doula – schon in Atlantis I. Jo zweifelte daran, dass er jemals die Umklammerung und das Gegängel durch Kate loswerden würde...sie hatte ihn einfach in der Hand...finanziell und in Bezug auf Oliver, seinen Sohn, den er liebt – seinen und Doulas Sohn aus Atlantis I – im dortigen Leben ihr Ältester – Thor....

Kapitel 13

Nexus und Exodus

Dass Doulas Ex-Mann ein Hühnchen mit Jo zu rupfen hatte und ihm nach wie vor nicht wohlgesonnen war, hatte Doula längst mitbekommen. Sie hatte viel Karma zwischen ihnen aufgelöst, ihr Ex war einst in Atlantis I der Schwarzmagier Nexus. Auch die immer wieder neuen Besetzungen an Jo hatte sie telepathisch gefunden. Viele negative Energien hatten an seiner Aura angelagert und wollten verhindern, dass er zu Doula gelangte, in eine Partnerschaft voller wahrer Liebe und Harmonie. So fand Doula an ihm negative Anhaftungen von Laila, von seiner Ex-Frau Kate, von seiner Mutter - alle drei dominante Frauen aus Atlantis I arbeiteten nach wie vor energetisch zusammen - wie einst als seine Adoptivmutter (die Hadesgemahlin Persiphone= in 12 D EE Danielle), deren atlantische Tochter Mirabelle UND Murielle, in Atlantis I die gemeinsame Tochter von Mirabelle und Jo (in Atlantis Uniel = Prometheus), VOR der Ehe mit Doula (in Atlantis Moraya= Athene)....

Auf einem Foto eines Berliner Hafenfotografen, der Jo auf dessen Kutter ablichtete, hatte Doula reptiloide-dämonische Physiognomie in seinem Gesicht entdeckt, wie auch Augenringe, Tränensäcke, kleine tiefliegende sehr schwarze Augen, eine reptiloide Mundspalte.... Das war unheimlich und neu für Doula. Dämonische Besessenheit IN Jo? Sie wagte sich an ein telepathisches Auflösungsritual und fand tatsächlich Nexus IN Jo´s Innerem, der seinen Seelenaspekt in Verdrängnis gebracht hatte. Dass Jo´s Körper diese regelmäßige Besetzungen und nun auch noch Besessenheit überhaupt aushalten konnte, war ein Wunder. Er war scheinbar permanent durch diese negativen Fremdenergien gesteuert und manipuliert worden. Da brauchte sich Doula also gar nicht wundern, dass er keinen realen Kontakt mit ihr wollte. Er konnte seinen freien Willen gar nicht leben. Doch das ihm gesandte Goldene Qilin - Drachenpferd- hatte ihm ihre Energie gebracht, davon lebte er auf. Und nun, da sie an und in ihm aufgelöst hatte, konnte er weitergehen, sich ent-wickeln und für sich Klarheit schaffen.

Doula hatte über ihre Überseele angefragt, ob auch Laila, die immer an ihm wie ein Anhängsel war, besetzt oder besessen ist. Laila hatte mit Hilfe von negativen Wesenheiten (schwarzen Engeln, also Dämonen) dafür gewirkt bzw. manipulieren lassen, dass SIE SELBST die endgültige Partnerin von Jo werden würde. Sie und ihre Unterstützer, die Mächte der Finsternis, hatten in die Vorsehung, die Akasha, eingreifen wollen, um Doula und Jo auf ewig zu blockieren und voneinander zu trennen - das Schutzschild der Menschheit - Das Drachenpferd der Elohim zu vernichten - die vereinten Erzengel Arielle und Erzengel Emanuel. Doch Doula wusste, worum es ihnen ging und hielt dagegen. Sie gab nicht auf, ihre Liebe und ihr Pflichtgefühl als Missionsträger sind allmächtig.

Doula scannte Laila, ging durch Regression in Gespräche zwische Jo und ihr, es waren oft Streitgespräche, ein Hin- und Hergezerre seitens Laila, sie wollte ihm ihre Vorstellung von einer BeZIEHung aufdrücken, sie war dominant und kein bisschen empathisch. Man konnte sie einer schwarzen Hexe/Magierin gleichsetzen, egomanisch, mit Engelszungen wispernd, verschlagen, hintertrieben und gerissen. Beim Scannen fand Doula eine dämonische Wesenheit in ihr - Exodus - diesen brachte sie wie Nexus zurück zu Licht und Liebe, nachdem sie mit ihnen verhandelt und sie zur Einsicht / in den Wunsch gebracht hatte - und sie löste deren Pakte mit der schwarzen Loge auf. Laila war also nicht nur selbst voller Schatten, sondern auch negativ besetzt und durch Exodus besessen gewesen, eben Kosmisches Gesetz der Resonanaz. Sie hatte seit Jahren bei Jo versucht, zu landen, sie wollte unbedingt Sex mit ihm, da sie wusste bzw. hoffte, dass Doula es erfahren/fühlen und ihn dann für immer fallenlassen würde.....außerdem war es Auftrag der manipulierenden Kräfte, denen es um das XX ging..... Doch Jo hatte sich mit Händen und Füßen gewehrt. Laila wäre die Wiederholung des Traumas mit seiner Mutter und deren Übergriffigkeit. Laila hatte geflirtet, gebalzt, gelockt, erpresst, manipuliert, überlagert, belagert, gereizt, geschmachtet.... doch nichts half, sie hatte ihn nicht bekommen. Jo ging nicht mit ihr ins Bett, zu groß war die Angst vor Verletzungen. Zu viel schon hatte er mit Frauen durchgemacht. Jo wollte Liebe, Nähe, Geborgenheit, sich fallenlassen - nicht drübersteigen, Sex und fertig. Das war ihm zu billig. Mittlerweile wollte er Tiefe, Verbindlichkeit, Verlässlichkeit, Vertrauen, Wärme. Das konnte ihm Laila aber nicht geben. Er vertraute ihr nicht, er spürtre, dass sie ihn nur benutzen wollte und zog sich immer zurück. Außerdem spürte und wusste er, dass Doula die einzig Richtige für ihn ist und hielt ihr die Treue. Da Laila so nichts erreichen konnte, hatte sie Schwarzmagier angeheuert, um zusammenzubringen/-zuzwingen, was nicht vorgesehen, nicht schicksalsbestimmt, ist. Auch negative Wesenheiten hatten ihr geholfen, mit denen sie sich verbündet und dafür ihre Seele verkauft hatte. So war der Dämon Exodus in ihr gewesen. Und auch wenn Nexus in Jo und Exodus in Laila geackert hatten, beide ins Bett zu befördern, Jo hatte standgehalten, die bedingungslose Liebe zu Doula und deren energetische Hilfe waren stärker. Wahre Liebe ist die stärkste All-Macht.

Dagegen kam Laila auch nicht mit ihren negativen Gedanken

und Gefühlen wie Hass, Neid, Eifersucht, Dominanz, Aggression, Hochmut an - Sie hatte mit Hilfe negativer Wortformationen gearbeitet wie : "Wenn ICH dich nicht haben kann, soll dich auch keine andere haben...." - "Du wirst mit keiner anderen erfüllenden Sex haben, weil du ihn nicht hochkriegst..." Doch auch diese Dinge fand Doula in Regressionen - nämlich Potenz-, Erektions- und Orgasmusstörungen bei Jo - und löste sie in Licht und Liebe torudal auf....

Doula wirkte nun auch als Auflösungsmedium in der globalen offiziellen und inoffiziellen Politik. Sie löste Besetzungen und Besessenheiten dämonischer Art an Politikern führender Staaten auf, die die Marionetten der schwarzen Loge sind. Sie nahm sich auch noch einmal die besetzte Mondin vor, von der aus durch negative Kräfte des Sirius Haarp und andere Manipulationssysteme der Erde gesteuert wurden, ging an unterirdische Militärbasen der negativen nichtirdischen Kräfte und löste viele politische und wirtschaftsrelevante Ursachen für das Chaos in 3-4 D an den Wurzeln auf. Auch an Cern ging sie ran. In der Ruhe, der Abgeschiedenheit und im Atmen liegt die Kraft, siehe Wingmakers, das Souveräne Integral.....

Jo verfiel des öfteren wieder in Depressionen. Zu sehr hatte Laila ihm geschadet. Sie hatte ihn gequält, ihm von ihren ONS erzählt, von ihren Verehrern, geilte ihn dann selbst an, um ihn dazu zu bewegen, auch mit ihr zu schlafen. Sie wollte es unbedingt. Sie war fixiert auf ihn und hatte eine diebische Freude daran gehabt, ihn aufzuziehen. Jo hatte mehr eine Tochter in ihr gesehen. Sie war nicht sehr intelligent, aber gerissen, er wollte sie unterstützen, ihr Halt geben, dabei hatte SIE die Hosen an und bestimmte, was läuft. Jo passte sich immer an und wollte es allen rechtmachen. Sein Ego wurde von ihr gepuscht, er genoss ihre Anmachen und dass es seine Schifferkollegen mitbekamen. So hatte er Bestätigung und Aufmerksamkeit. Laila wusste auch die anderen zu bezirzen, und so zogen ihn seine Kumpels oft auf " na, ging´s wieder heiß her..." "Geile Braut, Kraft geklaut..." Jo ließ sie reden, niemand ahnte, dass es nur platonisch war. Doch Laila setzte Spitzen, sie wollte, dass Jo sich ihr verpflichtet fühlt und sie endlich an sich ranlässt. Jo hatte aber immer Doula im Herzen ....und Laila im Kopf, durch sein manipuliertes Ego fühlte er sich zerrissen und war nicht in der Lage, sich zu entscheiden. Er liebte Doula, fühlte sich immens zu ihr hingezogen, doch er kam nicht von Laila los und von dem, was sie ihm angetan hatte. Diese eigenartige BeZIEHung war in den Verlust gegangen, deshalb nervten ihn nun seine Kollegen und seine Freunde, er solle sie wieder zurückholen, alles neu beginnen. Doch Laila hatte ihm auch wirtschaftlich geschadet. Die Zeit als sie für sein Unternehmen Kundenberaterin war, hatte Spuren hinterlassen. Das Geschäft lief nicht. Er hatte ihr auch Geld geliehen, da sie ihn um den Finger gewickelt hatte. Sie war eine Füchsin, ein falsche Schlange und hatte ihn ausgenommen. Er hatte ihr einst alles geboten, hatte sie hofiert, zu Reisen mitgenommen, Kuttertörns mit ihr gemacht, sie versorgt/umsorgt und sogar Oliver, seinen Sohn, dabei vernachlässigt. Jo´s Psyche war instabil. Laila hatte augenscheinlich energetisch immer noch Einfluss auf ihn, denn sie triggerte....und Jo sprang dann an wie eine hörige Marionette....Doch zunehmend setzte sich bei Jo nun die Seele durch. Seine Sehnsucht zu Doula wurde immer stärker. ER beobachtete sie auf facebook, las alle ihre posts, die ihn immer weiter in seine spirituelle Ent-Wicklung brachten. Er wusste, dass er sie und NUR sie liebt, doch noch waren da seine Ängste, dass er nicht gut genug sei und sie mit seinem Erlebten besudeln würde. Sie war und ist etwas ganz Besonderes für ihn. Jo - wie Doula hypersensibel und empathisch - hatte nun auch seine Hellsinne entwickelt, nur konnte er sie noch nicht so gezielt einsetzen wie Doula. Doch er spürte Doula, fühlte alles, was sie betraf, ihre Seelenentwicklung, Persönlichkeitsentwicklung, ihren Aufstieg, ihre Befreiung von ihren Lasten und Rucksäcken. Und er spürte auch, wenn sich ihr Männer näherten, dann war er eifersüchtig und wünschte sich, seinen männlichen aktiven Aspekt leben und umsetzen zu können. So war er bedingt durch das Trauma mit seiner Mutter immer noch mehr im weiblichen Aspekt, passiv und defensiv. Doch SEINE Lernaufgabe war, in die Männlichkeit zu kommen, in die Offensive, hin zu Doula, sie zu erobern und zu überzeugen IN LIEBE. Da fehlte es bisher noch am entscheidenden Auslöser, denn erst musste die gespeicherte Trauma-Energie des Missbrauchs durch die Mutter platzen, sonst würde er immer wieder von Frauen belästigt werden, die ihm an die Wäsche wollen. Seine Psyche musste diese Situationen sonst immer wieder herbeiführen. Seine Seele aber wollte ANKOMMEN, bei SICH SELBST und bei Doula, als IHR Mannn. Er lebte und schlief in seinen Fantasien mit ihr, in allen Facetten, er visualisierte in allen Sinnen - und Doula fühlte es.... Sie wusste, beide kommen nicht aneinander vorbei. Es kommt zusammen, was zusammengehört - und seit Ewigkeit in kosmischer Ehe IST. Doch nur 2 FREIE GANZheiten, die selbst HEIL (geheilt) sind, können die wahre bedingungslose reine Liebe leben.....

Kapitel 14

Die vierte Menschheit

Sicher ist vielen Erwachten und Bewussten mittlerweile klar, dass wir nicht die ERSTE Menschheit auf Erden sind - und dass die Weltwunder und Weltbaukultstätten wie z.B. die Pyramiden von Gizeh nicht von unserer Menschheit erschaffen worden sind, sondern von zivilisierten hochtechnologischen Weltkulturen VOR UNS. Doula hatte sich damit bereits 2014 auseinandergesetzt, als sie auf dem Darß an der ursprünglichen Meeresküste von einst per mentalem Seitensprung in eine Parallelexistenz wechselte. Sie sah sich selbst als Anführerin eines Meermenschen-Volkes, den Meermaids (nur weibliche), das gerade dabei war, vom Meer auf´s Land zu wechseln, wobei sich ihre Fischschwänze nach und nach zu zwei Beinen umbildeten. Die Meermenschen waren mit den Walen und Delfinen verwandt und hatten einen gemeinsamen Vorfahren - ein REPTIL. Die Augen der Meermenschen waren noch reptiloid, der Haaransatz sehr weit am Ober- und Hinterkopf. Später hatte Doula dann einmal gechannelt, dass wir heutzutage die vierte Menschheit sind, die die Erde bevölkert. Ihr kamen dann auch Bilder als sie selbst als Meerfrau mit einem anderen Archetyp-Wesen liiert war - mit Jo als Zentaur, d.h. oben herum Mensch, ab der Hälfte unten als Pferd. Sie trafen sich immer am Strand. Es war eine tiefe bedingungslose Liebe, doch Sexualität war nicht umsetzbar, da Jo als Zentaur einen so großen Penis wie ein Hengst hatte. Sie liebten sich aber trotzdem, küssten und streichelten sich, liebkosten gegenseitig ihre Geschechtsteile, nur Penetration ging eben nicht.....

Doula kamen sehr detailierte Bilder von einst:

....Sie trafen sich in einer versteckten Meeresbucht. Er war ihr an Körpergröße und Kraft weit überlegen. Damit sich ihre Lippen finden konnten, musste er sie zu sich hochheben. Ab seinem Bauchnabel abwärts war er Hengst, und dort begann die Brust des Pferdeleibes. Sein starkes Glied trug er zwischen den Hinterbeinen. Er drückte sie fest an sich, so dass sie kaum Luft bekam. Er war stürmisch und leidenschaftlich. Erregt schob er ihr seine Zunge in den Mund, die sie zärtlich liebkoste. Er schmuste mit ihren Brüsten und zwirbelte ihre Nippel. Wohlig stöhnte sie auf und drängte ihren Schoß an seinen Leib. Er glitt mit der Hand an ihrem Becken herab zu ihrer Spalte und fingerte sie. Das mochte sie sehr gern, denn ein Koitus war mit ihm ja nicht möglich. Der Zentaur schachtete aus, d.h. sein immenser Hengst-Penis fuhr aus, und seine Hoden wurden prall. Die Hoden hatten die Größe von Honigmelonen, der Penis ausgefahren einen Dreiviertelmeter. Er setzte sie ab, legte sie ins Flachwasser und legte sich neben sie. Er küsste sie nun fordernder und knetete ihre Brüste. Sie mochte es gern etwas härter, deshalb stieß er sie letztendlich mit der Faust in ihre Vagina und förderte ihren Saft zutage. Lecken war ihm ein Vergnügen und noch mehr das genüssliche Saugen und Lutschen. Er war sehr intensiv, und so brauchte sie nicht lange, bis sie sich in großem Schwall in seinem Mund ergoss. Sein Penis hatte mittlerweile ein Riesenausmaß, und er zuckte und ersehnte ebenfalls, zu seinem Recht zu kommen. Ihr Becken kontrahierte noch, als sie sich zwischen seine Hinterbeine legte und mit beiden Händen seinen Schaft, die Hodenbälle und die Penisspitze massierte. Dabei ging sie mit kräftigen Griffen vor, denn das törnte ihn an. Zwischendurch leckte sie mit ihrer Zunge an der Spitze und saugte daran. Doch sein Glied hatte einen zu gewaltigen Durchmesser, um ihn oral bedienen zu können. Sie ließ ihn in ihrer angewinkelten Achselhöhle Fahrt aufnehmen und ihn den Rhythmus bestimmen. Der Zentaur war laut in seiner Lust, sein ganzer Körper vibrierte – und als er dann explodierte, schossen mehrere Schalle Sperma aus seinem Rohr, immer wieder nachladend. Sie ließ sich einen Teil auf Brust und Gesicht spritzen, zu geil machte sie seine Samenflüssigkeit. Er war sehr potent, er konnte mehrfach hintereinander kommen, wenn sie hemmungslos und liebevoll mit ihm zusammen war. Es war animalische Sexualität, von höchster Liebe getragen – beide mochten es gern oft und härter treiben – stundenlang, bis sie vor Erschöpfung Arm in Arm einschliefen. Sie gehörten nicht zu einer Gattung und waren auch nicht fähig, Nachwuchs zu zeugen, doch das machte ihnen nichts aus. Sie lebten für- und miteinander.....bis andere Archetypen sie aufspürten und für immer trennten.....es waren ziegenähnliche Halbhumanoide.....

Nun später im Frühsommer 2016 erfuhr Doula durch Channeln mit der Ur-Quelle, dass die zweite Menschheit die Maya gewesen waren, ihre Ableger waren Inka, Azteken und andere.... Die Maya waren eine hochentwickelte Weltkultur. Zu der Epoche waren die Kontinente wie bei der ersten Menschheit noch nicht derart verändert und auseinandergedriftet wie nach dem Polsprung zu Zeiten von Lemurien-Atlantis. Es gab einen männlichen Gott der Maya mit 6 Armen und Händen - Jo - und eine weibliche Göttin mit 6 Brüsten - Doula. Beide waren vereint, so waren es 8 Arme und

Hände und 8 Brüste - 8 für Unendlichkeit, Ewigkeit von Balance Gott und Göttin namens..................

Beide hatten Krokodilschwänze und über ihren Köpfen eine Art Krone oder Kopfbedeckung wie ein Krokodilmaul. Die Maya wurden beeinflusst und manipuliert durch nichtirdische Besucher-"Götter", die zum einst demiurgisch-dämonischen Geschwader gehörten. Man entführte ihren männlichen Gott - Jo- und ließ ihn erblinden, legte ihn in Ketten, so nahm man ihrer Gottesvereinigung den männlichen Aspekt und beeinflusste das Volk der Maya per reptiloider Besetzung und Manipulation und förderte die Entwicklung hin zum Matriachat. Es gab die weibliche Göttin, und alle Männer der Maya lebten nun verstärkt ihren weiblichen Anteil, d.h. sie überließen den Frauen die Macht. Doch das ging nicht gut. Es wurden nur noch die stärksten Männer zur Paarung gewählt, gleichzeitig hatte man Angst, dass sie sich erheben würden, also benutzte man sie und tötete sie hinterher. Die Maya waren dem Weiblichen sehr stark verbunden, der Göttin Erde, der Natur, doch ihre einstigen Beschützer, die Männer, waren ausgehebelt. So konnte sich der reptiloide-dämonische Virus weiter ausbreiten und das Volk der Maya spalten und teilweise vernichten. Es bildeten sich gegenläufige Zweige, deren Nachfahren viel später auf allen Kontinenten existierten oder sich außerhalb von Raum und Zeit im Universum herumtrieben in Kooperation mit nichtirdischen Kräften, die ein eigenes Interesse an der Erde haben....

Die dritte Menschheit gab es zu Zeiten von Lemurien und Atlantis. Lemurien, Mu=Mutterland, war eine Zivilisation der 5. Bewusstseinsdimension, die angebunden an die Ur-Quelle wirkte, die Kosmischen Gesetze anwandte und in Frieden,

Liebe und Harmonie lebte. Es gab Nichtirdische, die die Lemurier genauestens studierten, vor allem deren Sexualität. Sie beneideten sie um diese liebevoll hochschwingende Energie der körperlichen Sexualität und wollte sich mit ihnen paaren und vermischen. Die Nichtirdischen schleusten ihre "Schlangen" und "Spinnen" ein, gefährlich schöne Frauen ihrer Gattung, um die Männer der Lemurier zu kapern, und es gelang ihnen sogar, auch Jünglinge und männliche Kinder wurden entführt und adoptiert. Es existierte dann mit den entführten Lemuriern und ihren Schwarzmagierinnen und -magiern die Epoche Atlantis I, die sich durch viele Weltkulturen und Weltregionen zog, vom Atlantik bis in germanische Lande entlang der Küste, inkl. Teile Skandinaviens, dann Griechenland und Nachbarregionen sowie Ägypten, das nördliche Afrika und Teile bis hin zum Indischen Ozean und Teile Asiens. Die Atlanter waren das größte Seefahrervolk der Geschichte, sie hatten durch Hades ein Metall erhalten, das ihnen Vorteile verschaffte und sie die besten Schiffe haben ließ.....Lemurien wurde zum Untergang gebracht, Wettermanipulation durch Haarp war damals schon angesagt. Die Lemurier ging z.T. in die Innererde (an den Polen des pulsierenden Torus Erde) oder sie gingen auf Lichtschiffe oder zu den Atlantern, um ihren entführten Angehörigen nahe zu sein und dort wie verdeckte Agenten wirken zu können.

Die Atlanter - hochentwickelte Magier anderer Dimensionen und Ebenen, brachten unter demiurgisch-dämonischem Einfluss die vorgesehenen Schicksalspaare der Königreiche und Götterebenen auseinander, indem sie ihre weiblichen Schergen auf die männlichen Zwillingsflammen dieser Dualseelenverbindungen ansetzten. So waren es meistens die VORehelichen Töchter dieser Männer, die Inzestimplantate in Bezug auf sich selbst in den Vätern setzten, was in allen Leben, zu allen Zeiten, in allen Ebenen und Dimensionen, also torudal, Auswirkungen hatte. Durch Verrat ging die Epoche Atlantis I unter, Polsprung und Wettermanipulation sowie Manipulation des Bewusstseins durch Haarp, Psychotronics, Subliminals, Skalarwellen u.s.w. taten ihr übriges. Die Menschheit stieg herab in die 3. Bewusstseinsdimension. Ihre DNS-Helixes wurden reduziert auf 2 Doppelhelixes, ihre verfügbare Gehirnkapazität wurde heruntergefahren auf 6-10 %, und ihr Sonar (Chakra- und Energiebahnensystem) wurde gekappt und zum Teil auf 2 Chakras begrenzt (Überleben und Sex). Die höheren Chakras wurden lahmgelegt und damit der Mensch von seiner Anbindung an seine Ur-Quelle, an das, was er in Wahrheit ist, unendliches Bewusstsein=Seele, abgetrennt...

Bei uns, der vierten Menschheit, geht es um die Umkehr von Atlantis I, die Wieder-Bewusstwerdung und der Aufstieg/Rückkehr in die 5. Bewusstseinsdimension. Infolge Manipulation und Täuschung durch die Dämonen und negative reptiloide Wesenheiten und deren menschliche Schergen in Politik, Wirtschaft, Religionen, Finanzimperium, Gesundheit und Ernährung u.s.w. sind aber nur wenige Menschen wahrhaft so weit in ihrer Ent-Wicklung der Seele von Karma und im Erlangen des uralten Seelenwissens bezüglich der beiden Logen, dass sie aufsteigen können. Viele andere haben ihre Seele verkauft oder sind als seelenlose aus 2 D aktiviert worden, also nur Statisten = Ballast an den Füßen der Aufsteigenden.....

Es geht vor allem um das Zusammenfinden der atlantischen Schicksalspaare, denn durch Vereinigung ist ein Dimensionssprung möglich. Damit wird klar, warum die schwarze Loge gerade diese Seelenpartner-Paare torpediert und versucht, auszuhebeln und voneinander zu trennen.... Diejenigen von ihnen, die wahrhaft aufsteigen mit der Erde zu

5 D und höher, die machen dann dort die fünfte Menschheit aus, den Garten Eden auf Erden im Zeichen der Heiligen Fünf Elemente des Universums. Den Schlüssel dazu tragen Doula und Jo = Emanuel und Arielle = Athene und Prometheus (Apollon) in sich, denn wie in Atlantis I sind ihnen auch zwei gemeinsame Kinder Sohn und Tochter, bestimmt, diesmal in diesem Leben jedoch auf einen "Schlag", als Zwillinge - das wäre Doulas 5. Schwangerschaft dieses Lebens, so ist es die Vorsehung.... wieder die FÜNF!

Und doch war der Kampf der Titanen um die 4. Menschheit jetzt ein Mentalkrieg, die Dämonen und negativen Reptos/Dracos stellten ihr Heer, das der Schergen, die ihre Seele an sie verkauft hatten, für schnelle Macht, Reichtum, Status, Bestätigung oder um eine bestimmte Person zu besitzen, die ihnen die Liebe verweigerte, sich nicht zwingen ließ. Sie arbeiteten mit Schwarzmagie, um zusammenzubringen, was nicht zusammengehört laut Vorsehung bzw. um die WAHREN atlantischen Partner und Partnerinnen abzuschießen - siehe Doulas 3-4 mal / Jahr kurzer Klinikaufenthalt.....Doch auch die Elohim-Engel stellten ihre Adler, nur waren sie zahlenmäßig unterlegen. Doch diese Adler waren als Missionsträger inkarniert und arbeiten gezielt und wirkungsvoll als Auflösungsmedium für negative Energien, Energiearbeiter oder Mentallotsen = Aufklärer - immer in Licht UND LIEBE. Steter Tropfen höhlt den Stein, und es kommt zusammen, was zusammengehört. Bedingungslose Liebe ist die ALL-Macht. Die weiblichen Zwillingsflammen-Frauen (Dualseelen) sind energetisch mit ihren atlantischen Männern verbunden wie Pferd und Kutsche.....Bleibt Pferd stehen, tut das auch die Kutsche.....prescht Pferd los, rast auch die Kutsche hinterher und links und rechts fällt Ballast raus. Und manchmal wurde eben auch der Kutscher entführt oder vernebelt durch die Dämonen - siehe im Fall Doula und Jo - Erzengel Michael, der einst im 11. Jahrhundert als Swantevit manipuliert und vor die Kreuzkarre gespannt worden war.

So wie die Missionsträger der weißen Loge mittlerweile hoch- und höchstentwickelt sind, sind jedoch auch die Schergen und Scherginnen der schwarzen Loge sehr gut ausgebildet, nämlich in Schwarzmagie und Kraft ihrer negativen Gedanken und Gefühle, die eine fatale Waffe sind und torudal wirken - siehe z.B. Wortformationen wie Flüche, Banne, Eide, Schwüre, Gelübde, etc. Beispiel: "Wenn ICH dich nicht haben kann, soll dich auch keine andere bekommen..." oder. "Du wirst mit keiner anderen glücklich werden...."oder negative Chips, Sticks, Implantate, Siegel, Pakte sowie negative Mental-Technologien über Wellenfrequenzen.....

Doula war auf facebook in diesen Dingen als Mentalcoach unterwegs und hatte noch andere Betroffene unter ihren fb-Freunden, aber auch auf hotlines im deutschsprachigen Raum, die dort Berater waren. Sie sah es auch als ihre Verantwortung an, dort aktiv zu sein und als Mentalist und Mentallotse zu wirken, außerdem spürte sie, dass Jo so heimlich zu ihr Kontakt hielt, indem er jeden ihrer Schritte und posts verfolgte und las....und mit ihr telepathierte.

Es war nun Sommerferienzeit und Doula hatte Visionen - sie sah und spürte oft, dass Jo ganz plötzlich vor ihrer Tür stehen würde, sie arglos aufmacht und er wie eine Lawine über sie herfallen würde, ihr die Sachen vom Leibe reißend und liebevoll küssend, einen Antrag machend.....Das ließ sie erschauern und sie zog sich mehr und mehr zurück, obwohl sie es andererseits ersehnte.....

Kapitel 15

Androgynität und der Mythos der Kugelmenschen

Androgynität betrifft in Wahrheit die Seele. Wir haben viele verschiedene Existenzen (Leben) unserer wahren Identität, mal sind wir als Mann inkarniert, mal als Frau. Wir tragen aber immer beide Aspekte. Der Mythos des Kugelmenschen in der griechischen Mythologie ist wahrhaft KEIN Mythos. So wie das Universum (besser MULTIversum) ein pulsierender Torus (besser liegende Acht, Unendlichkeit, Zentrum Ur-Quelle....siehe späteres Kapitel) ist, ist es auch die Erde, jeder andere Planet und jedes Lebewesen ALS SEELE. Für den Erfahrungsplanet Erde aber wurde eine solche Seelen-"Kugel" halbiert (Kugel ist im Grunde falsch, weil die Seele MULTIdimensional ist, deshalb Kugel hier nur zur Veranschaulichung). Beide Hälften inkarnierten zeitlich und örtlich versetzt. Seitdem sind sie auf der Suche nach der Entsprechung, sich zu finden und wieder zu vervollkommnen. Nach dem Gesetz der Resonanz geht das aber erst, wenn beide auf dem gleichen Ent-Wicklungsstand sind. Solange spiegeln sie sich energetisch die jeweiligen Lernthemen, jedoch meist ohne realen Kontakt. Die Kugelhälften sind anders ausgedrückt Zwillingsflammen männlich und weiblich. Sie sind energetisch immer miteinander durch ein Seelenband wie eine Nabelschnur verbunden und spüren den anderen. Dieses Band geht nicht zu zerstören und wird auch von "oben" nicht getrennt. Es geht hier darum, energetisch miteinander, ABER JEDER FÜR SICH ALLEIN, seine eigenen Lebensthemen zu bearbeiten, altes Karma aufzulösen und karmische Altbeziehungen für immer zu kappen und die Umstände zu heilen. Solange die Bänder zu den anderen Seelenpartnern und

Seelenpartnerinnen anderer Leben, die auch in diesem Leben wieder aufgetaucht sind und mit denen wir etwas zu bearbeiten haben, nicht getrennt sind, kommen die Zwillingsflammen nicht zusammen und müssen diese Lektion wieder und wieder durchmachen. Doch sie müssen auch erst SELBST ganz und heil sein, in der SELBSTliebe, erkennen und fühlen, dass sie selbst wahre bedingungslose reine Liebe SIND, GANZ und VOLLKOMMEN. Der/die andere ist "nur" die Ergänzung, die Krönung zur eigenen Vollkommenheit.....

Die Schwierigkeit besteht oftmals darin, dass man in seinem Seelenkern oft das andere Geschlecht ist als jetzt in diesem Leben. Doula z.B. ist in dieser Inkarnation als Frau gekommen, ist in 12 D aber männlich - Jo genau umgekehrt. So fühlte Doula sich seit Kindes Beinen an als Junge, hatte fast ausschließlich Umgang mit Jungs und Männern und war dominant, aktiv, zielstrebig, Plonier und Reformer, Querdenker, Schöpfer, geradeaus, undiplomatisch, willensstark, hart und stark, mutig .....eben voller männlicher Energie. Sie hatte nun die letzten fünf Jahre damit zu tun gehabt, in ihre weibliche Energie zu kommen: Ruhe, Frieden, Hingabe, Passivität, Empfangen, bedingungslose Liebe, Defensive, Verständnis, Ausgeglichenheit, Wärme, Geborgenheit, Vertrauen....

Jo dagegen lebte all die Jahre seit seiner Kindheit in der weiblichen Energie. Beginnend mit seiner Mutter, die ihn missbraucht hatte, wurde er bewusst daran gehindert, seine Männlichkeit zu leben und seine WAHRE GRÖSSE als Missionsträger zu erkennen. Das war von Anfang an der Plan der schwarzen Loge. Alle Frauen nach seiner Mutter und diese selbst waren "angesetzt" worden, nichts war Zufall. Jo wurde immer GENOMMEN, verführt, benutzt. Er war seit dem Missbrauch nicht in der Lage, seine männliche Kraft zu leben, selbst zu bestimmen, anzupacken, zu erobern, selbst zu dominieren - und wenn, dann nur unter Drogen in einschlägigen Clubs des BDSM. Doch auch da uferte es aus, es lief immer in Extreme, und so hatte er nicht einmal Vertrauen zu sich selbst, sondern Angst vor seinen eigenen Abgründen. Er ahnte, wozu ihn seine Schatten befähigten, zu oft hatte er sich so erlebt....

Doula war für ihn etwas ganz Besonderes, er wollte sie nicht besudeln mit dem, was er alles schon durchhatte. Zu viele "Geister und Kobolde" hingen noch an ihm. ER wusste, dass SIE die Richtige für ihn ist, doch er wusste auch, dass er ihr als Blender etwas vorgemacht hatte. Er war ein Großkotz gewesen und hatte zu verhindern versucht, dass sie erkennt, welch armer Wurm er war. Ihr konnte er nichts vormachen – er ahnte, dass sie ihn längst durchschaut und durchfühlt hatte. Das war damals aus ihren mails und ihrem Buch hervorgegangen. Sie war hellsinnig, energiefühlig und hatte ihm Fragen beantwortet, die er noch gar nicht gestellt hatte. Dass sie alle seine Geheimnisse und Traumata kannte, hatte ihm Angst gemacht. Und sein Umfeld, vor allem Laila, hatte ihm eingeredet, Doula hätte ihn verhext. Dabei war Doula die Einzige, die immer zu ihm gehalten, ihn unterstützt hatte und bedingungslose Liebe praktizierte. Er hatte noch nie erlebt, dass ihn jemand so bedingungslos liebte und nahm wie er ist, mit all seinen Mängeln, Macken, Schwächen und Abgründen. Sein Selbstwert war von Kindheit an am Boden gewesen. Nun merkte er seit Jahren, dass er so schlecht gar nicht sein konnte, wie ihn andere glauben machen wollten....Denn dieses besondere Wesen – Doula – wollte ihn und liebte ihn. Von Laila fühlte er sich zwar im Ego gepuscht, denn sie war jung und schön, aber nicht natürlich schön, sondern aufgesetzt, unecht, blondiert, manikürt, Lippen aufgespritzt, Haare gestylt und Gesicht geschminkt. Laila war eine Tussi, darauf aus, aufzufallen, andere zu blenden, sie zu dominieren, ihren eigenen Willen durchzusetzen, reich zu heiraten, versorgt und unbeschwert zu leben und zu prahlen. Status und Fassade waren ihr sehr wichtig. Und sie war eben auch eine Jägerin, suchte Bestätigung dabei, sich Männer um den Finger zu wickeln. Sie war im Ausdruck absolut das ganze Gegenteil von Doula.

Doula hatte auch mit anderen Zwillingsflammen-Frauen Kontakt. Niemand von ihnen war schon angekommen in der Erfüllung. Die waren alle auf gleichem Stand. Manche hatte allerdings schon mehr als fünf Leidensjahre erlebt. Einige waren entweder in der Psychiatrie oder auf dem Friedhof gelandet, Doula ja auch fast. Denn immer waren es die Frauen, die diese tiefe Liebe von Anfang an mit ihrem Zwilling leben wollten. Jedoch mussten sie das Loslassen erst lernen, sich auf sich selbst, ihre eigenen Lebensaufgaben und ihre eigene Seelen-Ent-Wicklung zu konzentrieren. Dazu gehörten auch andere Lebensabschnittspartner....Und doch verglichen sie immer mit ihrer Zwillingsflamme und glitten zeitweise in emotionale Abhängigkeit. Sie sind Loslasser = SEINlasser, die männlichen Zwillingsflammen die Gefühlsklärer = EINlasser, jedenfalls überwiegend, denn jeder macht jede Phase durch. Gefühlsklärer müssen erst andere energetische oder reale BeZIEHungen durchleuchten, die sie in der Zwischenzeit mit anderen Seelenpartnerinnen früherer Leben eingehen, um sich ihrer WAHREN Gefühle für ihre weibliche Zwillingsflamme bewusst zu werden. Sie müssen also Karma mit den anderen früheren Seelenpartnerinnen bearbeiten und auflösen (durch Erkennen löst es sich auf) und die Bande endgültig trennen, bevor sie in die Erfüllung mit ihrer Zwillingsflamme-Traumfrau gehen.

Jo hatte so einige frühere Seelenpartnerinnen und

Seelenverwandte getroffen, oftmals waren falsche Schlangen dabei wie Kate, seine Ex, und Laila, sein "Anhängsel" platonischer Art, aber auch andere. Doch niemand war so vermessen gewesen, ihn derart lange festzuhalten und anzuketten wie Laila. Sie hatte alles das an sich gerissen, was Doula bestimmt war – sie hatte die endgültige Partnerin für Jo sein wollen, dafür ging sie über Leichen. Jo aber war wegen seiner hohen Anteile an weiblicher Energie und seiner jahrzehntelangen Opferrolle nicht in der Lage gewesen, sie in die Schranken zu weisen. Sie hatte nun zwar einen neuen gutbetuchten Freund, hielt aber nach wie vor Kontakt zu Jo. Solange er die Bänder nicht gänzlich kappte, würde sie immer wieder an ihm anzudocken versuchen, ihn antriggern und somit das Zusammenkommen von Jo und Doula blockieren. Doula wollte nicht warten, sie musste weitergehen, und doch fiel sie immer wieder in Sehnsucht zu Jo und damit in Schwermut, weil er sich bei ihr nicht meldete, egal, ob sie ihn auf facebook anschrieb oder per kurzer Karte.....Oftmals dachte sie, sie läuft einer Illusion hinterher und verlor den Glauben an diese Höchste Form der Liebe, an die Höhere Mission und den Sinn ihres Lebens überhaupt.... Andererseits wunderte sie sich darüber, wie genau sie Jo´s Vorlieben und Neigungen kannte, ohne mit ihm jemals darüber real gesprochen zu haben. Doula telepathierte ihm oft: "Ich sehe dich, mit all deinen Farben, mit all deinen Narben. Wie schön du bist." Damit meinte sie alle seine Existenzen seiner wahren Identität, denn sie kannte ihre gemeinsamen Leben und Inkarnationen in verschiedenen Ebenen und Dimensionen, also torudal (besser multidimensional). Und von diesem Leben wusste sie eben davon, dass sich Jo sehr weiblich fühlt (wegen seines weiblichen Seelenkerns in 12 D als Erzengel Arielle), das aber durch Masken und Mauern zu verbergen versuchte, um nicht wieder verletzlich zu sein.

Jo liebte es, sich selbst anal mit einem Dildo zu verwöhnen, auch wenn er dabei oft zusätzlich seinen Penis stimulierte. Er mochte das Gefühl, wenn etwas IN IHM ist und ihn in Erregung bringt. Auch zuschauen war ihm angenehm, wenn es zwei oder mehrere miteinander trieben, er versetzte sich dann in die Rolle der Frau, die gerade hart rangenommen wurde. Das hatte allerdings auch damit zu tun, dass er als Kind von seiner Mutter sexuell überrumpelt worden war. Jo hatte ab und zu die Neigung, Frauensachen zu tragen, allerdings in der Wohnung, wenn er allein war, dann auch High Heels. Er fand sich als Frau sehr attraktiv und war bedacht darauf, komplett rasiert zu sein, auch im Gesicht trug er nie Bart. Außerdem fielen ihm sehr oft Doulas erotische Geschichten ein, die sie in ihrem Buchteil 1 brachte als Erlebnis zwischen ihnen beiden. Vor allem mochte er die, wo sie ihn anal mit Dildo verwöhnte und gleichzeitig Fellatio mit ihm machte. Doula konnte sehr an- und erregend Erotik zu Papier bringen. Er war sicher, dass sie selbst die Offenbarung im Bett sein würde.... Doch er hatte Komplexe....Wäre er gut genug für sie, würde es ihr mit ihm Spaß machen oder wäre er ihr zu langweilig....?.....

Es ging bei dem Mythos Andrgynität also im Grunde nicht darum, seine zweite Halbkugel im Außen zu finden, sondern sie IN SICH SELBST - im Inneren zu entdecken und zu erleben. Im Zuge der inneren Heilung und der Erkenntnis, dass man selbst wahre Liebe IST, ein göttliches Licht- und Liebewesen, also ganz und vollkommen IST, weiß man dass man den anderen Anteil (die 2. Hälfte) in sich selbst HAT. Siehe Zeichen Dualseele Yin und Yang. Jeder hat den Aspekt des anderen IN SICH SELBST enthalten. Erkennt und fühlt man das und bleibt in seiner Mitte, der Balance zwischen Yin und Yang, aber auch mittig zwischen Exoterik und Esoterik, hat man die Anbindung an seine Ur-Quelle, Licht und Liebe, zurück und bekommt den/die Idealpartner/in auch im Außen präsentiert - zum göttlich gesehen RICHTIGEN Zeitpunkt. Es kann also nichts manipuliert oder beschleunigt werden.....

Trennung der Einheit von männlichem Gottes- und weiblichem Göttin-Aspekt ist nur in der DUALITÄT zum Zwecke der ErFAHRUNG in irdischen Körpern, zum körperlichen, und emotionalen (im Idealfall auch geistigen) Erleben von Sexualität und Intimität- ansonsten ist Trennung ILLUSION, denn in den Dimensionen ab der EINHEIT sind beide Aspekte nicht getrennt, das wäre ab 7 D.

siehe auch weibliches und männliches Ur-Prinzip ....später Kapitel 30 (Entwicklung ist ein PROZESS)

Kapitel 16

Die Prophezeiung des St. Germain

Doula hatte bei dem TV-Film um den roten Rubin einen Impuls bekommen, dort nachzuspüren, der Dreiteiler war lediglich künstlerische Auslegung, aber sie fand anhand der Geburtsdaten der Zeitreisenden heraus, dass es fast ausschließlich um Jo und sie selbst ging, er der Adler und Löwe, sie der Rabe, so traten sie beide im 18./19. Jh. ebenfalls in Erscheinung, um den Aufstieg zu versuchen - Jo als R. Leopold Graf von St. Germain und Doula als Jeanne de Pontcareé, später als die Zwillinge m/w Jonathan (Jo) und Timothy (Doula)de Villiers, wobei die Margarete Tilney (Laila) eine niedere Rolle spielte in Bezug auf Jo....

Doula durchfühlte folgende Prophezeiung, die sie im Internet fand und wusste nun, WARUM sie im Februar sterben und zurückkehren MUSSTE.....

"12 Säulen tragen das Schloss der Zeit - 12 Tiere regieren das Reich - es ist immer die 12 für Kreis/Einheit/Verschluss, der Adler ist zum Aufstieg bereit. Die 5 ist der Schlüssel und Basis zugleich. so ist im Kreis der 12 die Zwölf die 2. Der Falke schlüpft als 7. und ist doch Nummer 3. Opal und Bernstein das 1. Paar. Achat singt in B, der Wolf Avatar. Duett Solutio mit Aquamarin. Es folgen machtvoll Smaragd und Citrin. Die Zwillings Karneole im Skorpon - und Jade Nummer 8 - Digestion - in E-Dur schwarzer Turmalin - Saphir in F - und fast zugleich der Diamant als 11 und 7 der Löwe erkannt. Projectio. Die Zeit ist im Fluss. Rubin bildet den Anfang und auch den Schluss. Der Rabe auf seinen rubinroten Schwingen, zwischen den Welten hört er Tote singen. Kaum kennt er die Kraft, kaum kennt er den Preis. Die Macht erhebt sich, es schließt sich der Kreis. Der Löwe, so stolz das diamantne Gesicht. Der jähe Bann trübt das strahlende Licht. Im Streben der Sonne bringt er die Wende. Des Raben Tod offenbart das Ende. Der Kreis des Blutes Vollendung findet. Der Stein der Weisen die Ewigkeit bindet. Im Kleid der Jugend wächst neue Kraft, bringt dem, der den Zauber trägt, unsterbliche Macht. Doch achte, wenn der 12. Stern geht auf, das Schicksal des Irdischen nimmt seinen Lauf. Die Jugend schmilzt, die Eiche ist geweiht dem Untergang in Erdenzeit. Nur wenn der 12. Stern erbleicht, der Adler auf ewig sein Ziel erreicht. Drum wisse, ein Stern verglüht vor Liebe gequält, wenn sein Niedergang ist frei gewählt....."

Doula bezog es auf sich, sie hatte mit den Tabletten im Februar den Freitod gewählt, weil sie diese Liebe zu Jo und die Umstände, die sie quälten, nicht mehr ertragen konnte. Doch sie war zurückgekommen aus dem Jenseits bzw. der Zwischenebene, denn es war noch nicht ihre Zeit. Sie hatte aber erkannt, dass Jo der Adler ist, um den es geht, nicht nur ihr alleiniger Aufstieg war es, den hatte sie ja als El Morya bereist vollzogen.....es ging wieder einmal um Jo als St. Germain, ER hatte den Aufstieg nicht geschafft, weil er der Manipulade erlegen war, bisher seit Äonen von Jahren.... Jo´s Aszendent in diesem Leben ist der Löwe, sein diamantenes Gesicht, war seine Härte in der Physiognomie, er war verhärmt und gezeichnet und unsagbar stolz infolge all der ertragenen Verletzungen. Doula wusste, dass NUN mit ihrem Fast-Ableben, sie als Rabe, Jo´s Aufstieg einsetzen musste, denn SIE selbst hatte aus schenbar unerwideter Liebe ihren Stern erbleichen/erlöschen lassen wollen.....

Dass es anders war, als es schien, wusste Doula zu DEM Zeitpunkt noch nicht.....siehe: "Im Sterben der Sonne bringt er die Wende...." ......Wintersonnenwende....."Der Kreis des Blutes VollENDung findet" ....(ENDE des Blutes), ..."der Stein der Weisen die Ewigkeit BINDET...."......(das Wissen der irdischen angeblichen Weisen BINDET die Unendlichkeit/Ewigkeit AN, an einen geSCHLOSSenen Kreis)....."doch achte, wenn der 12. Stern geht auf"..... (12. Monat? des Jahres oder 12. Sternzeichen im astrologischen Jahr?)..."das Schicksal des Irdischen nimmt seinen Lauf".....

Alles kommt zum richtigen Moment, deshalb wird diese Thematik zum Schluss des Buches, nach der Wintersonnenwende noch einmal aufgenommen.....

Kapitel 17

Wer ist Lucifer/Poseidon denn nun wirklich?

Bisher war Doula der Annahme, Erzengel Luziferus (latinisiert) = Poseidon (griechisch) = Osiris (ägyptisch) = Enki (sumerisch) wäre als ihre alte Bekannte Tizia Rebecca inkarniert, die im August an Krebs verstorbene keltische Hohepriesterin, ihre Seelenverwandte und Mutter im Katharer-Leben in und um Toulouse, die vor ihrer midlifecrisis und ihrer Geschlechtsumwandlungs-OP ein Mann war. Doch nein. Es musste auch noch jemand anderes sein, es waren MEHRERE Inkarnierte....., denn Doula hatte Aphrodite doch auch längst gefunden, die Zwillingsflamme zu Poseidon: Laila. Ob es ihr nun schmeckte oder nicht, Aphrodite galt, wenn auch fälschlicherweise, als schönste griechische Göttin, das war aber Ergebnis eines MANIPULIERTEN Urteils des Jünglings Paris, denn Hera bot ihm Weltmacht, Athene Weisheit, doch Aphrodite war gerissener und bot ihm die schönste Frau der Welt - Helena - da war doch klar, wen Paris zur schönsten Göttin wählt. Die Zwillingsflamme zu Laila, das hatte Doula schon seit 2013 gefunden, ist Kate, Jo´s Ex-Frau und Mutter seines Sohnes Oliver. Das heißt, Poseidon ist in diesem Leben wie auch in Atlantis I als Frau inkarniert, daher Doulas lange Täuschung und das undercover-Manipulieren des Lucifer-Poseidon. Doula hatte alle Erzengel längst vom Pakt mit der schwarzen Loge entbunden, sie bereinigt und in 12 D als Elohim zurückgeholt, doch auf Erden in 3-4 D gab es immer noch Beschuss durch Lucifer-Poseidon und Aphrodite. Gemeinsam gegen Doula-Athene, um Prometheus so lange wie möglich von ihr fernzuhalten und zu verhindern, dass sie sich in Liebe vereinen. Lucifer und Aphrodite (Lillith) hatten Hand in Hand mit Persiphone und einst auch Hades (Erzengel Michael) zusammengearbeitet, um Prometheus weiterhin in der schwarzen Loge gefangen zu halten. Doch bedingungslose Liebe siegt, und es kommt zusammen, was immer zusammengehörte, gehört und gehören wird - es ist alles nur eine Frage des richtigen Zeitpunkts. Lucifer-Poseidon, also Kate, war längst in einer neuen irdischen Beziehung mit einem solventen Mann, mit dem sie so oft wie möglich in den Urlaub fuhr oder flog, oft nach Südafrika, Wale beobachten oder aber in ein Landhaus an der Ostsee, das ihren Eltern gehört. Kate hatte nur ein Kind, den mittlerweile 14jährigen Oliver, und der war so oft wie möglich bei seinem Vater Jo. Jo wusste seit ein paar Jahren schon, dass er nicht Olivers leiblicher Vater ist. Kate hatte in während einer seiner Abenteuerreisen betrogen, wie schon häufig, und so hatte sie ihm Oliver als eigenen Sohn untergejubelt. Jo liebte ihn aber über alles, er war sein einziger Halt. Immer wenn Jo nicht spurte und Kates finanzielle und moralische Forderungen erfüllte, drohte sie ihm mit Offenbarung des "Geheimnisses" gegenüber Oliver. Jo fürchtete, seinen Sohn zu verlieren und ließ sich einreden, er dürfe sich Doula nicht nähern. Kate wusste nämlich auf Grund ihrer eigenen Hellsinne sehr wohl, dass Doula Olivers seelische Mutter ist. Oliver war in Atlantis I Doulas und Jo´s gemeinsamer Sohn Thor. Kate wollte eine glückliche Familienbeziehung verhindern und ihren Oliver für sich behalten....und auch Jo bewegungsunfähig machen, von seinem Glück fernhalten. Doch so schlimm wie Aphrodite - Laila - war Kate (Lucifer) nicht. Aphrodite wendete noch ganz andere Mittel und Methoden an, um Jo und Doula zu Fall zu bringen, da sie kein Herz hatte und total empathielos war. Sie hatte es in allen Zwischeninkarnationen zwischen Atlantis I und heute (Atlantis II) so weit getrieben, dass sie massiv gegen die Vorsehung verstoßen hatte, mit Flüchen arbeitete, negative Wesenheiten engagierte, um an ihr Ziele zu kommen: Doula auslöschen und Jo an sich binden. Es gab Inkarnationen, da wurde Doulas oder Jo´s Leben ausgelöscht durch sie oder ihr Zutun...oder aber ihrem Kind/ihren Kindern tat man etwas an. So ist viel Leid und Karma geschaffen worden. Nach dem Gesetz des Ausgleichs bekommt jeder all das zurück, was er anderen bewusst oder unbewusst angetan hat, egal ob von dem Opfer oder einer anderen Person.....

Doch auch Poseidon= Kate schoss ab und zu noch ein paar Salven gegen Jo oder Doula. Sie war zwar schon längere Zeit in festen Händen, bei einem reichen Typen vom Film, der sie verwöhnte, ihr materielle Sicherheit gab ud ebenfalls hellsichtig ist. Sie kennen sich aus Atlantis I, beide waren erst Hohepriester und dann übergelaufen zu den Schwarzmagiern. Oliver stand zwischen ihnen beiden, fühlte sich aber viel stärker zu seinem Vater (Jo) hingezogen, so dass Kate immer ungestört so oft wie möglich mit ihrem Lover in den Urlaub fahren konnte. Beide hatten einen Hang zu Walen, auch das war atlantisch begründet, außerdem sind Wale und Delfine Lichtwesen und mit uns direkt verwandt.

Poseidon= Lucifer ist im Sumerischen Enki, der Freund der Menschen und Offenbarer des uralten Wissens für die Menschheit und Oberhaupt der Querubim. Sein Bruder und Widersacher war Hades = Enlil, der vor die demiurgische Kreuzkarre gespannt worden war. Hades war der Chef der Seraphim, Fürst der Finsternis gewesen = der Unterwelt, nicht Poseidon (Lucifer). Demiurg und Dämonen hatten Mythologie und Geschichte verfälscht, um zu täuschen und zu manipulieren. Poseidon war zwar auch nicht ganz unschuldig am Untergang von Atlantis I, doch kehrte er zu Licht und Liebe zurück und nur ein Teil seines Gefolges blieb bei den Dämonen.

Im Ägyptischen ist Lucifer/Poseidon der Osiris. Es ist eine Lüge, dass Isis (entspricht Athene) mit Osiris den Horus gezeugt hat. Seth und Osiris bekämpften sich (also Hades und Poseidon), der Demirug erschuf ein Symbol, den Horus im Ägyptischen (entspricht Jesus im Christlichen)

Auch in der germanischen Götterwelt tauchen sie alle wieder mit anderen Namen auf....Odin ist nicht der Chef, zu dem hatte er sich lediglich selbst ernannt. Er war der Demiurg (Metatron, Zeus, Jesus; Jahwe, Allah, Buddha.....) Aber im Germanischen ist Tyr Taiwaz, die Germanische Rune, das Germanenherz, steht für DAS Göttliche (Gott UND Göttin). Hymir, der Riese, ist EE Michael = griech. Hades.....Loki ist EE Samael = griechisch Poseidon....und Athene und Prometheus (neugeboren Apollon) schickten als Freya und Frey ihren ältesten Sohn THOR.....weil Prometheus ja in der Atlantischen EPOCHE entführt war.....er hing im Kaukasus.....und wer frass an seinen Innereien, vor allem am Herzen?......Adler.....Adler sind Elohim....auch dort gab es Spitzbuben und Spitzmädels......eben die Herabgestiegenen (je 2 Brüder und Schwestern) auf anderen Wegen nach Hause kommend......

Kapitel 18

Absturz und Extreme - Unter Verschluss

Es war Ende Juli 2016. Doula wusste, dass der August der entscheidende Monat wäre. Sie hatte über den Makler nun 2-3 ernstzunehmende Hofkaufinteressenten. Wohl oder übel musste sie sich nun gedanklich und emotional von ihrem Ferienhof trennen. Die Mauern wiesen Feuchtigkeit auf, das Dach war stark sanierungsbedürftig, die eigene Wohnung ebenfalls. Die Außenanlagen wucherten zu. Doula fehlten die Kraft und die Muße. Sie wollte nicht mehr. Sie hatte bis dahin immer noch gehofft, dass sich Jo melden würde. Doch nichts geschah, er rührte sich nicht, weder über facebook noch telefonisch. Doula hatte von der Bank Mitteilung, dass ab September/Oktober die Ratenzahlung wieder einsetzen würde, 2500,-/Monat. Sie hatte aber keinerlei Einnahmen, also wäre das ihr Untergang. Einige Berater auf den esoterischen hotlines hatten sie getröstet, alles würde gut werden, doch sie glaubte keinem mehr. Sie war am Ende. Jahrelang hatte sie nun gewirkt, sich ent-wickelt, Karma für sich und andere aufgelöst, war hinter die Kulissen der Kulissen gestiegen, hatte anderen geholfen, anderen Hoffnung gegeben, doch selbst war sie allein und blieb auf der Strecke. Sie hatte so viele Menschen und Dinge loslassen müssen, war es das alles wert.... ? Wohl fühlte sie sich nicht, sondern einsam und verraten....

Dem Makler hatte sie nun Mitteilung gemacht, dass sie aussetzt, den Verkauf bis Mitte August in Schwebe hält, denn es kamen zu viel neugierige Gucker, ohne Anmeldung, und der eine feste Kaufinteressent pokerte und drückte permanent den Preis. Doula war in der Ecke. Es gab keine Hoffnung. Sie drehte sich im Kreis und fand keinen Ausweg. Um sich Erleichterung zu verschaffen, trank sie Bier, bald jeden Abend. Davon wurde ihre Stimmung aber nicht besser. SIE griffen wieder zu und "drehten am Rad". Doula bekam gar nicht mit, wie es immer mehr wurde, nun auch tags und zwar viel Wein. Sie dämmerte vor sich hin , schlief viel und fuhr wieder los, Nachschub holen. Sie fing wieder an, umherzuvegetieren. Sie hatte kurzfristig letzte Feriengäste angenommen per mail, es dann aber bereut, und weil sie nicht Herr ihrer Lage war, fuhr sie einfach zum Ferienhaus am See und ließ die Gäste auf´s leere Nest kommen. Es sah fürchterlich aus auf dem Hof und in ihrer Wohnung. Bloß weg. Ihr Jüngster, der schon zwecks Studium eine WG in Rostock hatte, die sein Vater ihm bezahlte, resignierte und verzog sich wieder. Doula versackte auch im Ferienhaus, und es kamen Unmengen von Weinflaschen zusammen. Sie konnte nichts mehr steuern und auch nichts mehr essen. Die Achtung vor sich selbst hatte sie in diesem Zusammenhang auch längst verloren. Das ging nun alles 11 Tage lang. Zwischendurch quarzte sie wie ein Schlot mit zittrigen Händen, oft nur halbe Zigaretten. SIE waren wieder an ihr dran, das fühlte sie.....die negativen "Kobolde", die ihr jemand durch Voodoo schickte, gnadenlos ging es in die Versenkung. Doula bekam schon gar nicht mehr mit, welcher Tag, welche Uhrzeit war. Es steigerte sich derart, dass sie sich im Spiegel nicht mehr erkennen konnte und Herzflattern und Angstzustände bekam. Das alles kannte sie zur genüge und wusste auch, wohin das wieder führen würde. Sie wehrte sich dagegen, denn sie wusste, man würde sie nicht mehr rauslassen und unter Psychopharmaka stellen.

Letztendlich landete Doula per Selbsteinweisung und Notarzt dann doch in der Klinik. Man nahm ihr Blut ab und ließ sie länger als eine halbe Stunde in der Notaufnahme liegen. Dann kam jemand und meinte, sie müsse wieder nach Hause, da in der Psychatrie keine Betten frei wären. Außerdem müsse sie aufgrund ihrer "Vorgeschichte" einen schriftlichen Antrag stellen. Doula sah zu, dass sie da wieder wegkam und nahm sich ein Taxi. Das war wieder ein Batzen Geld, und ihre Platzwunde am Kinn vom Sturz auf der Terrasse zu Hause hatte man auch nicht versorgt. Sie ließ sich zu Hause angekommen weiter gehen, unterwegs hatte sie sich per Taxi weiteren Wein besorgt.

Schlimmer konnte es ja nicht mehr werden. Alles war schon weit genug. Doula hatte aufgegeben. Ihre liebe Nachbarin und Mutter im Jordanienleben des 7. Jahrhunderts brachte ihr ab und zu Essen rüber und sah nach ihr. Sie machte sich große Sorgen, konnte ihr aber nicht wirklich helfen.

Doulas Angstzustände, Panikattacken und Suizidgedanken steigerten sich im Laufe der nächsten 3-4 Tage soweit, dass sie bei ihrer Nachbarin schlafen wollte, um nicht allein zu sein. Sie bettelte und bettelte. Schließlich nahm die Nachbarin sie mit rüber. Aber auch da fand Doula keine Ruhe. Sie wollte nicht in die Klinik, aber es blieb kein anderer Ausweg. Ihre Nachbarin rief an und wurde mehrfach abgewiesen. Doula sollte sich ein Taxi nehmen, sagte man am Telefon, der Notarzt käme deswegen nicht raus. Schlussendlich fuhren ihre Nachbarin und deren Tochter sie ins Krankenhaus. Doula kannte ja den Werdegang und ergab sich vollends..... Jedoch hatte sie nicht damit gerechnet, auf eine geschlossene Station zu kommen, in der sie mit alten Frauen, Pflegefällen, zusammengesperrt wurde. Es war schlecklich, eine barbarische Tortour. In der ersten Nacht lag sie am Tropf auf einer Pritsche im Gang. Jeder lief an ihr vorbei, es war entsetzlich peinlich. Doula sah, wie man das Gepäck kontrollierte und Dinge wegnahm... Dann wurde sie mit einer alten Dame zusammengesperrt, die ihren

Stuhlgang nicht halten konnte, mitten ins Zimmer machte oder hörbar in die Windeln. Die meisten der Frauen dort hatten Demenz. Es war einerseits erniedrigend, dort eingesperrt zu sein, andererseits sollte Doula wohl in die tiefsten Abgründe sehen, und man wollte sie brechen. Doula kämpfte sich aus diesem Dilemma, alles wehrte sich gegen diese Behandlung und Unterbringung. Es war für die Patientinnen ein menschenunwürdiges Dasein. Die Pflegekräfte hatten oftmals keinen Bock und waren abgestumpft. Doula drückte auf ihre Entlassung. Ihre Nachbarin hatte sie besucht, andere Menschen hatte sie nicht in der Nähe. Sie war sehr einsam und verzweifelt., fühlte sich wie ein Tiger im zu kleinen Käfig.

Als sie die Klinik endlich verlassen durfte und ihre Nachbarin sie abholte, war ihr erster Gedanke, ihre Platzwunde am Kinn, die schon eiterte, endlich fachgerecht versorgen zu lassen, auch das hatte man auf der Station nicht getan. Ihr Ex-Mann erklärte sich bereit, sie zu einer Notfallchirurgie zu fahren. Nach stundenlanger Wartezeit teilte man ihr hochnäsig mit, dass das nicht mehr zu versorgen sei....außerdem hatte man sich vorher über den Entzugsaufenthalt erkundigt... Ihr war es dann auch egal, sie war seelisch ganz am Ende. Die Art und Weise der Behandlung in der Geschlossenen hatte bewirkt, dass sie ihren Hof nun endgültig zum Verkauf zum Dumpingpreis freigab UND auch Jo abhakte. Zu sehr hatte das Warten auf ihn Doula reingeritten. Doch es brachte nichts, anderen die Schuld zu geben. Sie wollte es jetzt für immer streichen und kämpfte mit sich, auch diesen Traum zu begraben....Sie hatte sich die ganzen 5 Jahre daran festgehalten und immer gehofft, Jo würde zu ihr stoßen, sich mit ihr vereinen, und ihre Liebe würde sich erfüllen. Sie hatte so viel Sehnsucht nach Jo gehabt, ihr ganzes Leben von diesem Traum abhängig gemacht, doch nun war es genug. Die Grenzen waren längst überschritten, die

Würde zeitweise verloren. Doula war wütend auf sich, auf ihn, auf alle, die einst von dieser Vorsehung und dieser Schicksalspartnerschaft redeten. Sie hatte die Faxen dicke, die Schnauze voll von bedingungsloser Liebe....

Warum nur hielt diese Abwehr nur maximal 3-4 Tage an? Immer wieder siegte das Herz, Doula kam aus dieser Geschichte nicht raus. Sie musste sich an ihren Seelenplan halten. Es war Vorsehung, Schicksal, dass Jo und sie sich liebten, eine kosmische Ehe führten, denn seelisch waren sie ja bereits vereint. Das Herz, die Seele, ließ sich nicht übertönen und vom Ego-Verstand schon gar nicht. Und egal, was Jo ihr angetan hatte oder sie sich selbst in dieser Seelenverbindung, diese Liebe war nicht zu leugnen, nicht zu zerstören....

Doula hatte nun alle Hände voll damit zu tun, ihren Selbstwert zurückzufinden. Diesmal dauerte es 2 Wochen. Sie meditierte viel, suchte kontakte auf facebook und fuhr ein paar Tage zu ihren Eltern. Sie hatte das Bedürfnis nach Umsorgtwerden, Reden, Gesellschaft, Geborgenheit, Wärme, Vertrauen. Doch bei ihren Eltern hielt sie es auch nur 3-4 Tage aus. Sie kam einfach nicht zur Ruhe. Zu viel hatte sich ihr Leben verändert. Nichts war mehr wie es war. Sie hatte im Nachbarort ihrer Eltern einen sehr lieben und attraktiven Jugendfreund, der auch Single war. Einerseits hatte sie Lust, ihn zu besuchen, weil sie neugierig auf ihn war, andererseits war sie mit sich noch nicht im Reinen, sie brauchte noch Zeit, wieder sie selbst zu sein.....

Kapitel 19

Sonnenvolk, Neuseeland, Antarktis, Plejadier...

Nun war es August 2016, Tage mit Regen und Kühle wechselten mit kurzen Etappen herrlichsten Sonnescheins. Doula fuhr oftmals zum Strand oder zu ihren Eltern ans Stettiner Haff. Am Wasser konnte sie sehr gut arbeiten und medial wirken. Sie befasste sich wieder einmal mit den Lemuriern und Atlantern. Die Lemurier waren ja die erste große Weltkultur der dritten Menschheit. Nach ihrem Untergang durch Einwirkung der Atlanter verteilten sie sich in alle Himmelsrichtungen. Königsfamilie und Wissenschaftler gingen zu den Atlantern, um ihren einst entführten Familienangehörigen, die atlantisch adoptiert waren, nahe zu sein. Andere Lemurier gingen auf Lichtschiffe, unter anderem zu den Plejadiern....und wieder andere gingen an den Polen der Erde in die Innere Erde. Dort nannten sie sich unter anderem Agarther. Von dort aus erfolgte später nach dem Polsprung und Untergang der Atlantischen Epoche die Besiedlung der Erde von den Polen aus, also von den Abkömmlingen, auch der Agarther. Am nördlichen Pol verteilten sie sich und wurden z.B. die Inuit, andere Stämme gingen nach Asien und wurden zur mongoliden Rasse. Die Asiaten, aber auch Kelten und Basken, wanderten später auch in Amerika ein, siehe "Indianer" Nordamerikas. Vom südlichen Pol erfolgte die Besiedlung von Neuseeland, Australien (Aborighines)- Die Neuseeländer, Aborighines und Tasmanier waren Nachfahren des sogenannten Sonnenvolkes. Diese Vorfahren hatten auch die Antarktis einst besiedelt. Da dort aber unterirdische Militärbasen zu Zeiten der beiden Weltkriege von negativen irdischen Kräften und negativen Außerirdischen entstanden, gab es den Antarktisvertrag, der diesen Kontinent nur für Foschungszwecke freigab und nicht zum Bewohnen und Erkunden. Die Neuseeländer hatten berechtigte Gebietsansprüche, doch mit diesem Vertrag hebelte man sie aus. Niemand in der Öffentlichkeit sollte von den unterirdischen Militärbasen und Labors erfahren und von dem, was da erschaffen und fabriziert wurde.....Chimären und eine menschliche Sklavenzucht....

Doula ging bezüglich des Sonnenvolkes noch tiefer rein, und sie fand sich und Jo auch dort beieinander:

Jo war einst der Häuptling des Sonnenvolkes, ein stattlicher dunkelhäutiger Mann mit schwarzem kräuselnden Haar und tiefbraunen strahlenden Augen. Die Vertreter des Sonnenvolkes waren nicht sehr groß, aber muskulös und breitschultrig mit kräftigen Beinen und Knackpo. Die Frauen waren ebenfalls gut gewachsen, hatten langes schwarzes Haar und schmückten sich mit Blumenketten und -kränzen. Alle liefen mit nackten Oberkörpern herum, die Männer mit Lendenschurz, die Frauen mit Wickelrock. Doula war die Häuptlingsfrau, also Jo´s Herzensdame. Sie liebten sich , waren glücklich miteinander und erwarteten ihr erstes Kind. Jo war darauf sehr stolz und ging von nun an viel zärtlicher und sorgsamer während ihrer sexuellen Vereinigung vor. Sonst war er immer sehr dominant, stark und fordernd mit ihr verfahren, beide mochten es gern härter und animalisch....und natürlich so oft wie möglich. Jo war sehr potent und konnte mehrfach hintereinander zum Orgasmus kommen. Am liebsten taten sie es am Meeresstrand im Flachwasser. Auch wenn andere auf sie stießen, hörten sie nicht auf, und so verzogen sich die Störenfriede ganz schnell und unauffällig wieder. Jo war gern laut, das törnte beide an und brachte sie in Ekstase. Doch nun war Doula schwanger und Jo trug sie auf Händen, verwöhnte und beschützte sie. Er machte es ihr so bequem und angenehm wie möglich und versorgte sie mit den schönsten und süßesten Früchten und Speisen. Wenn er sich mit ihr in Liebe vereinigte, tat er es nun oftmals sanft von hinten oder er setzte sie auf sich und stützte sie. Er freute sich sehr auf seine kleine Familie, es sollten später noch mehr Kinder folgen. Jo liebte Kinder.

Doch es kam anders. Eroberer fassten nach seinem Inselreich. Sie kamen von der nördlichen Halbkugel, hellhäutige, bewaffnete Eindringlinge, Schergen der schwarzen Loge. Sie trennten Jo und Doula, töteten sie und auch das ungeborene Kind....

Wieder eine weitere Inkarnation, in der Jo und Doula getrennt wurden und auch ihre Nachkommenschaft verhindert wurde.

Doula hatte nun schon erste Dinge aus ihrem Resthof entfernt, verschenkt, verkauft oder in ihrem bisherigen Ferienhaus, das sie nun bewohnte, untergebracht. Ihr Jüngster wohnte bereits in einer Rostocker WG. Es war hart, nun wieder ganz allein zu sein und auch den Traum von Resthof begraben zu müssen. Doula war gern Mutter gewesen und lebte gern abseits mitten in der Natur mit vielen Tieren. Das war nun alles vorbei. Notartermin war schon vereinbart, Übergabe auf Ende September orientiert. Entrümpeln brauchte sie nicht, das machte der Übernehmer in Eigenleistung, Doula hätte auch nicht mehr die Kraft dazu gehabt und keine Helfer....

Doula lenkte sich durch facebook ab oder telefonierte mit ihrer Mutter. So erfuhr sie von ihr, dass sie Doulas früheren Lieblingsjugendfreund Frances öfter beim Fleischer trifft und sich mit ihm unterhalten hätte. Auch er wäre allein und einsam. Doula bat ihre Mutter, ihm ihre Handynummer zu geben, um direkten Kontakt mit ihm zu bekommen. Frances mochte sie sehr gern. Sie hatten sich Jahre lang nicht gesehen, doch nie ganz aus den Augen verloren und einander ganz vergessen können....

Es kam eine sms – von Frances, wie schön. Dieser waren wohl ein paar andere vorausgegangen, denn sie lautete: " Schade, dass du dich nicht meldest, liebe Grüße Frances." Doula rief ihn an, das konnte sie nicht auf sich sitzen lassen. Es war zwar schon fast 22.00 Uhr, aber die anderen Nachrichten hatte sie nicht bekommen, das wollte sie klarstellen.... Frances ging auch gleich ran und freute sich riesig. So lange hatten sie nichts mehr voneinander gehört. Er hatte noch die selbe Mundart, den Mautsch von damals, lang- und breitgezogenes Halbberlinern x Provinz. Doula setzte sich mit ihrem Handy draußen im Dunkeln auf die Terrasse. Sie telefonierten etwa eine Stunde, und plötzlich fiel eine Sternschnuppe, die den Himmel erleuchten ließ. Sie wünschte sich heimlich, alles möge so werden und so kommen, wie das Schicksal, die Vorsehung es wolle, damit hoffte sie auf die Erfüllung mit Jo. Das Telefonat mit Frances gab ihr zu denken. Er hatte eine sehr liebe Art. Auf einmal wurde sie abgelenkt durch ein blinkendes unbekanntes Flugobjekt, das garantiert kein Flugzeug war. Sie verfolgte es eine Zeit lang mit den Blicken und war sprachlos am Handy. Ihr fiel ein, dass sie am Abend zuvor bzw. späten Nachmittag eine Art Ufo in Wolken-Tarnung über ihrem Haus gesichtet hatte. Und nach dem Channeln wurde ihr übermittelt, es handle sich um IHRE Leute, Plejadier. Es seien unter anderem zwei Lichtschiffe unterwegs, "Luna" und "Solis". Commander von Luna wäre Jo aus der Zukunft mit Namen Ottokar, sein 1. Offizier ist Rudi (mit Namen Hans), sein 2. Offizier Helge, als

Helmich. Doula selbst sei Commander des Schiffes Solis mit Namen Larissa. Ein Teil ihrer Offiziere sind z.B. zwei ehemalige Kommilitonen aus ihrer Studienzeit dieses Lebens, weiterhin waren noch die Seelen von ein paar ihrer facebook-Freunde Mannschaftsmitglieder auf Luna und Solis.....Doula ging tiefer auf Empfang. Jo und sie als Ottokar und Larissa sind verheiratet und beide Kapitän je eines Lichtschiffes. Den Konflikt zwischen ihr, (Helge) und Jo gibt es dort auch, d.h. die Konkurrenz zwischen Ottokar und Helmich um Larissa.

Weshalb waren sie als Plejadier hier? Die Menschheit hatte es übertrieben. Überlebende hatten die Erde verlassen und sich einen neuen Planeten suchen müssen. Es waren vor allem Deutsche, die Missionsträger von einst, als es um den Aufstieg ging. Sie kamen nun aus der Zukunft zurück in die Gegenwart, um die Mission doch noch zu erfüllen:

Die Vereinigung von Jo und Doula, des Drachenpferds der Elohim, um den Dimensionssprung der Erde zu 5-7 D zu gewährleisten. Es war also von höchster Wichtigkeit. Doula teilte Rudi mit, was sie gesehen hatte, sie schickte ihm Briefpost, denn persönliche Nachrichten auf facebook waren zu gefährlich. Sie schrieb ihm aber nicht, mit welcher Mission die Plejadier kamen, das war ihr zu heikel. Auf facebook schrieb sie Rudi noch, dass sie sich momentan wie auf einem Bahnhof fühle und nicht wisse, welchen Zug sie nehmen soll. Rudi wusste, dass sie Jo liebt, deshalb antwortete er ihr: "Hold fast". Warum er ihr allerdings nicht mehr Auskunft über Jo gab, wusste sie nicht, wahrscheinlich deshalb, weil sie channeln konnte und eh über alles im Bilde war. Doch Jo und sein Verhalten, seine Sprach- und Kontaktlosigkeit waren ihr ein Rätsel und machte sie sehr traurig. Sie hatte ihm zehn fast neue Schwimmwesten vom Resthof geschickt. Auch dafür gab es keine Resonanz, nicht einmal ein "Danke". Mittlerweile fand sie seinen Kutter auch nicht mehr auf der webcam des Museumshafens. War er im Urlaub? 2 Wochen? Oder lag er nun außerhalb der Reichweite der webcam...Ab und zu kamen ihr Trauer und Abschied von Jo rüber...Hatte er seinen Kutter verkaufen müssen? Sie hatte keinerlei Informationen. Irgendwas stimmte nicht. Es war schwer, die innere Balance zu halten. Sie war voller Sehnsucht und konnte Jo weder aus dem Kopf noch aus dem Herzen bekommen. Wann hörte dieses Sehnen endlich auf? Wann meldete er sich bei ihr? Es war so jedenfalls eine Quälerei. Sie hatte es satt. So lange schon wünschte sie sich einen liebevollen Partner, der sie schätzt, liebt, ihr Geborgenheit, Nähe, Wärme gibt, all das, was sie sich von Jo so sehr erhofft hatte.

Frances war da scheinbar ein ganz anderer Typ. Er wollte sie, stand dazu und gab sich viel Mühe, sie zu erobern. Sie wollte sich ihn so schnell wie möglich direkt ansehen und verabredete mit ihm, ihn jetzt am Wochenende in ihrer gemeinsamen Heimat zu besuchen, er wohnte ja im Nachbarort ihrer Eltern.....Wie lange, worauf und auf wen sollte sie denn noch warten....?

Kapitel 20

Der Sohn aus dem Indianer- und Likedeelerleben

Es war Samstag früh morgens, Doula hatte verabredet, Frank zu besuchen, der im Nachbardorf ihrer Eltern am Stettiner Haff wohnt. Sie begab sich frisch und munter auf die Autobahn. Sie wollte sich nicht entgehen lassen, sich Frances genauer anzusehen, denn sie brauchte ja eine Entscheidungsgrundlage. Im Herzen hatte sie nach wie vor Jo, doch der rührte immer noch keinen Finger. Also nahm sie das an, was sich ihr bot, und das war Frances. Ihn kannte sie. Bei und mit ihm war sie während der Berufsausbildung geritten. Er hatte sie auf Händen getragen und immer gewollt. Frances war Pferdezüchter und ehemaliger Springreiter, hatte einen eigenen Resthof mit ein paar Einstallern, und er war Geschäftsführer einer Schweineanlage. Harte Arbeit, aber der Rubel rollte. Auch naturverbunden und sehr umgänglich war er, das wusste sie auch noch von ihm.

Die Fahrt verging wie im Fluge. Sie kehrte erst bei ihren Eltern ein, bekam dort Mittagessen und eine Tasse Kaffee, plauschte eine Zeit lang mit ihnen bis sich ihre Eltern zum Mittagsschlaf niederlegten. Doula nahm sich Frances vor. Sie war gespannt, aber nicht aufgeregt. Sie kam auf seinen Hof, stieg aus und sah sich um. Da kam ein langer hagerer, etwas gebeugter Mann aus dem Pferdestall - Frances - sehr schlank war er ja schon immer gewesen. Seine schwarzen Haare hatten nur einen ganz geringen Anflug von grau, und er trug einen viel zu großen Schnauzer. Doula musste grinsen, sie ging lächelnd auf ihn zu, und er nahm sie sogleich in den Arm. Das mochte sie gern, Nähe und Liebenswürdigkeit brauchte sie sehr. Frances konnte seine braunen Augen nicht von ihr lassen, wie früher. Doula musste schmunzeln, er war sehr aufgeregt. Sie ließ sich die Pferde zeigen und half ihm beim Paddockwechsel. Dabei suchte er immer Körperkontakt zu ihr. Das war ihr sehr recht, zu lange schon hatte sie das vermissen müssen. Sie waren sich beide immer noch sehr vertraut, und so sprachen sie für den Abend ab, zusammen zum Strandfest zu fahren. Doula musterte ihn, schade, einen Hintern hatte er nicht in der Hose und war auch ansonsten sehr dünn, aber was machte das jetzt, sie wollte sehen, wie weit es reichen würde.....

Abends fuhren sie zusammen in ein Restaurant, beide liebten Fisch. Es kam eine liebevolle Unterhaltung zustande. Er war sehr vertraulich, redselig und zu Späßen aufgelegt. Seine Art war in ihrer Gegenwart jungenhaft und humorvoll, der Charme eines Buben. Wenn er jedoch von seinem Betrieb und den vielen Problemen erzählte, war er angespannt, fahrig, nervös und auch resigniert. Zu viel Schlimmes schon hatte er durchlebt, mit seiner Ex-Frau und Mutter seiner beiden erwachsenen Töchter, mit Arbeitslosigkeit, Insolvenz, Schulden, Tod seines Vaters und der Demenz seiner Mutter, die er seit ca. 20 Jahren betreute. Er war in den letzten 16 Jahren Single, sehr einsam und zum Teil verbittert gewesen. In Doula sah er nun all seine Hoffnung. Sie war bisher die Einzige, die er seitdem öffentlich zeigte und sich Arm in Arm mit ihr sehen ließ. Seine Freunde und Bekannten sprachen ihn darauf an und wollten wissen, wer Doula sei.....doch das gab er noch nicht preis, denn man kannte auch ihre Eltern....

Doula erkannte sehr schnell, dass sie sich wieder einen neuen Rucksack auflasten würde, nachdem sie ihren abgehängt hatte, was den Resthof und die Bank betraf. Da waren schließlich seine beiden Töchter, denen er bisher alles vor die Füße gerollt hatte und für die er die letzten 16 Jahre nur gelebt hatte. Sie gingen bei ihm ein und aus, hatten dort ihr Zimmer, ihre Pferde, er fuhr mit ihnen auf Turniere und trainierte sie, kaufte ihnen alles, was sie wollten. Sie würden sich nicht so einfach die Butter vom Brot nehmen lassen. Doula sah da ähnliche Problme auf sich zukommen wie sie bereits in ihrer 2. Ehe durchmachen musste, wobei SEINE Kinder erster Ehe ihre Partnerschaft und Liebe zerstört hatten..... Das wäre eine große Hürde, an solche Konstellationen wollte sie nicht nochmal ran. Das gäbe nur wieder Streit und Unfrieden, was sich letztendlich dann doch wieder auf die Partnerschaft auswirken würde. Frances liebte seine Töchter und hatte ihnen zugedacht, dass sie einmal den Hof übernehmen sollten. Ein weiteres Problem war seine pflegebedürftige Mutter. Diese würde dann ja von seiner zukünftigen Partnerin versorgt werden müssen, denn er hatte Arbeit genug und war total überlastet. Für Doula schien es von vornherein ausweglos, das sagte sie ihren Eltern auch, denn ihre Mutter bohrte und bohrte, sie war daran interessiert, ihre Tochter wieder zurück in die Heimat zu holen. Sie dachte auch an ihr eigenes Alter und ihre eventuelle Pflegebedürftigkeit. Doulas einziger Bruder Diethelm war jemand, der zwar in der Nähe wohnt und die Hilfe seiner Eltern gern annahm, auf den aber, was Pflege und Versorgung der Eltern betraf, nicht unbedingt zu rechnen war. Doula ahnte, dass er es auf sie abwälzen würde. Damit wären mehrere Konfliktherde vorprogrammiert....

Und doch war Frances ihr sehr nahe, sie mochte ihn sehr, seine liebevolle anhängliche Art, seine Empathie und seine Offenheit. Er konnte ihr zwar im Allgemeinwissen, im sprachlichen Ausdruck und im globalen und uralten Geheimwissen nicht das Wasser reichen, und sie ließ schnell die übergeordneten Zusammenhänge weg, um ihn nicht zu überfrachten, doch fanden sie auf anderer, einfacher gestrickter Ebene zusammen. Sie ließ sich seine Schweineanlage zeigen, fuhr auf einem Hoflader mit ihm Futter heran und half ihm. Doch sie war kein Fleischproduzent und -konsument wie früher mehr, die Jahre als Landwirtin waren vorbei, sie wollte einfach mit Flesichherstellung nichts mehr zu tun haben. Tiere waren nie für den Verzehr gedacht worden, sondern als Begleiter und zur Freude der Menschen. Die Massentierproduktion war dämonisch entstanden, es ging um die negative Energie, die Massenhaltung und-schlachtung produzieren, Angst, Leid, Qual, Trauer, Schmerz u.s.w von Tieren. Das band sie ihm aber nicht auf die Nase, denn er schwärmte davon, wie gut sein Laden lief.... Sie inspizierte auch seine Wohnung und sein Haus, das doch stark renovierungsbedürftig war, doch er hatte dazu weder Muße noch Geld. Sie verglich immer mit dem, was ihr nach Abseilung des Resthofes noch geblieben war: ihr Häuschen am See, sehr schön gestaltet und fix und fertig renoviert. Das wollte sie nicht aufgeben. Außerdem war das Haus aus baurechtlichen Gründen nicht verkäuflich, sie hatte es 3 jahre lang versucht, loszuwerden.... Auch Vermietung an angelnde Feriengäste lief nicht mehr, da man die Gäste immer vom Angelsee vergrault oder gar nicht erst ans Ufer gelassen hatte. Momentan wurde gerade überall Abwasser verlegt, so dass Bauarbeiter und deren Container kein Urlaubsmilieu zuließen.

Doula war jetzt sehr im Kopf/Verstand, die vergangenen 5 Jahre war sie reiner Herzmensch gewesen, das hing mit der tiefen Liebe zu Jo zusammen. Doch nun drehte sie einen neuen Kandidaten von allen Seiten und wog Vor- und Nachteile ab. So auch bei Frances. Man konnte sich mit ihm sehenlassen, er war überall beliebt und man grüsste ihn überall, auch im Auto. Er war sehr hilfsbereit, doch meistens hatten ihn die Menschen ausgenutzt. Doula mochte ihn sehr, fand ihn auch attraktiv und liebevoll. und doch schaute sie weiter und tiefer. Es sollte ja wenn, dann ein Leben lang halten. Und da hatte sie so ihre Zweifel. Würde er ihr reichen, wäre er irgendwann auf Augenhöhe....?

Beim Strandfest am Abend seilten sie sich von der Menge ab und gingen Arm in Arm bummeln nah am Wasser. Rosa Wolken wurden am Abendhimmel angestrahlt, es war beginnender Sonnenuntergang, sehr romantisch, das veranlasste beide, sich zu küssen....Nun ja, da hatte Doula perfekteres Küssen erwartet. Darin schien er nicht so geübt zu sein. Doch darauf wollte sie noch nichts geben. Es war trotzdem irgendwie schön und innig. Die romantische Atmosphäre überwältigte sie. Sie machte Fotos von den rosa Wolken, die sie später bei facebook postete mit dem Beitext: " Romantische und liebevolle Stunden zu zweit in meiner Heimat am Stettiner Haff - Rosa Wolken - Verliebt wie ein Teenager-Backfisch. Mein Lieblingsjugendfreund...passt wie Faust auf Auge - Klar, wir kennen und schätzen uns sei fast 35 Jahren...." Warum sollte sie nicht auch einmal posten, dass es ihr gutging....sollten es ruhig alle sehen, die sie observierten....

Doch sie ließ den Abend ausklingen und fuhr zu ihren Eltern, um dort ihr Bett einzunehmen. Sie wollte noch nicht mit Frances schlafen, und irgendwie wunderte sie auch, dass sich da in seiner Hose nichts tat. Das kannte sie so nicht. Wenn man sie in den Arm nahm und küsste, bewegte und regte sich bei einem Mann zwischen den Beinen sein kleiner oder großer Freund.... Das wollte sie dann später einmal genau unter die Lupe nehmen. Ihr schwante etwas, denn schon im vergangenen September hatte man ihr Piet geschickt, der Erektionsstörungen hatte und mit dem kein Koitus möglich war....Bei ihm hatte sie jedoch brüsk verbal reagiert und ihn damit verletzt. In diesem Fall bei Frances wollte sie behutsamer vorgehen und sehen, inwieweit sie ihm helfen kann....

Am nächsten Tag hatte er wieder viel Arbeit, aber er nahm sich Zeit für Doula. Sie verbrachte den Vormittag und die Mittagszeit am Strand, schrieb an ihrem Buch weiter. Gelegentlich channelte sie und dachte an Jo. Sie verglich Frances natürlich mit ihrem Herzensmann, und es war eindeutg, dass er nicht an Jo heranreichte. Doch Doula wollte nicht allein bleiben, deshalb wollte sie ihn weiter kennenlernen und Zeit mit ihm verbringen. Beim Channeln zeigte sich, dass Frances ihr gemeinsamer Sohn mit Jo sowohl im Indianerleben als auch im Likdeelerleben ist. So fühlte er sich auch an, oftmals wie ein Kindskopf, der an seiner Mama klammert. Er liebte Doula, er sprach fortwährend schon davon und fing jetzt schon an, zu klammern. Er hatte ein sehr großes Defizit an Liebe, und in den vergangenen Jahren hatte er kaum eine Frau an sich herangelassen, erstens weil er Rücksicht auf seine Töchter nahm und zweitens, weil er sich nicht mehr verletzen lassen wollte. Zu viel Schlimmes hatte er mit seiner Ex-Frau erlebt. Doula dagegen war feinsinnig, liebe- und verständnisvoll, warmherzig, offen und loyal zu seinen Töchtern und der pflegebedürftigen Mutter. Sie wollte er gern zur Partnerin, deshalb plante er sein Leben um. Er wollte Doula in seinen Betrieb integrieren und seinen Hof nicht mehr für seine Töchter weiterführen, sondern für sich selbst und seine zukünftige Partnerin. UND: er wollte wieder LEBEN, das war ihm jetzt an Doulas Seite bewusst, er war wieder erwacht mit all seinen Sinnen und wollte nicht mehr ackern, sondern genießen, Leichtigkeit mit Doula zusammen. Auch sie hatte Unbeschwertheit bitter nötig, denn in denn vergangenen

Jahren hatte sie gelitten und sich durchgequält. Nichts war ihr erspart worden, alles hatte sie loslassen müssen. Sie war nun mit Frances wieder in ihrer Balance, in ihrer Mitte, konnte mit ihm lachen, genießen, herumtollen, Leichtigkeit eines Schmetterlings leben. Auch die schwierigen Dinge wurden mit ihm leichter. Er war sehr angenehm und liebevoll zu ihr, schmusen mochte er sehr gern und immer Körperkontakt, und so blieb sie nun auch über Nacht....

Kapitel 21

Die vielleicht letzte Prüfungsphase
Optimal- oder Idealpartner

Sie waren beide im Wohnzimmer auf der Couch. Doula lag mit dem Kopf auf Frances´ Schoß. Er küsste sie, streichelte ihr Gesicht und schob seine Hand unter ihr Shirt. Vorsichtig liebkoste er ihre Brustwarzen, ihren Bauch und die Innenseite ihrer Schenkel. Sie ließ es sich gefallen, zu lange schon hatte sie solche zärtlichen Berührungen vermisst. Sie entspannte sich und gab sich dem Fluß hin, sie wollte einfach mitnehmen, was sich ihr bot. Frances küsste sie nun fordernder und brachte sie in Wallung. Sie fand es jetzt recht unbequem, auf seinem Schoß zu liegen und seinen Penis nicht fassen zu können. doch er war immer noch nicht eregiert. Er zog ihr das Shirt aus und öffnete ihre Hose, doch dann setzte er sich auf, erhob sich und zog sie mit in sein Schlafzimmer. Das war sehr spartanisch eingerichtet, doch dafür ließ er ihr keinen Blick. Er brachte sie zu Fall auf seinem Bett und legte sich zu ihr. Doula wartete ab, was jetzt käme, denn von ausreichender Erektion war bei ihm nichts zu bemerken, das war seltsam, aber auch abtörnend. Er begehrte sie, liebkoste ihren ganzen Körper und ging dann dazu über, sie zwischen den Schenkeln zu lecken. Darin war er nicht besonders gut, wohl zu lange aus der Übung. Doula nahm es so hin, doch irgendwie war sie mit den Gedanken auch nicht bei ihm, sondern bei Jo....was der jetzt wohl machte....Sie konnte sich auf Frances nicht konzentrieren, und das merkte er. Also schmuste er mit ihr und umfasste sie von hinten in Löffelchenstellung, um mit ihr einzuschlafen. Sie war froh, dass er von ihr abgelassen hatte. Sie mochte ihn ja sehr gern, aber so richtig begehrte sie ihn als Mann nicht. Er war ihr zu schmächtig, kein männlicher Oberkörper, sondern Hühnerbrust, lange dünne Beine, kein Hintern, das war ihr nichts....und dann noch ein schlaffer Schwanz...nichts für Doula. Doch sie wollte ihm Zeit geben und sich selbst auch....

Am Morgen spürte sie sehr wohl, wie schön es ist, mit jemandem zusammen aufzuwachen, der sie zärtlich in den Arm nimmt. Frances war freigiebig mit den Worten "Ich liebe Dich." oder "Ich hab Dich ganz doll lieb." Was sollte sie darauf antworten. Sie selbst fühlte es nicht so, und ob es jemals so käme....das war abzuwarten. Er besorgte beim Bäcker gegenüber belegte Brötchen und Coffee to go. Sie setzten sich in den Garten und schauten den Pferden zu, die über Nacht auf der Weide blieben. Es war eine innige Atmosphäre, denn beide mochten zusammensein und sich über Pferdezucht unterhalten. Er war ein Lieber, und drollig war er auch - das mit den Erektionsproblemen wollte Doula dann aber doch mal ansprechen. Er wurde etwas verlegen, doch er wich ihr nicht aus. Seit langem schon klappte es nicht mehr, er schob es auf seine Psyche, wollte es aber ihr zuliebe in den Griff bekommen. Er war ihr auch sehr dankbar, dass sie so behutsam und verständnisvoll mit ihm umging. Er wusste ja, dass sie seit Jahren sehr vertraut miteinander sind. Doula spürte, dass Frances eine Option sein könnte, sie hatten die gleichen Interessen, ähnliche Schicksalsschläge erlitten, waren fleißig und strebsam....und schätzten sich. Er bot ihr alles das, was sie sich von Jo ersehnt hatte: Liebe, Wärme, Aufmerksamkeit, Ehrlichkeit, Vertrauen....Von Jo hatte sie nicht einmal Anteilnahme oder Kontakt zu erwarten gehabt. Er verhielt sich nicht normal, und sie konnte sich auch nicht erklären, warum das so war. Wäre Frances also der Optimalpartner für sie?....mal abgesehen von den Problemen wegen seiner Töchter und seiner Mutter sowie einem möglichen Umzug zu ihm...? So gern sie ihn hatte, sie bekam Jo nicht aus dem Herzen, und das belastete und blockierte sie. Sie würde sich wohl entscheiden müssen, wenn sie nicht für den Rest ihres Lebens alleinbleiben wollte....

Sie verbrachte noch zwei weitere Tage und Nächte mit Frances. Tagsüber war er auf seiner Schweineanlage, sie am Strand oder bei ihren Eltern, und ab 16.00 Uhr war er dann mit ihr zusammen. Sie half ihm, seine Mutter zu versorgen, die Pferde, ging mit ihm in die Küche, Essen zu zaubern. Sie harmonierten sehr miteinander, deshalb war ihre Heimfahrt dann auch davon belastet, von ihm eigentlich nicht wegzuwollen. Doch sie wollte ein weiteres Wochenende kommen, um seine Töchter kennenzulernen, zumindestens die eine, seine Lieblingstochter...

Bei sich zu Hause hatte sie dann wieder Heimweh und fühlte sich allein. Was sollte sie hier einsam in ihrem Haus, ohne Familie, ohne Kinder, ohne Arbeit oder eine sinnvolle Beschäftigung. Zwischendurch fuhr sie zu ihrem Resthof, mit ihrem Ex oder allein, noch Dinge rausholen für sich oder die WG ihres Jüngsten. Und sie musste sehr aufpassen, dass ihr Ex nichts von Frances mitbekam, denn dann würde er ihr jegliche Hilfe versagen. Er war sogar so angeputzt, dass er Doulas Handy kontrollierte. Er mochte das Gefühl, sie in der Hand zu haben, dafür half er ihr dann beim Terrassen-Bäume beschneiden, bei den Dachrinnen, kaufte ihr Werkzeug, schenkte ihr ein neues Sportrad, weil man ihr das andere vom Resthof aus dem Heizungsraum gestohlen hatte. Doula versuchte, loyal mit ihm umzugehen und diese Verbindung auslaufen zu lassen. Er rief sie regelmäßig an, von daher wollte sie es vermeiden, "erwischt" zu werden mit einem "neuen Lover"

Es war wieder soweit, Doula zog es zu Frances. Diesmal fuhr sie schon donnerstags los, was hatte sie zu versäumen...Er telefonierte jeden Tag 1-2mal mit ihr und schickte zwischendurch sms. Doch er drängte auch immer, sie solle zu ihm kommen, er plante sie in sein Leben ein. Er bot ihr an, zu ihm zu ziehen, mit in seine Schweine-Anlage als Angestellte einzusteigen und nebenbei mit ihr Pferde zu züchten. Er wollte für sie den letzten Hengst ihres Stammvererbers von ihrem 2. Ex abkaufen, der wüsste ja nicht, dass er mit ihr liiert ist. Sie fand es bemerkenswert, dass er so plante und managte und musste zugeben, das immer vermisst zu haben: einen Mann, der Verantwortung für sie übernimmt, einen Mann, an dem man sich anlehnen kann...

Das zweite lange Wochenende verlief ebenso harmonisch wie das vorhergehende, nur sexuell wollte da nichts klappen. Frances konnte zwar ejakulieren, aber sein Penis wurde nicht hart für eine Penetration. Damit konnte sie nichts anfangen, doch aus Rücksicht sagte sie dazu nichts weiter. Sie mochte mit ihm schmusen, Hand in Hand gehen, Zeit verbringen, reden, doch sexuell hatte sie nicht den Bezug zu ihm. Da lief nichts. Sie ließ sich zwar gern von ihm anfassen, aber Begehren war nicht da ihrerseits. Auch ging ihr sein fortwährendes Reden von und über seine geliebten Töchter auf den Keks, da war er ganz närrisch. Irgendwie war da der Wurm drin. Endgültig abbrechen wollte sie aber noch nichts. Sie nahm ihn trotzdem morgens beiseite und meinte, sie müsse ihm etwas sagen. Er ahnte schon, dass sie einen Rückzieher machen wollte, doch

Ehrlichkeit war alles. Doula erzählte ihm kurz und knapp von Jo und dass die Sache mit ihm noch nicht abgeschlossen sei, auch wenn es 5 schlimme Jahre des Wartens und Leidens gewesen waren. Frances war perplex, damit hatte er nicht gerechnet. Er meinte, dann hätte er doch von vornherein keine Chance bei ihr gehabt. Doch sie musste es sich von der Seele reden, dass Jo ihr Herz komplett vereinnahmt hatte. Sie hatte Gewissensbisse, Frances so leiden zu sehen, doch warum und wie lange sollte sie ihm denn noch was vormachen. Er kämpfte um sie, er betonte, er würde sie nicht loslassen, er könne warten. Und sie ließ sich von ihm in die Arme nehmen und küssen. Er gab sich nun noch mehr Mühe, fing aber auch an, noch mehr zu klammern. Was sollte sie dagegen tun....Sie war froh, als das Wochenende vorbei war und sie aus der Umklammerung kommen konnte. Trotzdem hatte sie ein schlechtes Gewissen - Jo und auch Frances gegenüber. Sie fühlte nun, dass es eventuell noch ein einziges Treffen mit Frances geben würde, und dann würde sie sich wohl endgültig entschieden haben....

Noch einmal wollte Doula nicht auf Frances´ Tochter treffen und auf sein neugieriges Umfeld, und so wählte sie eine kleine Ostsee-Insel aus, auf der sie sich treffen und ein Ferienwohnung nehmen wollten - Poel. Sie selbst fuhr schon einen Tag eher, weil das Wetter toll war für Strand und zum Radeln. Er wollte einen Tag später nachkommen. Es war Hochsommer, sie hatte ihr Rad mit und radelte die Gegend ab, machte FKK, wo sie es schön einsam fand und ließ es sich gutgehen. Und doch war sie einsam, sie dachte viel an Jo und hatte Sehnsucht. Spirituelle Berater hatten ihr prophezeit, dass der September der Monat wäre, in dem Jo wohl in die Pötte käme. Darauf hoffte sie, denn bisher hatte sie weder ein

Dankeschön für die zehn Schwimmwesten bekommen noch eine Nachricht irgendeiner Art. Ja, er kam oft telepathisch bei ihr an, doch mehr auf sexueller Ebene, und er gestand ihr auch telepathisch, dass er sie liebe, doch Doula wollte Kommunikation auf REALER Ebene, alles andere tat sie mittlerweile ab. Sie hatte nicht mehr vor, nur auf geistiger Ebene zu reden. Sie wollte jetzt körperliche Erfüllung, alles in ihr schrie danach. Es gab auch mittlerweile ein attraktives Alpha-Männchen vor ihrem Haus, das zu den Abwasserverlegern gehörte und schon zweimal ihren weißen Flitzer repariert hatte. Der machte ihr schöne Augen und sie genoss es....

Frances kam endlich auch an, er war wie ein kleiner Bub, total durch den Wind, ließ die Ferienwohnungsschlüssel in der Wohnung liegen, sperrte beide aus und war irgendwie total daneben. Er hatte ganz feine Antennen und spürte wohl auch, dass es ihr letztes gemeinsames Wochenende sein würde. Doula hatte das jedenfalls im Urin. Keine Ahnung warum, aber er ging ihr auf die Nerven. Das fortwährende Händchenhalten mochte sie nicht mehr. Sie wollte Abstand, ging auf emotionale Distanz. Er fragte, was sie hätte, warum sie so abweisend sei. Sie nutzte jede Gelegenheit, ihm die Hand zu entziehen. Er war lieb und bemüht, doch sie war traurig wegen Jo und nicht gut drauf. Sie sehnte sich nach Jo, und das merkte auch Frances, dass da ein anderer war... Sie gingen Essen, fuhren Radtouren, schauten sich Wismar an, doch es wollte sich bei ihr keine Wohligkeit zeigen, weder am Tage noch zur Nacht. Sie umging es geschickt, mit Frances Sex zu haben, es würde ja eh nicht klappen....also ließ sie sich auf eine Körpermassage ein, und das war´s dann....

Am nächsten Tag wollte sie sich Rostock und Warnemünde ansehen, Jo´s Heimat, davon wusste Frances natürlich nichts, doch Doula wollte genau dorthin. Da war natürlich klar, dass große Sehnsucht in ihr hochkam. Auch ihre väterlichen Großeltern waren aus dieser Region Rostock-Darß. Sie schipperten vom Stadthafen aus auf Warnow und Breitling. Es war schön mit ihm, doch Doulas Herz und Gedanken waren bei Jo. Es schnürte ihr den Hals zu, sie wusste nicht mehr, wie sie mit dieser Sehnsucht umgehen sollte.... Sie ging immer mehr auf Distanz zu Frances und war froh, sich dann am Nachmittag von ihm verabschieden zu können. Hastig fuhr sie nach Hause. Bloß weg von ihm und Ruhe haben von seinem Klammern.

Doula zog sich immer mehr zurück, sie ging kaum noch ans Telefon, wenn Frances anrief, auch seine sms beantwortete sie fast nie. Er wurde langsam ungehalten und wollte sie zur Rede stellen. Alles Mögliche ließ er sich einfallen, um sie zu locken und zu binden. Doch sie ging nicht darauf ein und bat darum, ihr Zeit zu geben. Der September würde eine Entscheidung bringen. Frances wurde immer aufdringlicher, je mehr er seine Felle schwimmen sah. Das brachte Doula in gehörige Schwulitäten und in Depressionen. Einerseits wollte sie nicht mehr allein sein, ihr fiel zu Hause die Decke auf den Kopf, andererseits wollte sie Frances nicht. Sie schrieb per facebook eine Nachricht an Jo: "Ich wünsche mir liebevollen Kontakt mit dir....auf REALER Ebene....kannst du das verstehen? Liebe Grüße Doula" -- Wie zu erwarten kam keine Antwort, doch sie war sich sicher, dass er sie per facebook beobachtete. Doch einem akuten inneren Impuls zufolge, postete sie dort, dass sie sich entscheiden wolle, ihr Freund hätte ihr angeboten, mit ihm zusammen in seine Tier-Anlage einzusteigen und Pferde zu züchten.....und kurz darauf kündigte sie an, dass es nun Zeit wäre, ihr Profil zu löschen.....Das tat sie noch am selben

Abend.....

Es war als hätte sie sich unsichtbar gemacht für Jo, sie fühlte Unruhe, in Jo und in sich....Doch auch Unruhe von Frances kam rüber, er drängte auf Entscheidung - er wollte sie förmlich erzwingen. Doula hatte sich längst entschieden - natürlich für Jo - für die tiefe wahre bedingungslose Liebe, auch wenn Jo in der Realität nicht zu greifen war und nichts von sich gab. Es war zum Mäusemelken. Frances hielt fest und wollte sie doch noch überzeugen, telefonierte ihr hinterher, und von Jo kam keine Antwort. Ein unhaltbarer Zustand, der sie viel Nerven kostete. Sie fuhr reglmäßig zum Strand, um sich abzulenken, denn sehr oft kamen von Jo auf Seelenebene Andockversuche, sie gab ihm zu verstehen, komme real, alles andere geht nicht mehr. Außerdem stellte sie bei den Heiligen 5 Elementen des Universums Antrag auf Fülle, auch auf Erfüllung ihrer Liebe zu Jo....

Und trotzdem hatte sie als Mentalcoach Frances so weit gebracht, dass er sich nun wegen seiner Erektionsstörungen zum Arzt begeben hatte und dort weiter zum Urologen verwiesen wurde....Das hatte ihn sehr viel Überwindung gekostet, anfangs hatte er den ersten Termin platzen lassen, doch dann war er dazu bereit gewesen, weil er mit Doula Sex praktizieren wollte und spüre, dass sie ihm entschwand.....

Kapitel 22

Trennung ist Illusion
Die eigene Ganzheit und Vollkommenheit

Es war nun die Zeit gekommen, die Helfer, Freunde und Angehörigen der Geistigen Welt des Lichts und der Liebe zu bitten, Jo empfangen zu dürfen. Doula channelte oft zu der Frage, was es noch gäbe, das sie aufzulösen hätte, doch da kam kaum noch was. Sie spürte, wie sich mehr und mehr Verzweiflung breitmachte, denn einerseits fühlte sie Jo regelmäßig körperlich, und dann stand sie unter Strom, andererseits war in der Realität von ihm nichts zu entdecken. Sie hoffte auf die Vollmondin, die 2. September-Dekade hatte begonnen, sie fühlte, dass da etwas vor sich gehen würde. Immer hoffte sie auf Jo, sie meinte, so nicht vollständig zu sein, noch im Brauchen. Eigenlich hatte sie geglaubt, diesen alten Glaubenssatz längst überwunden zu haben. Doch nein, sie hatte mehrere Ehrenrunden drehen müssen. Es hatte schon Zeiten gegeben, da war sie sich selbst genug, da brauchte sie niemanden. Doch immer wieder war sie als Adler vom Himmel geschossen worden und in Klinik und im Selbstmitleid gelandet. Dennoch hatte sie zwar immer eine Bewusstseinssprung gemacht, doch so war es ja nerven- und herzzerreißend. Viel zu lange schon hatte ihr und Jo´s Ent-Wicklungsprozess gedauert, 5 Jahre - eine harte Zeit, in denen die negativen Kräfte immer wieder sie angriffen und Jo festgehalten hatten. Sie selbst jedenfalls hatte einen Haufen Federn lassen müssen und hatte lange gebraucht, ihr gebrochenes Herz zu heilen.....

Doula bekam den Impuls, sich selbst zu erlauben, ein Mädchen geworden zu sein, eine Frau.....aber eine, die nicht um Liebe kämpfen muss, sondern diese empfangen darf. Von Kindesbeinen an hatte sie gefühlt, ein Junge zu sein, ein kleiner Indianer, der für Gerechtigkeit kämpft und hatte es abgelehnt, im Mädchenkörper inkarniert zu sein. So hatte sie sich dann auch entsprechend ihre Persönlichkeit entwickelt, mit und zwischen Jungs, hatte sich mit 13 ihre langen Haare abschneiden und einen Igelschnitt verpassen lassen. Sie stieg wie Jungs über Zäune, baute Blockhütten, Flöße, spielte mit Zwillen und Pfeil und Bogen, verdrosch andere, die Schwächere angriffen. Sie war mutig, Idealist, Pionier, ließ sich nichts sagen und lehnte sich gegen den Kadavergehorsam auf, der von ihren autoritären Eltern durchgesetzt wurde. Sie lief mit 16 als Punk herum und zerschnitt Kleidungsstücke ihrer Eltern, um sich daraus fetzige Klamotten zu zaubern. Mit Mädchen hatte sie nichts am Hut. Beim Studium zog sie jeden Abend mit ihren Jungs in die Studentenkneipe, war in ihrer Mädchenklasse der Außenseiter und fühlte sich immer zu den Jungsblocks der Studienrichtungen Maschinenbau, Bauwesen und Elektronik hingezogen. Sie war schön, aber hatte einen männlichen dominanten Touch. Es gab dort eine wunderschöne Freundin, die lesbisch war und Doula unbedingt wollte. Mit ihr konnte Doula nichts anfangen, obwohl sie sie sehr attraktiv fand. Doula stand auf dunkelhaarige schöne Mädchen, das hatte etwas mit ihren früheren Leben als Mann zu tun, als Jo ihre Frau war....Doula hatte sich im Studium in einen Mann im chinesischen Sternzeichen des Drachen verliebt, Uwe, der Erzeuger ihrer ersten Tochter wurde, ein Bild von einem Mann, aber weiblich weicher Anflug. Der hatte so dermaßen viele Verehrerinnen, dass er nicht treu war und ihr das Herz brach, sie hatte ihn aber ebenfalls betrogen, so dass er sich gehörnt gefühlt hatte und sie verstieß.....Letzlich hatte sie ein ein halb Jahre gebraucht, um wieder Vertrauen zu einem Mann zu haben und sich auf eine Beziehung einzulassen....

Mittlerweile mochte sich Doula weiblicher geben. Sie hatte 3 Ehen hinter sich, in denen sie sexuell devote Männer zum Ehemann hatte. Das war aber nicht ihre wahre Neigung. Sie wollte im Grunde immer ein Alpha-Männchen, zumindestens aber switchen. Sie wollte nunmehr empfangen, sich hingeben, all das annehmen, was ein Mann ihr geben und offenbaren wollte. Sie wünschte sich Jo früher als dominanten Mann, und so hatte er sich ja auch auf den Singlebörsen verkauft, gleichzeitig hatte sie aber Angst davor gehabt, ihm nicht zu genügen. Jetzt wurde es anders, sie fand sich selbst schön und begehrenswert. Mit 50 noch so attraktiv auszusehen, so eine jugendliche und straffe Hülle zu haben, obwohl sie seit einem Jahr nicht mehr im Kampf- bzw. Trainingsmodus der Athene war, wer konnte das schon von sich behaupten. Sie wusste vor allem um die Wirkung ihrer Augen. Diese sind faszinierend und ihre gesamte überirdische Ausstrahlung ausmachend. Sie hatte ihr Licht unter den Scheffel gestellt, als Jo sie für Laila stehengelassen hatte. Dabei - das wusste sie JETZT - hatte er ihr nur ihren eigenen veralteten Glaubenssatz gespiegelt. Jo und Doula sind Zwillingsflammen und damit SPIEGEL-Partner. Damit umzugehen, war sehr schwer gewesen. So triggerte einer dem anderen die Traumata der Kindheit und der früheren BeZIEHungen. Doula selbst hatte sich von Jo abgelehnt gefühlt, doch er hatte ihr gespiegelt, dass sie sich selbst bzw. ihre Makel ablehnte. Sie hatte sich nach ihren 4 Kindern körperlich nicht mehr schön gefunden, deshalb hatte sie 2013, als Jo mit Laila im Gange war, Brust- und Bauchdeckenverschönerung machen lassen. Mittlerweile trug sie außerdem an Augenbrauen und Oberlidern Permanent-make up, so fand sie sich attraktiver, und bequem war es auch. Es war nun soweit, dass sie sich selbst gern im Spiegel ansehen mochte, Frances hatte ihr immer wieder bestätigt, ein wunderschöner "Engel" zu sein. Mehr und mehr kam sie mit sich ins Reine. Sie brauchte nun weder unbedingt einen Partner, der sie anhimmelt, versorgt und auffängt, ihr eine Zukunft bietet, noch Kontakt zu ihren teilweise entfremdeten Kindern. Doula segnete die Situation. Es ist, wie es ist, und es kommt, wie es kommt. Ändern konnte sie eh nichts, nur sich selbst. Sie wuchs immer mehr in die Gültigkeit folgendes Ausspruches hinein: " Gott gebe mir die Gelassenheit, Dinge hinzunehmen, die ich nicht ändern kann, den Mut, Dinge zu verändern, die ich ändern kann und die Weisheit, das eine vom anderen zu unterscheiden." Im Prozess dieser tiefgründigen Erkenntnisse sah Doula nun auch, dass sie nicht Loslasser und Jo Gefühlsklärer sind, sondern man ist immer BEIDES. Es gab immer Phasen, da war auch sie selbst Gefühlsklärer, warum sonst hatte sie sich 2012, als Jo sie wirklich wollte, auf ein Erotik-Portal zurückgezogen, um ihn eifersüchtig zu machen und zu provozieren....und andere Lover kennenzulernen.....Daraufhin hatte Jo bald den Kontakt abgebrochen und war sauer. Er ließ erst wieder Kontakt zu, als sie ihm das Darlehen bot....im Grunde hatte sie ja versucht, ihn zu kaufen, ihn von sich abhängig zu machen....ein schlechter Charakterzug.

In den Partnerschaften der NEUEN Zeit geht es um harmonische PARTNERschaften, nicht um BeZIEHungen, sondern Freisein von Abhängigkeiten und Bedingungen. BEIDE Zwillingsflammen machten auf realer Ebene unabhängig voneinander, seelisch aber immer verbunden, ihre eigenen Erfahrungen und Prüfungen und wurden so AUFEINANDER und FÜReinander vorbereitet. Letztendlich würde der FREIE Wille entscheiden, ob es laut Seelenplan zur Verschmelzung kommen würde, also auch zur körperlichen Zusammenführung der beiden, denn geistig und seelisch waren sie ja immer vereint.

Trennung war nur eine Illusion.

Doula wurde nun ruhiger, gelassener, provozierte nichts mehr, um eine Reaktion von Jo zu bekommen. Sie fühlte ihn IN sich, und sie wusste, er fühlt sie selbst auch. Er war etwas ganz Besonderes für sie und umgekehrt genau so. Sie würden früher oder später nicht aneinander vorbeikommen. So viel war sicher. Doch nun bekam sie oft Visionen, dass Jo vor ihrer Haustür auftaucht und sie förmlich überrennt, von Liebe, Ehe, Familie spricht und alles ganz schnell geht. Sehr viel sexuelle Energie kam von ihm rüber, sie musste sich oft davon lösen, denn so war sie nicht in der Lage, ruhig zu bleiben und bei sich selbst. Zu intensiv fühlte sie ihn und seine Penetration. So oft wie möglich fuhr Doula zum Ostseestrand, der September hatte in der 1. und 2. Dekade herrlichsten Hochsommer gebracht. Es war ungewöhnlich heiß, bis über 30 Grad und strahlender Sonnenschein. Als Emanuel, Athene, Isis, Ceridwen u.s.w. war sie gleichzeitig die Energie des Planeten Sonne, Jo als Gegenpol die Mondin.....Sie liebte das Meer, tankte Sonnenlicht auf, ließ all ihre Körperzellen, Chakras, Organe, Energiebahnen u.s.w. mit Licht und Liebe fluten. So kam sie immer wieder in ihre Mitte und fühlte sich wohl. Sie lag am FKK, genoss Backfisch- oder Räucherlachs-Brötchen, nachmittags Kugeleis und gönnte sich so viel Auszeit wie nur irgend möglich. Der Umbruch und ihre eigene Ent-Wicklung hatten viel Kraft gekostet. Sie machte Jo auch keine Vorwürfe mehr, denn nicht ER war schuld, sondern er war ihr Spiegel und härtester Lehrer. Und da sie beide Extreme mochten, hatten sie wohl im Seelenplan harte Prüfungen ausgesucht, frei auch nach beider sexuellem Motto: gern härter und lauter....

Es gab nun noch eine Sache, die Doula aus ihrer Kindheit endgültig aufzulösen hatte, das Trauma mit ihrem Vater. Es gab Zeiten , in der er sich sozusagen an ihr vergangen hatte, nicht vollzogen, aber versucht hatte, übergriffig zu werden. Oftmals hatte er ihr als kleines Kind sein Gemächt gezeigt oder sie anfassen lassen. Er hatte sie gerade, wenn sie einmal krank war, unsittlich berührt oder unsittliche Worte benutzt, über Dinge zu reden, die sie als Kind schockierten und sich kindlich zurückziehen ließen. Als sie dann 10 oder 11 Jahre alt war, befasste sie sich mit Werken von Schnabl, Sexualkunde u.ä. , da sie sehr frühreif war und sexuelles Interesse hatte. Als ihr Brüste wuchsen, wollte sie diese vor ihrem Vater verstecken, der glotzte derart aufdringlich, dass sie es vermied, am Essenstisch in seine Richtung zu blicken. Es kam eine Etappe, wo sie ihn hasste und fortwünschte. Auch ihre Mutter wurde aufmerksam und eifersüchtig auf sie. Doula entwickelte sich zu einem sehr hübschen Mädchen, das bemerkte, welche Aufmerksamkeit sie erregte. Sie kostete das bei den Jungs aus, am liebsten bei älteren, doch hatte sie nicht die Gelegenheit wie andere, denn ihr Vater sperrte sie mehr oder weniger weg. Bis zum 16. Lebensjahr durfte sie nicht zu Jugendtreffs oder zur Disco. Pflichten hinter dem Palisadenzaun (Hof mit Nutztieren) waren angesagt. Es zeichnete sich immer mehr ab, dass sie auf erwachsene Männer stand. Ihr gefiel ihr Mitte 30jähriger Klassenlehrer sehr gut, und das beruhte auf Gegenseitigkeit. Auch einem anderen Mittdreißiger verdrehte sie den Kopf, einem berüchtigten Weiberhelden der Stadt. Doula wurde zur Jägerin und suchte Aufmerksamkeit, Angenommenwerden und Bestätigung. Im Grunde hatte sie aber Komplexe, deshalb griff sie oft zum Mittel Alkohol, um es sich leichter zu machen und in Mut und Überlegenheit zu kommen. Sie hatte Angst vor Ablehnung, konnte nicht mit der weiblichen Konkurrenz umgehen, und eigentlich hatte sie Angst davor, wahre Liebe wirklich zu finden. So suchte sie und fand nicht. Sie war in diesem Leben seither auf der Suche gewesen nach der tiefen echten Liebe und dem Mann, der sie umhaut. Dass das dann aber so ablaufen würde, das hatte sie nicht geahnt - Jo war ihr mit Mitte 40 begegnet, nach 3 Ehen, hatte sie mit seinem Verhalten geflasht, und sie war bei der Bearbeitung bei SICH SELBST gelandet, im Versuch ihrer Selbstliebe, sich genau so anzunehmen, wie sie gedacht ist in ihrer Blaupause - sich vollkommen und vollendet WIEDERzufinden. Sie war unendlich dankbar dafür, dass es Jo gibt und nichts wünschte sie sich als Idealist mehr, als dass sie ihn in ihrer eigenen Vollkommenheit empfangen durfte.... Doch wenn er nicht käme, würde es sicher einen anderen geben, denn im Grunde war es dann egal, wen sie zum Partner nehmen würde, sie wäre sich selbst der beste Partner.....

Kapitel 23

Suizid-Versuch und Flucht nach vorn

Es war nun im September eine Zeit der Stimmungsschwankungen und der Angriffe der negativen Seite gekommen, der Bewusstseinsaufsieg war von der Elite nicht gewollt, die Menschen mit starkem Licht und hoher Schwingung wurden wahrgenommen, beobachtet und torpediert. Es war eine Zeit des Pendelns zwischen Wahrheit/Wahrnehmung und Täuschung. Auch bei facebook gab es dermaßen viele manipulierende posts, jeder gab etwas anderes zum Besten, das spirituelle Ego nahm zu....New Age-Anhänger, Galaktische Förderaton des Lichts, Systemkritiker, Verschwörungstheoretiker, Querdenker, Jesus-Anhänger....Esoteriker sprachen vom Portal 9.9.2016....2016 Quersumme = 9, also 999, Dimensionsaufstieg....und wieder geschah nichts....alles war nur Kampagne...Jeder erwartete etwas im Außen, auch Doula. Sie hatte gehofft, Jo würde nun auftauchen bei ihr, doch nichts passierte. Sie hatte derart hohe Erwartungen und Wünsche an ihn, ersehnte ihn und den Neuanfang körperlich, geistig und seelisch herbei. Einige spirituelle Berater und mediale Freunde hatten ihr gesagt, dass er noch im September, in der 2. Dekade, käme. Doula wurde immer unruhiger, nervöser und ängstlicher. Was wäre, wenn das alles eine Illusion ist und sie wieder in ein tiefes Loch fällt, würde sie das erneut überwinden? Mittlerweile fühlte sie sich komplett verarscht, oftmals auch bestraft....warum musste sie derartiges durchmachen? Warum fand sie keinen Frieden? War Jo das alles überhaupt wert? Warum sandte man ihr keinen anderen, der ihr wirklich gefiel und sie flashte, nicht so wie

Frances, denn Doula wusste, dass ER es NICHT ist.....
Die Tage der "Prophezeiung" der "Berater" kamen immer näher. Doula flüchtete sich abends ins Biertrinken und Rauchen. Sie wusste nicht mehr, was sie mit sich anfangen sollte. Einen Job fand sie nicht, jedenfalls nichts, was ihren Fähigkeiten entsprach bzw. sie interessierte. Minijobs wollte sie nicht. Mit ihrem Buchteil 4 kam sie auch nicht weiter, sie war festgefahren, denn sie verlor den Glauben.....Sie begann, alles und sich selbst in Frage zu stellen, begünstigt durch allabendlichen Bierkonsum, was sie dann auch auf ganze Tage ausdehnte, um sich zu beruhigen und zu benebeln. Sie wollte nicht mehr allein sein, wollte aber auch nicht zu Frances zurück. Doula war fixiert auf Jo, ihre Sturheit und seelische Abhängigkeit machten sie selbst wütend und verzweifelt. Sie konnte und wollte ihn nicht loslassen, weder das Ego, noch das Herz waren dazu bereit. Sie wurde regelrecht krank und kam in sehr niedrig schwingende Energien. Es war wieder soweit. Sie war wie unter Zwang und besorgte sich nunregelmäßig Wein, um sich in einem Dämmer- oder Schlafzustand zu halten. Sie fühlte sich wie ferngesteuert und getriggert, denn zu dem Zeitpunkt wusste sie noch nicht, dass in Alkohol Kontaktmittel, sogenannte ätherische Implantate, sind, über die ins Suchtverhalten manipuliert wird. Auch Zigaretten wirken entsprechend, und zwar über Suggestive, die entsetzlichen Bilder auf den Verpackungen - entsprechende Gedanken und Gefühle erzeugen entsprechende Realitäten. Eigentlich verabscheute Doula den Alkohol und das sich nachziehende Minderwertigkeitsgefühl.....Sie war froh, immer halbwegs heil mit dem Auto wieder nach Hause zu kommen, ohne in eine Kontrolle geraten zu sein. Essen konnte sie mittlerweile nichts mehr, Fernsehen und Radio interessierten sie nicht. Kontakte hatte sie aufgegeben bis auf den zu ein paar facebook-Bekannten, ihren Eltern und ihrer Nachbarin, die ihr wie eine

Mutter war - was sie im 7. Jahrhundert in einem Leben in Jordanien tatsächlich war.
Doula bekam wegen des Alleinseins mit Einbruch der Dunkelheit Angst- und Panikzustände. Zu lange war sie nun schon allein, seit 5 Jahren Single.
Sie hatte nun den Impuls, sich wieder auf der Singlebörse anzumelden, auf der ihr vor 5 Jahren Jo begegnet war. Sie lud ihr Profilbild und ihr Statement hoch und durchforstete den Pool der dunkelhaarigen athletischen Männer von 50 - 60.....und glaubte, ihren Augen nicht zu trauen: Wer war denn der hübsche Kerl mit 3-Tage-Bart, der da ein selfie im Kanu von sich gemacht hatte?.....Jo.....Es durchzuckte sie wie ein Blitz. Was wollte er nach der langen Zeit seines Abtauchens hier? War er also doch nicht mit Laila zusammen.....War er wieder auf Fang aus oder suchte er Selbstbestätigung? Wollte er seinen Marktwert testen? Sie musste sich eingestehen, dass Jo echt gut und sehr männlich aussah. Es wurmte sie sehr, dass er sich hier ausstellte und wieder an anderen Frauen baggerte. Doch auch sie selbst wurde mit Anfragen überhäuft. Jedoch hatte sie kein wirkliches Interesse an jemandem, von daher wusste sie, dass sie in 5-10 Tagen wieder wegtauchen würde. Aber sie schrieb Jo bildlos, weil ihr Foto noch nicht freigegeben war, eine Nachricht: "Für dein Profilbild ohne Sonnenbrille aber mit 3-Tage-Bart 10 von 10 Punkte ;-) Viel Spaß heute beim Hafenfest. Liebe Grüße Doula". Dann loggte sie sich aus und gab sich ihrer Trauer darüber hin, dass er auf der Suche nach einer anderen war..... Damit war ihr also klar, dass Jo nicht kommen würde. Später schrieb sie sich noch mit anderen, um ihren Selbstwert zu pushen und hinterließ auch für Jo noch eine neue Nachricht. Verwundert war sie schon, dass er sie noch nicht gesperrt hatte. Komplimente mochte er ja. In seinem Statement las sie nun weiter: "Ach und, ...wie arm wären das Leben und die Liebe ohne Abenteuer...." Darauf

musste sie natürlich ihren Senf geben, und zwar belehrend, nämlich dass man von Abenteuer zu Abenteuer immer mehr feststellt, dass es nur wenige gibt, die einem wahrhaft gewachsen und auf Augenhöhe sind.....und dass es um Authentizität, Ankommen bei sich selbst, Tiefe der Gefühle, Geborgenheit, Nähe, Vertrauen, Verbindlichkeit, Verlässlichkeit und Liebe geht.....Hat er all die Jahre nichts dazugelernt? Das war schon erstaunlich. Und doch hatte er sich diesmal nur 2 Jahre jünger gemacht.....

Beim nächsten Einloggen wollte Doula noch einmal sein Foto bewundern, und wie schon vorgeahnt, hatte er sie nun gesperrt, und damit war der Kontaktversuch gänzlich verhindert. Das war wie eine Ohrfeige. Sie war selbst schuld, warum versuchte sie es immer wieder? Weshalb erniedrigte sie sich selbst? Sie "wusste" doch, dass er ein Arschloch war und nur auf´s Vögeln aus.....Warum behandelte er sie so? Warum hatte er nie versucht, SIE ins Bett zu bekommen, obwohl er ihr anfangs zu verstehen gegeben hatte, dass er bei ihr das Sabbern bekommt und sie ein leckerer Hase vom Lande ist..... All ihre Träume, ihr illusorisches Kartenhaus, brachen ein. Es gab nichts mehr, woran sie festhalten konnte, sie hatte keinen Halt mehr, schon gar nicht in sich selbst. Sie klappte ab und trieb ab wie ein Halm im Wind..... Der Alkoholkonsum nahm zu und geriet außer Kontrolle, so auch ihre Emotionalität und Hochsensibilität. Es waren schon große Mengen zusammengekommen, bedrohliche Mengen. Ihre Nachbarin versuchte, sie aufzufangen, denn auch deren Bruder war einst abgeglitten..... Doula wurde oft nachts wach und lief wie ein angestochenes Tier im Hause umher oder ging auf die Terrasse, um viel zu rauchen. Auch das wurde immer mehr. Oftmals kam ihr nun der Gedanke, das alles kurzerhand zu beenden. Das Leben war nicht mehr lebenswert. Alles war wohl eine Lüge gewesen, was sollte sie noch hier auf der Erde.....Sie fühlte nur noch Entwürdigung, Leid und Untergang. Sie wollte aufgeben und spielte in Gedanken durch, wie es wäre, sich aus dem Leben zu stehlen. Sie wusste, dass die negativen Kräfte Depressionen und Suizidgedanken über Frequenzen schickten, doch es war ihr mittlerweile alles egal.....Sie ahnte, dass sie ferngesteuert war, diesen letzten Schritt zu wagen.

Dann war es soweit . Sie ließ Badewasser ein und legte einen Fön bereit. Es dauerte eine Zeit, bis die Wanne halb voll war. Sie empfand unendliche Trauer, auch die Traurigkeit, die ihre Angehörigen später fühlen würden. Sie hatte sich nicht einmal verabschieden können, das tat sie nun in Gedanken. Doch ihr war so schwer um´s Herz, dass sie keinen Halt mehr hatte und keinen Grund, in diesem verkorksten Leben zu bleiben. Die Liebe zu Jo war wohl nur eine Illusion und wurde augenscheinlich von ihm nicht erwidert. Es würde ihn wohl gar nicht interessierren, was mit ihr war, ihn hatten Ignoranz und Distanzierung ausgemacht. Warum hatte man sie derart aufgezogen, warum hatte ihre Seele ihr das alles angetan? Warum gab es keine Hilfe, keine (Er-)Lösung von dieser übergordneten Macht, keine Gnade? Warum ließ man sie mit alledem allein, was hatte ihr das ganze Wissen genutzt? Sie fühlte sich förmlich in die Wanne gezogen und legte sich mit Sachen in das lauwarme Badewasser. Sie hatte den Fön in die Steckdose gesteckt, angeschaltet, hielt kurz inne, sich zurückzulehnen, einzutauchen.....versank in unendliche Traurigkeit und in Selbstmitleid.....und schmiss den laufenden Fön zu sich ins Badewasser.....

Doch es war nicht zu Ende, wie sie gehofft hatte.....Der Fön lief weiter, das Wasser war unter Strom, SIE war unter Strom, sie schrie verzweifelt, denn sie hatte unsagbare Angst. Es tat weh, sie spürte den Strom im Wasser und in ihrem Körper. Ihre Füße und Beine wurden steif, sie schrie und schrie, doch sie ging nicht von dieser Welt.....Sie wurde steif, aber nur bis zu den

Oberschenkeln.....Der Fön lief unter Wasser immer weiter.....das ging ein paar Minuten so.....lange Minuten.....es war, als würde etwas sie am Leben erhalten, den Tod von ihr abwenden.....sie hatte plötzlich den Impuls, sich aufzurichten, das war kaum mehr möglich, doch sie wollte raus aus dem Wasser.....Sie schrie immer noch in Todesangst.....dann wuppte sie mit allerletzter Kraft den Fön aus der Wanne, quälte sich hoch und kämpfte sich aus dem Badewasser, das nun nicht mehr unter Strom war.....Triefendnass und barfuß lief sie aus dem Bad, floh in die Dunkelheit der Nacht, rüber zu ihrer Nachbarin und schrie diese aus dem Bett. Zutiefst erschüttert und in Panik stand sie nun dort im Flur und ließ sich umsorgen und bemuttern. Ihre Nachbarin wusste um ihre seelische Krankheit wegen des Berliner "Abenteurers" und ließ sie bei sich auf der Couch in trockenen neuen Klamotten zur Ruhe kommen..... Den Notarzt lehnte Doula ab und bat nur um Gesellschaft. Sie hatte Angst, allein zu bleiben oder in eine Klinik zu kommen, denn sie wusste ja, wie es dort zugeht und dass man sie in die geschlossene Psychatrie sperren würde.....zu oft war sie nun schon eingeliefert worden bzw. hatte sich selbst eingeliefert. Es musste aufhören, es wäre so ihr seelischer, geistiger und körperlicher Untergang.....

Obwohl Doulas Nachbarin ihr Hilfe und Obdach gab, rutschte sie immer weiter ab. Sie konnte diese Bilder nicht vergessen und litt unendlich. Eine unsichbare Macht griff weiter auf sie über und animierte sie dazu, den Schnapsvorrat in der Speisekammer ihrer Nachbarin zu trinken. Doula merkte nichts mehr, sie entglitt immer weiter und war bewusstlos.....Sie fand sich dann in der Klinik wieder, an einem Tropf, auf einer Pritsche unter Beobachtung liegend. Ihr Selbstwert war total am Boden. Man hatte ihr die Umstände ihrer Einlieferung mitgeteilt.....Es war peinlich, entwürdigend, entsetzlich.....Doula fühlte sich gefangen, war in Angst und Panik, wusste keinen Ausweg mehr. Doch in der Klinik bleiben zwischen all den psychisch Kranken, Pflegefällen und Verrückten, wollte sie nicht. Überall stank es nach Windelinhalt, die Patienten liefen wie Zombies umher.....Sie erholte sich zusehends, trotz der 3,5 Promille bei Einlieferung, kam auf die Füße und erkämpfte sich nach 2 Tagen ihre Heimkehr entgegen ärztlichen Rates. Pfleger suggerierten ihr, dass die Behörden sich einschalten könnten, um sie per Gerichtsbeschluss auf Dauer festzuhalten..... Alles in Doula wehrte sich, ihre Genesung ging dank ihres sehr hohen Seelenbewusstseins sehr schnell, und so entließ man sie dann doch.

Zu Hause angekommen, packte Doula ihren Koffer und folgte der Einladung ihres Ex-Mannes, ein paar Tage bei ihm zu verbringen. Er titulierte sie zwar als Arschloch und Pflegefall, doch andereseits schwärmte er davon, sie wäre immer noch die Frau seines Lebens. Er wollte sie immer noch, doch konnte er tagsüber nicht bei ihr sein, denn er musste als Angestellter in der Landwirtschaft 12-14 Stunden täglich arbeiten. Eigentlich hatte er genug Geld, infolge Gehalt und zusätzlicher Pachteinnahmen seiner 65 Hektar waren es monatlich 4500,- Euro, damit wollte er sie in eine existenzielle Absicherung locken, doch darum ging es ihr nicht wirklich. Sie wollte wahre Liebe, die hatte er ihr 10 Jahre nicht geben können und sie ihm auch nicht. Doula bekam Panikzustände in seiner dunklen Wohnung so allein und ohne Beschäftigung. Sie konnte ja nicht jeden Tag putzen oder einkaufen. Außerdem telefonierte oder simste Frances regelmäßig mit ihr und zerrte. Sie kam nicht zur Ruhe, er klammerte und redete auf sie ein, sie solle sich von ihrem Ex und aus der Abhängigkeit zu ihm lösen. Er bot ihr ein Zuhause bei sich an, in ihrer ursprünglichen Heimat, im Nachbardorf ihrer Eltern. Er warf ihr vor, sie ließe sich von ihrem Ex kaufen, wolle sich von dem aushalten lassen..... Doch wollte sie weder etwas von ihrem Ex-Mann noch von Frances. Dass beide die Situation wegen Jo ausgenutzt und sie bestiegen hatten, sich einbildeten, Doula wäre für sie selbst bestimmt, machte die Sache noch schlimmer. Sie empfand Abneigung, wenn sie an den Sex mit beiden dachte. Warum begriffen sie nicht, dass sie keinen von beiden wollte. Doch sie brauchte gerade jetzt Halt, Ruhe und Frieden.....Und so packte sie morgens ihren Koffer, setzte sich ohne Abschied in ihren weißen Flitzer und fuhr zu Frances und zu ihren Eltern. Alle waren über die letzten Vorkommnisse im Bilde und machten sich große Sorgen um sie. Doch die größten Sorgen um sich selbst machte sich Doula.

Wie sollte es weitergehen? Sie liebte Frances nicht, hatte ihn "nur" lieb. Wohin sollte das führen? Es war doch wieder eine Lüge. Er hatte Erwartungen an sie, die sie nicht erfüllen konnte und wollte.....Das würde wohl früher oder später wieder ins Aus führen.....Doch ihr war bewusst, lebe den Moment, plane nicht die Zukunft, sondern gehe step by step auf deinem Weg weiter, du wirst geführt.....

Dass sie beschützt worden war, was den Suizidversuch betraf, war ihr klargeworden, die Geistige Welt des Lichts und der Liebe hatte sie - Emanuel - gerettet und den Strom von ihrem Herzen ferngehalten..... so eine Sache hätte kein normaler Mensch überleben können.....Sie empfand Dank dafür.

Doch nach diesem Ereignis hatte Doula kurz danach Alpträume gehabt und das Empfinden, dass sie des Nachts von unsichtbaren negativen Wesenheiten angefasst, in die Seite gezwickt worden war. Schon aus diesem Grund war es für sie das Beste, eine gewisse Zeit lang nicht allein zu sein, sondern einen liebevollen Begleiter zu haben.....Deshalb wählte sie das Zusammensein mit Frances und verlagerte ihren Aufenthalt in den tiefsten Osten, ans Stettiner Haff. Sie tauchte einfach unter.....löschte ihren facebook-Account, ihr Profil auf der Singlebörse und ging einem vorläufigen Neuanfang entgegen.....

Kapitel 24

Ankommen zu Hause IN SICH SELBST - Wahre Selbstliebe, Authentizität

Frances´ Haus- und Hofgrundstück am Stettiner Haff war größtenteils verwahrlost. Er war seit 16 Jahren von seiner Lebensgefährtin getrennt, hatte beide erwachsenen Töchter bei sich an den Wochenenden wohnen bzw. nur die Jüngste. Alles war liederlich, zugemöhlt, alt, abgewrackt, wenig einladend für Doula, die den Anspruch einer Ästhetin hatte. Eine spirituelle Beraterin hatte ihr angekündigt, dass sie nun erst einmal die Aufgabe hat, einem älteren Mann zu helfen, auf Frances war Doula anfangs nicht gekommen..... Doch die wichtigste Lernaufgabe für ihn war, dass Doula ihn so coachte, dass er sich bewusst wurde, seine Erektionsstörungen ganz allein für sich selbst über ärztliche Hilfe in den Griff zu bekommen. Sie hatte kein sexuelles Interesse an ihm - und wenn, dann nur ein sehr geringes. Frances war ein gutaussehender, schwarzhaariger, schlanker, großer Typ mit Bart, wie sie es mochte. Er war nicht athletisch, sondern eher eine "Speiche", aber das war im Grunde egal. Er war humorvoll und witzig, hatte den Charme eines Jungen und war sehr liebevoll, auch wenn er zum Klammern und Erdrücken neigte. Als erstes hatte sich Doula seiner Wohnung angenommen. Das alte Sperrmüllschlafzimmer seiner Ex-Schwiegereltern, das er seit 20 Jahren hatte, flog auf den "Mist", und ein neues, chickes, wenn auch günstiges, ließ sie ihn selbst aussuchen. Sie dekorierte alles sehr liebevoll, veränderte auch Küche und Wohnzimmer und hübschte alles modern und behaglich auf, ohne gewaltige Kosten zu verursachen. Allein die Farben machten schon viel aus. Er staunte, freute sich riesig und war sehr dankbar. Doch immer ließ sie verlauten, es wäre alles für ihn allein, denn sie wüsste nicht, wie lange und ob sie überhaupt bliebe..... Oftmals wehrte sie alle seine Annäherungsversuche ab und verschloss sich, weil sie die Vorsehung kannte und Jo fühlte, obwohl sie ihrem Verstand befohlen hatte, ihn abzuhaken. Wenn sie an Jo dachte, war sie nicht in der Lage, Frances an sich heranzulassen. Sie wehrte jede Berührung ab, und auch die etlichen Schmatzer und Knutschversuche waren ihr lästig. Es kam vor, dass sie sich nach Nähe sehnte, dann ließ sie mit sich kuscheln und sich intim berühren, auch küssen....selten aber manuell oder oral zum Orgasmus bringen. Im Grunde war sie froh, dass er keine ausreichende Erektion bekam, um sie zu penetrieren. Sie wollte keinen vollziehbaren Geschlechtsverkehr mit ihm. Er reagierte natürlich mehr und mehr genervt, denn eigentlich war er es nicht gewohnt, einer Frau nachlaufen zu müssen. Doch Doula war für ihn eine Herausforderung. Er hatte sie sich seit der Jugend gewünscht, sie nie ganz aus den Augen verloren, als sich ihre Wege trennten. Nun wollte er diese, für ihn schwierige Frau, annehmen und das Beste daraus machen. Doula wollte sich ihm aber nicht hingeben, doch er gab die Hoffnung nicht auf, dass sie bei ihm bleiben musste, schon deshalb, weil sie momentan keine andere Option hatte.....Doula kannte ihren Seelenplan, deshalb gab sie Frances nicht wirklich eine Chance. Sie wollte ihn nicht be- oder ausnutzen, sondern helfend begleiten und die gemeinsamen Stunden gestalten. Am Tage lief es gut, doch zum Abend begab sie sich innerlich auf Distanz. Doch um des lieben Friedens Willen, musste sie seine Zärtlichkeiten über sich ergehen lassen, denn abwehren duldete er nicht. Sie empfand kaum etwas oder gar nichts, wenn er ihre Brüste streichelte, an ihren Nippeln saugte oder sie fingerte, leckte und sie verwöhnen wollte. Sie konnte nicht anders, als sich Jo vorzustellen. Das war gemein, das wusste sie, deshalb brach sie entweder ab oder ließ es zu einem schnellen Ende kommen, denn trotz Erektionsstörung konnte er per manueller Hilfe ejakulieren. Irgendwie wurde es ihr eklig, sie umging immer öfter eine Vereinigung. Daraufhin wurde er bockig, und sie stritten sich nun oft. Er hatte ihr zuliebe schon vieles verändert, hielt auch seine Töchter mehr auf Distanz, weil Doula schlechte Erfahrungen mit Kindern der vorherigen Beziehung bei ihrem 2. Ehemann gemacht hatte. Frances stand zwischen Baum und Borke. Sie brachte immer alles zur Sprache, auch wenn es ihm wehtat. Diplomat war sie nunmal gar nicht und wollte es auch nicht sein. Sie war authentisch, sehr direkt, doch gleichzeitig hochsensibel und empathisch. Sie fühlte, wann sie etwas wie sagen musste und konnte. Er nahm diese Herausforderung an und stellte sich immer mehr auf sie ein. Er liebte sie abgöttisch und verzieh ihr immer wieder. Sie hatte ja Recht, und sie war die einzige Frau, die so mit ihm umgehen durfte. Er hatte Respekt vor ihrem Wissen, vor ihren übersinnlichen Gaben und Fähigkeiten, auch wenn sie damit bisher kein Geld verdient hatte, um zu überleben. Doch Doula blieb weiterhin innerlich auf Abstand, sie konnte und wollte seine erdrückende Liebe nicht annehmen, jedenfalls nicht so wie er es erwartete. Sie fühlte sich eingeengt, unfrei und mit Erwartungen überhäuft.

Frances hatte sich seit Jahren des Single-Daseins angewöhnt, abends zusammen mit Pferdeleuten oder auch allein zu trinken. Das gehörte zu seinem Leben. Er wollte es auch nicht lassen, Einordnung oder Unterordnung war nicht sein Ding, obwohl er wusste, dass er bedingt durch den Alkohol zum Stänkerer wurde. Er hatte abends weder Interesse, mit ihr fernzusehen, noch fand er an Musik Gefallen. Sie lebten aneinander vorbei, und sie ging ihm aus dem Wege. Mittlerweile verbot er ihr, ihre Arbeit als Medium zu machen bzw. als Mentalcoach bei facebook. Dagegen hatte er etwas, nicht nur weil sie sich Gefahren aussetzte, wie er aus ihrer Vergangenheit wusste, sondern auch weil ihm das zu hochtrabend und unreal war. Und gerade was ihre Vorbestimmung betraf, Jo´s Partnerin zu werden, sah er rot. Einmal eskalierte die Situation so, dass er ihr befahl, ihre Sachen zu packen, weil sie ihm gesagt hatte, dass sie ihn zwar liebhabe, Jo aber wahrhaft bedingungslos liebe. Das ließ sich Doula nicht zweimal sagen und fuhr ins Nachbardorf zu ihren Eltern, nur die Waschtasche dabei. Diese versuchten natürlich, ihr ins Gewissen zu reden, ließen sie aber bei sich übernachten. Am Morgen fuhr sie wieder zu Frances, er hatte eine sms geschrieben, sich beruhigt und vermisste sie. Er wollte es insgeheim nun behutsamer angehen.....

Doula hatte die Eingebung, zu prüfen, aus welchem Leben neben dem Indianer- und dem Likedeelerleben sie Frances noch kennt, und so ging sie in eine "Rückführung" mit sich selbst. Sie hatte bei ihm in der Wohnung gutes Internet, was bei ihren Eltern und bei sich in ihrem Haus am See nicht gegeben war. Deshalb konnte sie sich oft geführte Meditationen über youtube reinziehen. Sie sank in Tiefenentspannung stellte ihrem Höchsten Selbst die Frage, nachdem sie alle negativen Fremdenergien ausgeschaltet hatte, aus welchen Inkarnationen ihr Frances noch vertraut ist....Es zeigte sich ein Leben in Lemurien. Sie betrat diese Ebene und ging zu ihrer dortigen Königsfamilie ins Schloss. Ihr traten dort ihr Vater, der König (in diesem Leben ihr 2. Ehemann) und ihr und Jo´s älterer Bruder Eldor entgegen - Frances..... Vorher erschien jedoch ein ganz anderer, der Vesir

Senanda, der in der jetzigen Welt als Geistheiler und Medium fungiert, aber auf der negativen Seite arbeitet. Er versuchte sie dort in Lemurien zu manipulieren, und sie erkannte, dass er ein Doppelagent war und ist, was sie später auflöste.....Nun ließ sie sich aber nicht auf ein Gespräch mit ihm ein, sondern ging ihrem Bruder Eldor (Frances) entgegen. Er nahm sie gleich beiseite, weil er die Aufgabe von Höchster Instanz erhalten hatte, sie zu dem Brunnen mit dem Wasser des Lebens zu führen, damit sie hineinsteige und ihre Zellen zu erneuern und sich so zu verjüngen.....denn man hatte noch so einiges mit ihr vor, es stand eine neue Schwangerschaft für dieses jetzige Leben aus.....Sie war nun im Hier und Jetzt 50 Jahre alt, Quersumme 5.....Jo war 52, Quersumme 7....zusammen die Heilige 12 Vollendung.....Es sah danach aus, dass Doula mit 51 die Empfängnis haben sollte, noch bevor Jo 53 werden würde.....Quersumme von 51 = 6; 6+7 = 13 Krönung der Vollendung; 13. Bewusstseinsstrahl.....Sie sah in dieser Ebene vor ihrem geistigen Auge, dass Eldor (Frances) sie an Jo übergeben sollte, wie immer das auch sein würde.....

In der Realität zurückgekehrt erzählte Doula Frances von seiner Existenz als Eldor, verschwieg aber dessen Auftrag. Er gab darauf nichts, sondern grinste nur. Wie konträr doch Seele und Persönlichkeit bei ihm waren. Als Eldor war er weit entwickelt, ein liebevoller älterer Bruder und Königsnachfolger. Doch real in diesem Leben wollte er von Bewusstseinsentwicklung nichts hören und wissen. Er wollte sie HABEN und dachte gar nicht daran, sie an Jo herzugeben. Er versuchte, alles daranzusetzen, sie anzuketten. 2 Wochen ließ er sie in seinem Tierbetrieb mithelfen, als Gesundheitskontrolleurin. Doch es war nicht nur anstrengend und zu schwer für eine Frau, in tiefem Mist zu waten, zu gefährlich, die Geburten zu begleiten, denn die

Mütter griffen an.....außerdem war es eine stinkende erniedrigende Tätigkeit für eine Frau. Doula stank durch die Rippen und lief in Lunschen und Gummistiefeln herum. Es war nichts für sie, gegen ihre Überzeugung zu arbeiten, denn sie wusste, dass Tiere/Massentierhaltung von Gott und Göttin nicht für den Verzehr gedacht waren, sondern als Begleiter zur Freude der Menschen. Sie schmiss nach 2 Wochen das Handtuch und machte lieber Pferdeboxen. Doch auch das war ihr nicht nach der Mütze, denn sie hielt weder etwas von den konventionellen Reitern, noch von deren Einstellung zum Pferd als Sportgerät - Doula war durch und durch Indianerin.....Deshalb wollte sie nun unbedingt wieder ein eigenes Pferd haben, am besten ein Paint-Fohlen.....

Am letzten Oktober-Samstag machte sich Doula vormittags ALLEIN auf den Weg zur Müritz, um bei einem Paint-Züchter ein Hengstfohlen zu begutachten, das sie bei ihrem Vater unterbringen wollte.....Sie fand ansprechende Pferde vor, aber keines war wirklich ganz nach ihrem Geschmack, außerdem war sie sich nach wie vor nicht sicher, ob sie überhaupt am Haff bei Frances bleiben oder doch wieder heimgehen würde..... Sie kam am Nachmittag nichtsahnend zurück auf Frances´ Hof und wunderte sich, warum dieser ihr den Rücken kehrte und sie nicht beachtete. Das kannte sie von ihm nicht, was war denn nun schon wieder los? Sie stieg aus dem Auto und sprach ihn an, da kam er zu ihr und meinte mit einem vor Gefühlskälte erstarrten Antlitz, sie solle ihre Sachen packen und gehen, er habe alles in ihrem Buch-Manuskripten gelesen, welche Gefühle sie für Jo hätte und dass der sie seit Jahren quält - sie aber für ihn (Frances) nichts empfinden kann.....Das war wie eine Ohrfeige für Doula, mit welchem Recht hatte er heimlich ihre Aufzeichnungen gelesen? Außerdem hatte sie ihm von

Anfang an gesagt, dass sie Jo liebe und nicht ihn. Sie war sehr gefasst, als sie zu Frances meinte, er wüsste nun sicher, dass dieser Vertrauensbruch das Aus bedeutet. Damit ging sie in seine Wohnung trug alle ihre Sachen zusammen, um sie in ihr Auto zu packen und zu ihren Eltern zu fahren. Sie wollte nicht in der Dunkelheit nach Hause in ihr Domizil am See fahren, sondern erstmal innerlich zur Ruhe kommen. Nun wieder bei sich allein zu Hause leben zu müssen, war ihr noch nicht angenehm, aber sie fühlte sich stark genug dafür......
Ihre Eltern redeten auf sie ein, ließen sie nicht klar denken, sie wollte eigentlich sofort los, doch sie hatte noch ein paar Dinge bei Frances vergessen und wollte sich am nächsten Morgen dann vernünftig von ihm verabschieden, denn sie mochte ihn ja und wollte im Frieden auseinandergehen.....was dann auch gelang, wobei er ihr die Versicherung gab, er würde sie jederzeit wiederhaben wollen, es täte ihm leid.....Doch Doula wollte Distanz, denn sie spürte, dass sie ihren Weg ohne ihn weitergehen musste und wollte.....
Und doch wusste sie, dass Frances ihr Gleichnis war, ihre ZwillingsSEELE, nicht ZwillingsFLAMME - ZwillingsFLAMMEN einer Dualseele sind gegenpolig, Yin und Yang, ein Pullover und derselbe Pullover auf links. ZwillingsSEELEN sind Gleichnisse zum jeweiligen Pullover, entweder Yin oder Yang, davon hat man mehrere, ZwillingsFLAMME aber nur die eine - die eine wahre ewige kosmische Liebe.....

Kapitel 25

Indianer, Kelten und das Blut der Großen Göttin

Eine große Kraft zog Doula zurück nach Hause, in ihr Haus am See - sie spürte intuitiv, dass nun eine harmonische Zeit in jeder Hinsicht begonnen hatte. Eine Tür war mit lautem Knall ins Schloss gefallen, und eine andere tat sich nun auf. Eine Bekannte, die auf einer hotline Dualseelencoach war, wie sie, hatte ihr vor kurzem gesagt, dass Doula von einer Veränderung regelrecht angesprungen werden würde und ihr vorbestimmter zukünftiger Lebenspartner ebenfalls vor einer großen Veränderung stünde. Genau das war bei ihr nun eingetroffen, sie hatte ihre Zelte bei Frances abgebrochen, radikal. Die Bekannte konnte ihr zwar nicht genau sagen, WER es namentlich nun sein würde, denn die Beschreibungen trafen sowohl auf Jo zu als auch auf Arne, eine weitere ihrer Zwillingsseelen, mit der sie seit 2013 in Kontakt war und den sie gelegentlich coachte.....Arne war der Schwarm ihrer Jugend, er war magisch für sie mit seinen schwarzen Haaren, dem markanten stolzen Indianergesicht und den dunklen Augen. Sie hatten sich beide nie getraut.

Etwas Bauchschmerzen hatte Doula nun doch wegen des vorläufigen Alleinseins in ihrer "Hütte", doch sie schob nun alles an, sich als Medium, Mentalcoach und Schamanin neu selbstständig zu machen. Sie hatte wieder Bock drauf.....Es war nicht ihr Ding, für irgendjemanden in Lohn und Brot zu jobben, sie wollte in ihrer BERUFUNG WIRKEN. Sie gestaltete Texte für ihre neue homepage und coachte auf facebook vor allem die Dualseelen (Zwillingsflammen) und Zwillingsseelen. Arne war immer der Erste, der ihre posts las und kommentierte. Er hatte sehr großes Interesse an ihr und eine unstillbare Sehnsucht, wie er ihr schrieb. Doula schätzte an ihm vor allem, dass er den selben Gerechtigkeitssinn wie sie hat und die Energie eines Pioniers und Reformers. Er fuhr genau wie sie auf die Themen Indianer und Druiden, Kelten, Slawen ab, die heidnischen Naturvölker. Auch in Avalon/Camelot hatten sie miteinander zu tun, als Ritter Lanzelot der Tafelrunde und Ceridwen.... In solchen Dingen war Arne sehr belesen und fühlte selbst eigene Parallelen und Existenzen, nur hatte er nicht die Gabe wie Doula, Bilder aus diesen Parallelwelten zu empfangen.....Deshalb standen sie in engem schriftlichen Kontakt, auch was seine Loslösung aus einer krankmachenden Beziehung betraf, die ihn im Frühjahr 2013 daran gehindert hatte, sich mit Doula zu vereinigen.

Doula selbst war nun dauerhaft in der Selbstliebe, weil sie alle negativen Gefühle und Erinnerungen an Jo, an ihre Fehler, an alles, was weggebrochen war, hochkommen und wieder gehen ließ, so lösten sie sich auf. Ihr Hauptaugenmerk legte sie momentan auf Meditation. Sie machte häufig per DVD oder CD geführte Meditationen über Robert Betz zu den Themen "Die innere Beziehung zu Partner und Ex-Partnern klären und heilen" und "Die innere Beziehung zum Vater und zu Mutter deiner Kindheit klären und heilen", sowohl mit Jo als energetischen Seelenpartner als auch mit allen anderen Ex-Männern und vor allem auch Frances, der real noch zerrte und manipulierte, machte sie das. Außerdem arbeitete sie mit der täglichen Entkopplung als Ritual, d.h. sie ließ sich und Jo täglich frei, entband ihn und sich torudal von jeglichen Versprechungen und Verstrickungen, die in Unfreiheit und Unliebe geführt hatten. Wahre Liebe kann nur zwischen zwei freien, unabhängigen, geheilten GANZheiten fließen -Es geht in der NEUEN ZEIT also um PARTNERschaft, nicht um BeZIEHung, es geht um Liebe OHNE Bedingungen und Erwartungen. Als Doula immer noch Kontakt zu Jo haben WOLLTE, von ihm erWARTET hatte, dass er endlich an sie herantritt, war sie noch in der Bedürftigkeit, im Brauchen. Doch es half ja alles nichts, er rührte sich nicht, denn er war noch nicht so weit, und er war sich ihrer Liebe sicher. NUN war es ein ganz anderes Leben, es ging vorwärts, viele Baustellen hatte sie geklärt, bereinigt, aufgelöst. Der insolvente Hof war abgestoßen, eine neue Selbstständigkeit war in Arbeit, ihr Häuschen war intakt, das Abwasserverlegen konnte bezahlt werden über das Restgeld vom Hofverkauf, nach Auszahlung der Bank.....Sie hatte wieder engeren Kontakt zu ihrem Jüngsten, ihre 2. Tochter war mit der ältesten Tochter in facebook-Vernetzung, das war schonmal ein Anfang, und die Große hatte Doulas großen Sohn dazu überredet, mit ihr wieder zusammenzutreffen auf Opas Geburtstag.....

Doula hatte sich jetzt atock einen Welpen gekauft (aus furchtbaren Verhältnissen gerettet), damit Leben in die "Bude" kommt. Mit der lütten Schweizer Sennenhündin Babsie konnte sie natürlich nicht mehr durch die Lande reisen, so wie es ihr sonst in den Kopf gekommen war, nun wurde sie "sesshaft" und kam zur Ruhe. Ihr ging es sehr gut, und sie war optimistisch, in Dingen, die ihre Mission betrafen, war sie sogar idealistisch. Angeregt wurde sie nun immer durch Arne, der sehr froh war, dass sie sich von Frances wieder getrennt hatte. Er wollte sie so schnell wie möglich besuchen kommen. Sie freute sich, geplant war es ja schon zu Weihnachten 2015 gewesen, doch da stand sie unter den Nachwirkungen der Psychopharmaka und war antriebs-, lust- und libido-los, so dass sie letztlich selbst abgesagt hatte.....

Über facebook bekam sie nun einige Impulse, deshalb trat sie ein in die Gruppen Schamanismus, Seelenliebe und Bedingungslose Liebe und vernetzte sich mit für sie interessanten Leuten. Plötzlich "lief" ihr auch eine echte Lakota-Indianerin "über den Weg". Eine innere Stimme meinte, diese schöne Frau zu kennen, Lakota, Stamm der Sioux, als Kind in der Wildnis groß geworden, selbstständige Meeresbiologin, war in Deutschland mit ihrem Team in Hamburg und Berlin unterwegs, sehr mit Mutter Erde verbunden und wirkte als Schamanin und Coach. Sie sprach auch deutsch, so konnte Doula mit ihr in Kontakt kommen und mit weiteren Personen, die ihr in deren fb-Freundeskreis auffielen als Druiden und Schamanen. Da Doula ein Indianerleben auch mit Arne hatte, gab sie diesen Kontakt zu Alida gleich zu ihm weiter, so dass er sich mit ihr vernetzen konnte. Die Lakota waren sein Lieblingsstamm, und diese Frau empfand er als berührend schön, was sie tatsächlich auch war, und authentisch wie Doula, bei der absolut keine Eifersuchtsgefühle aufkamen, denn erstens stand sie drüber und zweitens ebenfalls auf solche Frauen, denn sie war bi-geneigt infolge ihres männlichen Seelenkerns in 12 D. Einer Eingebung zufolge schien diese Frau für Arne bestimmt zu sein. Jetzt wusste sie, dass es um Entscheidungen gehen würde. Arne war für Doula ein GLEICHNIS, nicht Jo war seine Zwillingsseele, sondern Doula selbst. Das hieße ja, dass man mehrere Zwillingsseelen hat, denn im Juni 2014 traf sie auf eine davon..... Sie ging unter Indianermusik in Meditation und fragte ihr Höchstes Selbst, worum es bei Arne und ihr - und Arne und Lakota Alida ginge.....Es zeigte sich noch einmal das Indianerleben, in dem Arne Doulas 2. Mann nach Paul war, im seinem Stamm der Sioux. Dort hatte es aber eine Zweitfrau (Arnes derzeitige Ex-Freundin) und deren negative Schamanen-Mutter gegeben (Doulas 1. Ex-Schwiegermutter dieses Lebens), die sie ausschalten und ihr das erste Kind von Arne wegnehmen wollten. Letztlich hatte sich Doula dort aus der negativen Energie befreien können und den Stamm und Arne verlassen, um zu ihrer großen heimlichen Liebe, ihrem leiblich nicht verwandten Adoptivbruder Jo in den heimatlichen Stamm der Blackfoot zurückzukehren. Dort bekam sie später einen Sohn mit Jo (Frances)…..Arne verließ seinen Stamm und seine Zweitfrau und wurde dann woanders Häuptling bei den Lakota…..Tokei ihto - "Der, der allen vorangeht!" Dort wurde Alida seine Frau, die es in Atlantis als seine Freundin Ambrosia gibt, die Nachfolgerin der abtrünnigen Shalima (in diesem Leben Zigeunerin Camilla). Arne ist dort Ansgar, der Bruder von Uniel (Jo) und damit der Schwager von Moraya (Doula), der insgeheim immer ein Auge auf sie hatte…..Wer nun letztendlich in Atlantis I zusammenkam oder wieder zusammenkam….., dazu hatte sie keine Informationen erhalten, es war JETZT also alles offen…..es gab eine VORSEHUNG und doch wohl mehrere Varianten dem FREIEN Willen entsprechend…..

Arne schien fasziniert von Alida, ihren posts und ihren Bildern. Doula förderte das, weil sie wollte, dass Arne mit Alida zusammenkommt, denn sie fühlte und schrieb ihm auch, dass sie Jo tiefer liebe als ihn. Er spürte das, hatte aber selbst heftiges Interesse an Doula. Er wollte sich von ihr nicht mit Alida verkuppeln lassen, alles sollte fließen…..Er kündigte für den 10. November seinen Besuch für das Wochenende Freitag 11.11. - Montag 14.11. an. Am Montag sollte die SuperVollmondin sein, die größte Mondscheibe seit 70 Jahren….Es standen magische Tage bevor - 11.11. Zwillingszahl, 12.11. Heilige Vollkommenheit, 13.11. - 13 als Krönung der 12 - und 14. - Quersumme 5 = Heilige Fünf Elemente des Universums, in den Kulturen der Indianer und Druiden die 4 Himmelsrichtungen/ 4 Winde…..doch die hatten den Äther nicht (mehr) berücksichtigt....

Es kamen zwei Druiden zu Doulas facebook-Freunden dazu, deren schamanisches Wirken für sie interessant war, was ihre neue homepage betraf, deren posts und Bilder und auch die von Alida, aber auch von Helge und Arne, gaben Doula wertvolle Impulse.....Die Indianer und Basken,Kelten, Druiden, aber auch Slawen sind direkt miteinander verwandt. Eine Auswanderungswelle nach Amerika gab es über die Kelten, Basken, also über Westeuropa und eine von den Asiaten (z.B. Sibirien, Mongolei) über die Beringstraße. Und das alles passierte vor ca. 13000 Jahren, d.h. zur Epoche von Atlantis I. Atlantis I war/ist die westliche Welt (der männliche Pol) im Wettkampf mit Lemurien(Mutterland) der östlichen Welt. Abkömmlinge der Lemurier wanderten aus nach Atlantis I oder in die Polregionen oder in die Ozeanische Inselwelt oder gingen auf Lichtschiffe....Es war und ist also der Wettstreit zwischen männlicher und weiblicher Energie, doch es gilt nun im HÖCHSTEN Bewusstsein zu erkennen, dass alles EINS ist, weiße und schwarze Loge/Schlange/Drache, wie auch immer. Es geht um die Rückkehr der Großen Göttin, um die Vereinigung von Gott und Göttin, IN UNS und im Großen und Ganzen, IN UNS unter anderem auch durch Erweckung der Kundalini (weiblichen) Schlange zum Aufstieg zum 3. Auge und Phallus des inneren Gottes.....Und es geht um die Säfte, das Lebenselexier aus beiden.....

Am Abend des 10. November kamen Doula Eingebungen von so gewaltiger Natur, dass sie auf einen Schlag wusste, worum es jetzt bei ihrer einsetzenden Menstruation geht.....Sie wusste nun aber auch um ihre immense Verantwortung, denn sie hatte den Schlüssel erhalten.....Diesen Schlüssel bekommen jedoch nur diejenigen, die durch Phasen ähnlich wie die Psycho-Analyse nach Crowley gegangen sind: Konfrontation mit und Durchleben von schlimmsten Ängsten/Angriffen durch "Paranormales" und Erleben von größtem Ekel und tiefster Scham und Entwürdigung.....Wozu? Um nun GELASSEN mit solchen Dingen umgehen zu können, denn die "Gegner" kennen unsere geheimsten "Schwächen".....Was uns nicht umbringt, macht uns stärker! Nun wusste sie, dass sie sich entscheiden musste.....und Arne war im Vergleich zu Jo nun wahrhaft eine wundervolle Option, denn er war auf dem Weg, ihr ebenbürtig zu sein, ein wahrer Partner auf Augenhöhe zu werden, ein nicht nur potenter, sondern kraft- und liebevoller Adler - ein Elohim-Adler, ihre Zwillingsseele, ihr Gleichnis - ebenfalls ein Teil von Emanuel, d.h. Aspekte aus dem EE Emanuel-Arielle-Verbund, wie auch die anderen, die sie nun endlich zuordnen konnte, Zigeunerin Camilla (Shamila), Hegard (in diesem Leben das Schreib-Medium von Mandarus/Mandaruel), Doulas große Tochter und der Seelenzwilling aus Juni 2014, Horun, der in Atlantis bei der Flotte und bei Doulas Mentalisten war. Die Zwillingsseelen zu Jo konnte sie nun auch zuordnen: ihr Vater, Paul, Doulas jüngster Sohn Marc, Alida und Jo´s Sohn.....Heiliger 12er Verbund, Seelenverbund aus 6 Dualseelen (Zwillingsflammen), also 6 x 2 Zwillingsseelen.....

Doch einen Flash hatte Doula noch, der ihr Aufschluss über eine mögliche Zukunft gab:

Burgwall in ihrer Heimat - Diese slawische Burganlange war im 7. Jahrhundert ihr Wohnsitz. Sie war die Frau von Frances, dem Burgherrn, der aber engstirnig, intolerant und dominant war und keine Ahnung hatte, dass sie als Heilerin, sogenannte Weisse Hexe, agierte. Sie war die heimliche Geliebte von Arne, einem einfachen Mann, doch das war es ja gerade, was Doula so mochte, die Nähe zum Volk, dessen Authentizität. Sie half den Armen gern, ohne etwas dafür zu verlangen, sie war Idealist. Arne (im Burgleben Hanerich) passte zu ihren Idealen. Es war eine leidenschaftliche Liebe zwischen ihnen. Sie wurden unvorsichtig, deshalb wurden sie von einer anderen Hexe aufgespürt (in diesem Leben die neue Frau von Doulas 2. Ex-Mann) und an den Burgherrn verraten. Frances (als Burgherr hieß er Theobald) war außer sich, dass er gehörnt war durch einen armen Wicht, er empfand keine wahre Liebe für Doula, es war ihm nur darum gegangen, diese schöne kluge Frau zu besitzen. Jetzt rächte er sich an ihr für diese Schmach und ließ ihre Verbrennung vorbereiten. Sie wurde abgeführt und über den Burgwall gefahren, Hanerich lief schreiend hinter dem Wagen mit Bretterverschlag her. Er war verzweifelt, sie (Brunhilde = Doula) war die Liebe seines Lebens......Er konnte ihr leider nicht helfen, denn man nahm auch ihn in Gewahrsam.....Die Vorbereitungen für die Hexenverbrennung liefen auf Hochtouren, denn das Volk drohte, deswegen zu rebellieren, Doula hatte den Armen und Kranken immer geholfen.....In letzter Minute tauchte der Bruder des Burgherrn auf, Gerfried, der zu Besuch kam - (Jo) - der Doula seit er sie bei seinem Bruder gesehen hatte, tiefe bedingungslose Liebe für sie empfand.....Auch bei Brunhilde war es damals wie ein Blitz eingeschlagen, als sie ihn zum ersten Mal an der Tafel gesehen hatte, er war aus einem anderen Land angereist. Sie hatte es verdrängt, denn sie war ja mit Hanerich liiert und außerdem mit Theobald verheiratet......doch nun, in der Erwartung ihres Todes, tauchte er auf, rettete sie und floh mit ihr - keiner wusste wohin.....Doula-Brunhilde ließ es einfach geschehen, denn ihr Herz wusste, dass sie beide das Richtige tun.....Arne-Hanerich blieb zurück, tiefererschüttert, damit hatte er nicht gerechnet, doch er war so froh, dass es so gekommen war, denn so blieb sie am Leben, und das war für ihn das

Wichtigste.....von diesem Bruder des Burgherrn wusste das Volk zu berichten, dass er dafür bekannt war, wie ein Robin Hood für die Unterdrückten einzutreten.....Bei ihm war Doula in gesegneten Händen....und doch hoffte Arne all die Jahre, sie mögen sich wiedersehen, und so kam er häufig, auch noch im Alter zur Burg zurück......und in diesem Leben von heute, war Arne immer, wenn er bei seinen Eltern am Stettiner Haff zu Besuch war, auf einen Abstecher in den jahrhundertealten Überresten von Burgwall am Fuße der Brohmer Berge (Hügel)....

Kapitel 26

Sexuelle Reinigung und spirituelle Treue

Es war Mitte November - wie angekündigt hatte sich Arne Freitag mittags in Hessen auf den Weg zu Doula gemacht. Sie standen über facebook in Kontakt, denn das Handy ließ sie wegen Frances aus, der immer noch nervte, anrief oder sms schickte, obwohl sie mehrere Rituale über geführte Meditationen gemacht hatte hinsichtlich "Die Beziehung zu Partner und Ex-Partner klären und heilen". Sie hatte für Arne alles vorbereitet, eingekauft, das Haus geputzt, kümmerte sich nun um ihren Welpen und freute sich auf die Gesellschaft von Arne. Er war ja immer mit ihr in Verbindung, weil sie ihn coachte, denn auch er war blockiert wie viele andere durch alte Beziehungen und kam nicht in die Klärung. Doula wusste, dass Arne ein Optimalpartner wäre, er war ihr gleichpoliger Seelenzwilling, doch sie liebte eindeutig Jo, und so wollte sie es von vornherein nicht zu Berührungen oder mehr kommen lassen. Als er dann in der Haustür stand, abends um 20.00 Uhr, freuten sich beide, waren etwas aufgeregt, weil sie sich lange nicht gesehen hatten, aber es zwischen ihnen knisterte. Doch sie war ja Mentalcoach und er auch Trainer im Sport, so dass sie ganz schnell in spritzige Gespräche verfielen und das leckere Abendbrot genossen. Er war ein sehr attraktiver Mann, hatte ein stolzes Indianerprofil, doch er war ihr zu klein und viel zu drahtig. Sie stand mehr auf athletische Männer, so wie Jo, jedoch keine bullig aufgepumpten....Aber das allein war es nicht. Doulas Herz war bei Jo, alle anderen erreichten sie nicht mehr. Auch wenn Arne athletisch gewesen wäre, würde sie es nicht wollen. Seine Augen waren feurig, seine Ausstrahlung intensiv, doch sie blockte von vornherein ab und lenkte das

Gespräch auf seine Verflossene und dann auf seinen neuen Schwarm Alida. Arne war sichtlich beeinträchtigt, wenn es um die vergangene Beziehung ging, da waren viele Verletzungen, Demütigungen und auch Burn out und Depressionen gewesen. Doch er war ein Mentalrecke, hatte sich immer wieder hochgerappelt. Doula fing dann ihrerseits von Jo an zu reden, nicht ausführlich, stellte aber klar, dass er immer ihr Favorit sein würde.....So hatten sie bis Mitternacht zu erzählen, auch über spirituelle Dinge. Später zeigte sie Arne das Gästezimmer und verschwand selbst im Bad und später auf ihrer Wohnzimmer-Couch, weil sie neben ihrem neuen Welpen schlief, der am Kopfende seine Transportbox zur Nacht einnahm. Ihr kam nicht einmal der Gedanke an Intimität mit Arne, obwohl die Gelegenheit, die sie 2013 noch erhofft hatte, nun gegeben war..... Nein, sie war erfüllt von Jo und spürte ihn fast täglich andocken und sich intim mit ihr befassen. Sie hatte das Gefühl, er läge mit ihr auf ihrer Couch unter dem Bettzeug, legte sich hinter sie und zog ihr von hinten das Nachthemd aus, seinen Unterleib an ihren schönen Hintern schiebend. Sie fühlte, dass er bereits sehr erregt war. Jo hatte einen bewundernswert schönen kräftigen Penis, enorm im Verhältnis zu seiner relativ geringen Körpergröße. Er war nicht viel größer als sie. Sie spürte seinen muskulösen gespannten Körper und fühlte seine dezente Brustbehaarung an ihrem Rückern, der sehr empfindsam war. Jo schmuste mit ihr von hinten, er küsste ihren Hals, ihre Ohren, griff in ihr Haar, bog ihren Kopf sanft nach hinten, so dass er an ihren Kehle und ihren Mund kam. Sie fühlte, dass sie zwischen den Beinen und Pobacken feucht, ja sogar nass wurde und drängte sich ihm entgegen, schob ihren Po an seine strotzende Männlichkeit. Er ergriff ihre vollen Brüste, knetete diese zärtlich und streichelte ihren flachen festen Bauch. In ihre Schultern knabbernd und sie an sich pressend ließ er seine Hand zu ihrem Venushügel hinabgleiten.

Sie war frisch rasiert, aber er war trotzdem noch stoppelig. Das störte ihn nicht, sondern war reizvoll. Langsam glitten seine Finger zwischen ihre Schamlippen, ihre Klitoris suchend. Doula kannte seinen Rhythmus der Finger, der bei ihr viel in Gang setzte und sie relativ schnell kommen ließ. Sie stöhnte, fasste nach hinten, ergriff seinen schönen harten Schwanz und massierte ihn, um ihn sich dann genussvoll einzuführen. Jo ließ es langsam und sanft angehen, hielt sie im Becken und liebkoste sie weiter. Sie ließen sich beide treiben auf Wellen des Gleichklangs, alles um sich herum vergessend und alles ohne Druck, zu irgendeinem Ergebnis kommen zu müsse. Er liebte dieses Verschmelzen mit Doula, sie setzte ihn nie unter Stress, was kam, sollte kommen, was nicht kam, kam eben später....Sie wusste, dass er in der Realität Probleme beim Sex hatte, sich fallenzulassen und zu ejakulieren, das war dem Missbrauch in seiner Kindheit geschuldet.....Bei ihr in den telepathischen Intimitäten, dem Telepsex, kam er jedoch IMMER. Visualisierung/Imagination in allen Sinnen brachte bei ihm auf energetischer Ebene Heilung. Diese Zusammenkünfte auf Seelenebene waren für beide die Erfüllung, vor allem der orale Sex, zu dem sie nun beide übergingen. Seine große markante Eichel war für sie ein Genuss, vor allem die leckere Sahne, die er ihr dann entgegenstieß und die sie gierig schluckte. Für sie war sein Sperma Medizin und Lebenselexier von innen und von außen, Heilmittel und allerbeste Kosmetik..... Beim Cunnilingus war Jo immer sehr einfühlsam und geschickt, bei anderen hatte sie immer so ihre Probleme gehabt, was den Rhythmus betraf und die Intensität der Berührung an der richtigen Stelle. Sie mochte sich nicht immer bei anderen wirklich hingeben, oftmals wollte sie auch gar keinen Orgasmus mit anderen. Bei Jo aber war es Ekstase mit mehreren Leveln und Höhepunkten. Es war so eine Innigkeit und telepathische Verständigung, über die erogensten Zonen, die geheimsten Wünsche und geilsten Stimulationen und Stellungen, dass es jedes Mal eine göttliche Zusammenkunft war. Schade nur, dass es bisher noch nicht in der Realität zustandekam....

Auf realer Ebene hatte Doula keinen Kontakt zu Jo, doch sie liebte ihn trotzdem aus vollem Herzen und fühlte sich als seine Frau. Sie war ungemein im Vertrauen, dass alles so kommen würde wie es beider Seelenplan vorgab. Was sollte sie da mit anderen Männern, anderen Optionen? Sie wollte keinen anderen, flirten ja, Komplimente bekommen auch, Gespräche und Blickkontakte okay, doch mehr nicht, weder zu ihrem Ex, der zu ihr zurückwollte, noch zu Frances, der nicht aufgab, noch zu Arne, der dem Sex mit ihr absolut nicht abgeneigt war.....Auch die teilweise sehr attraktiven Männer, die an ihrem Haus Abwasser verlegten, interessierten sie nicht wirklich. Sie konnte und wollte sich mittlerweile von keinem anderen Mann mehr anfassen lassen, war auch nicht mehr auf Singlebörsen oder Erotikportalen unterwegs.....

Arne und Doula verbrachten das ganze Wochenende Freitag bis Montag zusammen, erzählten von früher, als sie in ihrer Jugend beide nichts anbrennen lassen haben, nie miteinander liiert waren aber daran gedacht hatten.....Sie verstanden sich prächtig, auch beim Essen machen, beim stundenlangen Spazierengehen an der Ostsee, versorgten den Welpen und spielten mit ihm. Doula dachte ab und zu daran, wie toll es doch wäre, so einen geklärten Mann auf Augenhöhe zu haben, mentaler Fels in der Brandung, über feinstoffliche Energien Bescheid wissend, auch was Manipulation durch Skalarwellen, Psychotronics, Haarp oder auch Fernsteuerung durch negative Wesenheiten betrifft. Er meinte nur zu ihr, dass sie wahrscheinlich viele andere überfordere, da sie allen geistig weit voraus wäre.....Er als Elektriker, der Ahnung von

Frequenzen und Schwingungen hat, könne ihr folgen.....

Das Wochenende ging zu Ende, Arne verabschiedete sich ohne großes Tamtam, er war nun wieder "eingenordet", Sex und Annäherung hatte es nicht gegeben, komisch für ihn, doch Doula war da sehr konsequent, orientierte ihn auf Alida und darauf, seine Blockaden wegen der Ex-Freundin zu lösen. Letztendlich war sie froh, nun wieder allein zu sein, sie verspürte gerade große Sehnsucht nach Jo, das kam nun sehr oft vor, je mehr sie sich allen anderen männlichen Optionen widersetzte. Lebensberater, die sie immer seltener kontaktierte, da so viel Manipulade im Spiel war, wollten ihr erzählen, dass da noch jemand käme, ein starker Bär, der sie vor die Entscheidung stellen würde.... Sie glaubte daran nicht, denn sie wusste, sie wollte keinen anderen, angucken ja, einlassen nein. Bisher hatte man ihr keinen geschickt, der Jo hätte verdrängen können.....Oh doch, der 17 Jahre jüngere Jannis im Frühjahr 2014 hätte es gekonnt, aber den hatte sie nach dem sexuellen Akt umgehend nach Hause geschickt und ihm damit einen Tritt ins Ego versetzt.....Da war dann später nicht mehr dranzukommen, obwohl er ein sehr liebevoller Seelenpartner war, in der Epoche Atlantis I ist er Herkules, ihr Liebhaber als Athene, mit irdischem Kleid Moraya - nachdem man ihr Jo (Prometheus, im irdischen Kleid Uniel) entführt hatte.....Doch auch da schon war die Liebe zu Jo tiefer, eben bedingungslos, egal ob er in diesem Leben 2013-2016 mit Laila zugange war oder vielleicht doch nicht.....das wusste sie eben nicht.....das hielt man von ihr fern.....

und da hatte es wohl 2013 parallel zu Laila auch noch eine andere Frau bei Jo gegeben, eine rothaarige Autorin aus Berlin, Wiebke, eine weitere Seelenpartnerin anderer Leben....wobei Laila beiden auf die Schliche kam und auch dort manipulierte und sie auseinanderbrachte bzw. gar nicht erst zusammenkommen ließ.....

Kapitel 27

Gefährten aus Atlantis

Da Doula nun Arnes (in Atlantis I Ansgar) atlantische Schicksals-Partnerin gefunden hatte - nicht Shalima (in diesem Leben Zigeunerin Camilla) war es, sondern Alida, die echte Lakota-Indianerin, in Atlantis I mit Namen Ambrosia, ordnete sie nun weitere Seelen-Gefährten. Auf facebook hatte sie seit längerer Zeit eine Freundin, Christine, mit der sie sich gegenseitig coachte, was die Dualseelengeschichte betraf. Christine war in Reiki eingeweiht (wobei Reiki dämonisch vermischt ist), machte Healings und arbeitete als Medium, sie war Rentnerin und eine Künstlerseele, sehr kreativ im praktischen Gestalten. Ihre Zwillingsflamme Wolfram lebte weiter weg, in Süddeutschland, sie hatte ihn vor 3 Jahren verlassen, weil auch da Etliches schiefgelaufen war und jeder seinen Heilungsweg allein für sich gehen musste. Christine erzählte Doula von ihren Jesus-Erscheinungen, die sie als Kind gehabt hatte. Doch Doula stellte es richtig, Jesus hatte es als theologische Figur nie gegeben, er war das erfundene Symbol des sich selbst ernannten Gottes Jahwe gewesen, des einstigen Demiurgen, als Erzengel Metatron (Meta= Über; Über-Thron), im ägyptischen Kleid Thot.....Metatron war nun schon seit einiger Zeit als bereinigter Erzengel Mandaruel in 12 D zurück und mit weiblichem Gegenpol versehen, mit Erzengel Sophiaelle. Doula bekam den Impuls, dass Christine selbst ein Aspekt von Erzengel Mandaruel ist und Wolfram ein Aspekt von Sophiaelle, Wolfram also weiblich- genau so geschlechtsvertauscht wie Doula als Erzengel Emanuel und Jo als Erzengel Arielle. Christine staunte nicht schlecht, sie war baff, aber alles passte zusammen, was Doulas Seelenarchiv preisgab. Es klickerte, dass also höhere Missionen bestanden, als vor Jahren vermutet. Sie orientierte sich stark an Doula, obwohl sie selbst viel älter war, weil sie wusste, dass Doula enorm entwickelt und im Höchsten Bewusstsein ist. Christine, mit atlantischem Namen Miranda, war die Schicksalspartnerin von Wolfram, mit atlantischem Namen Megalith.....warum auch immer das auf Steinkreise hinwies, das wusste Doula noch nicht. Es war aber Fakt, dass beide in Britannien, in Avalon, zur atlantischen Epoche gehörig, mit Steinkreisen zu tun hatten.....In diesem Leben waren beide Single und auf dem Weg der Heilung.

Ein weiteres atlantisches Paar waren Amandur und Elysia, in diesem Leben waren es Doulas facebook-Freunde Rita und Amir, ein Perser. Rita war selbst Medium, Autorin und Energiearbeiter, Amir Rechtsanwalt. Beide Zwillingsflammen waren bisher lediglich fb-befreundet, beide steckten noch in einer Ehe. Rita war momentan noch sehr im Ego und auf Amir schlecht zu sprechen, denn er hatte sie in den 3 Jahren oft verleugnet, abgelehnt und verletzt bzw. emotional benutzt. Rita war der Typ Kämpfer und Ego-Bolzen mit Schwert, noch total verplant in der Esoterik und auf Abwegen, was Falschinformationen betraf, auch war sie der Meinung, Metatron wäre ihr Vater....Doula hatte sie oft gecoacht und ihr zu verstehen gegeben, dass alles seine Zeit zwischen Amir und ihr brauche, dass sie vergeben und loslassen soll, die Situation, nicht ihn. Rita war ein weiterer Aspekt des Erzengels Michael, hatte also wie Doula und Christine einen männlichen Seelenkern. Amir war ein anderer Aspekt von Michaels Partnerin Erzengel Danielle. Beiden gingen deshalb die Augen auf, vorerst war es noch zu hoch für sie.....Amir war hochsensibel und arbeitete schon länger mit der Prana-Atmung. Beide hatten mit seiner Noch-Frau Schwierigkeiten, da diese mit Dämonen im Bunde war, schon einst als Amirs

(Amandurs) atlantische voreheliche Tochter..... Doula löste deren Seelenpakt mit der schwarzen Loge auf und befreite sie von den dämonischen Besetzungen.....und alles richtete sich momentan bei Amir - für die Harmonisierung bedankte er sich bei Doula - dabei war die Harmonie nur auf Zeit, denn Amir und dessen Frau gehörten nicht zusammen und würden schicksalsbedingt friedlich auseinandergehen..... Aus Dank übernahm Amir den Auftrag, in Berlin während seines Besuches die negativen Fremdenergien durch Prana-Atmung umzuwandeln, denn Berlin wurde seit September haarptechnisch mit Depressionen bestrahlt. Dabei blieb er leider nicht unentdeckt, negative Wesenheiten hatten bemerkt, dass er dort wirkt und Jo davon noch stärker in Heilung geht.....Man beschoss Amir mit negativen Energien, die bei ihm Lungenbeschwerden auslösten, diese brachte Doula wiederum in Auflösung. Jedoch weihte sie Amir ein, wie er sich selbst künftig schützen und harmonisieren konnte, schließlich war er ja Erzengel Danielle....

Alle lemurisch-atlantischen Paare waren entweder in Lemurien oder in Atlantis I getrennt worden, oftmals durch Entführung oder durch eingeschleuste/angesetzte Damen oder durch atlantische voreheliche Töchter der Männer, welche Inzest-Implantate eingesetzt hatten......oder es gab negative FremdPROGRAMME, was ALLES torudal wirkte, die Missionsträger nicht vollkommen erwachen ließ..... und diese Frauen/Töchter in vielen Leben als Konkurrentinnen auf den Plan brachte. In diesem Leben bzw. im nächsten für die meisten, sollte es um die physische Zusammenführung = Wiedervereinigung der Dualseelen (Zwillingsflammen) gehen, doch jeder hatte für sich allein seinen Prozess, die Paare waren sich gegenseitig Spiegel und die härtesten Lehrer. Mittlerweile, nun nach Jahren, waren die Frauen (Loslasserinnen) aber voll im Loslassen, in der Neu-Orientierung und Neu-Ordnung ihres Lebens, vor allem im Loslassen des Leidens, der Situation, der Verletzungen und der Ablehnung - Sie hatten nun alle erkannt, dass es gar nicht um den ANDEREN geht, sondern nur um sie SELBST - ihre eigene Selbst- und Sinnfindung. Der Gegenpol spiegelte nur. Nicht ER lehnte SIE ab, sondern war in Konflikt mit seiner eigenen Persönlichkeit, dem manipulierten geschaffenen Ego, eigenen Verletzungen und Traumata.

Bei Doulas ehemaliger Studienkollegin Anne (Aspekt von Erzengel Annabelle, in Atlantis Ratina) war es deren spirituelles Ego, das sie ihre Dualseele (in Atlantis Hebeko) verleugnen ließ (Erzengel Haniel). Der hatte sich eine andere, ein Junge, genommen (seine atlantische voreheliche Tochter) und mit ihr ein Baby. Er hatte mit Anne keinen Kontakt und scheinbar auch kein Interesse, wie bei Doula und Jo. Daher hatte sie sich einen anderen Seelenpartner geschnappt und behauptet, der wäre ihre Dualseele, einfach um darzustellen "Bei MIR hat´s geklappt - ich lebe mit meiner Dualseele zusammen." Doula ging da auch nicht weiter gegen an, jeder hatte seine eigene Wahrheit - und Doula wusste 100%ig, dass der, der Anne verschmähte, deren wahre Dualseele ist....Auch da würde sich noch etwas tun.....Anne war zwar mit ihr facebook-verlinkt, aber nicht offiziell unter ihren Freunden, schon das war sehr eigenartig. Anne war auch kein Coach oder half anderen zu Erkenntnissen, sie hielt sich einfach raus und outete ihre Einstellung nicht....

Doula hatte nun für alle die negativen Dinge, Besetzungen oder Karma aufgelöst, viele gecoacht, postete zu Ritualen bezüglich Rücktausch von oder Wiederfinden verlorengegangener Seelenanteile, fand andere Leute, die in Dualseelen- und

Seelenpartnerverbindungen festhingen und ging in kostenlose Vorleistung, um für ihre nun begonnene neue Selbstständigkeit als Mentalcoach und Schamanin zu werben. Es fanden sich einige dankbare Frauen, die sogar stündlich Doulas postings und PN bei facebook lasen. Es machte ihr Freude, helfen zu können.....es sollte nicht jeder so lange leiden wie sie selbst. Mittlerweile löste sie auch ihren alten Glaubenssatz auf, dass sie mit ihren Fähigkeiten und Gaben kein Geld verdienen dürfe, sie musste ja von finanziellen Einnahmen leben und hatte auch Rechnungen zu bezahlen. Jedoch entwickelte sie ein anderes Konzept. Sie schuf Preispakete für Problem-LÖSUNGEN, denn sie wollte nicht ihre Zeit und ihr Wissen verkaufen, sondern ihre Berufung hatte besonderen Wert hinsichtlich TRANSFORMATION und ERGEBNIS. Dankbare Freunde teilten ihre homepage-Werbung und kommentierten diese mit tausend Dank und Herzen.

Es war wieder soweit, Doula hatte große Sehnsucht nach Jo, außerdem hatte sie das Herzensbedürfnis, ihm etwas zu schenken, eine Erinnerung und eine Art Trost, da sie nun wieder in seinem Traum-Thema Missbrauch in der Kindheit war..... Sie liebte ihn und war ihm dankbar, für all die schrecklichen Erlebnisse und Verletzungen, die sie ZU SICH SELBST geführt hatten - paradox - doch alles hatte genau diesen Sinn -DAS war die Absprache ihrer Seelen VOR der Inkarnation gewesen.....Und so bestellte Doula die beiden letzten verfügbaren Silberarmreife (offene) mit Adlerkopf-Gravur - im Internet - einen für Jo und einen für sich. Sie kamen dann in jeweils einem türkisfarbenen Beutelchen anstatt einer Schatulle, einer war mit Traumfänger mit türkisem Steinchen.....kein Zufall - Zufälle gibt es im Universum nicht, nur dass einem etwas vorgesehen vor die Füße gerollt wird oder

ZUfällt. Der Silberschmuck war von indigenen Navajo gemacht und traumhaft schön, schlicht und deshalb sowohl von Frauen als auch Männern zu tragen. Doula lud beide Reife 2 Tage und Nächte mit ihrer Energie auf. Dann packte sie den seinen zusammen mit dem Traumfänger liebevoll ein in Silbersternpapier, die Sterne in der Form des Pentagramms, zugeschnürt mit einer blauen Kordel. Sie schrieb eine Briefkarte dazu, die ein Kleinstkind, einen Buben mit 3-Tage-Bart und Seefahrer-Tatoo, darstellte - passend zu Jo, der immer noch der Junge, nur im reifen männlichen Körper, war - emotional stehengeblieben im Alter seines ersten Missbrauchs durch die Mutter.... Der Text war: "Lieber Jo - diesmal bekommst du ein Geschenk (das goldene Drachenpferd letztens war nur eine Leihgabe). Ich möchte dir Dank sagen, du warst 5 Jahre lang mein Spiegel und härtester Lehrer. Nun bin ich DURCH und frei für das liebevolle Abenteuer Leben als Adler ;-) Der Adler ist der einzige Vogel, der ÜBER den Sturm geht, wenn alle anderen sich Verstecke suchen. Das goldene Tier schicke mir bitte zurück an meine neue Adresse, es ist für mich von allergrößtem Wert. - P.S.: Das Bild vorn ist der Knaller ;-)" Doula war entzückt, spürte und wünschte, dass Jo sich darüber freuen würde....

Zwei Nächte weiter, Jo hatte das Päckchen wohl erhalten, konnte Doula nicht schlafen, sie spürte Traurigkeit, Verlustängste, Hilflosigkeit. Was war das? ......Jo hatte ihre Sätze zerpflückt, er war wieder verstärkt im Kopf/Verstand....eben der Grübler....er hatte es als Abschied aufgefasst.....Nein, er würde sich nicht melden, sich nicht bedanken....., er war wie ein kleines Kind - man hatte ihm seine Mama, seine Bezugsperson, seine kostenlose Energietankstelle weggenommen....Doula, die immer für ihn dagewesen war -

bedingungslos, egal wie schäbig und bescheuert er sich verhalten hatte....Die Nacht war entsetzlich für Doula, so viele Tränen.....auch ihr Welpe Babsie schlief nicht. Beide wälzten sich hin und her, da war so viel Leid, nicht nur ihres, sondern vor allem das von Jo.....

Sie war morgens und am Tage wie gerädert. Es war nicht auszuhalten, das musste aufhören, Jo änderte sich bisher ja nicht, dieses energetische Klammern und Zerren raubte ihr die Kraft. Wenn es nicht ging mit ihm, weil er sich nach alledem nicht traute....sich nicht rührte, rein gar nichts unternahm, musste sie eben eine andere Richtung einschlagen- weitergehen mit anderen. Sie meldete sich auf der bisherigen Singlebörse neu an, kaum hatte sie ihr Foto und ihr Profil hochgeladen und hatte Partnersuche angeklickt, fiel ihr Jo in der Galerie als ganz Neuer vor die Füße. Das war doch ein Ding, auch ER war wieder ganz frisch hier. Wie dämlich, auf der selben Plattform zu sein, und das war schon vor 5 Jahren so, als sie sich hier begegnet waren und auch zwischendrin....und auch vor kurzem im September...Da musste man ja schnüffeln und kontrollieren, ob er online ist....doch nicht mit ihrem Bildprofil, sie wollte ihm keine Genugtuung geben und mied die Börse immer öfter. Es waren zwei andere Hübsche da, ein Arzt aus Jo´s Berliner Stadtteil und einer aus Doulas unmittelbarer Nähe. Der Arzt und Heilpraktiker Michael gefiel ihr sehr - ein Blondling, eine Mischung aus den Schauspielern Henning Baum und Robert Redford in jung.....Nur war der sehr verhalten und irgendwie arrogant. Sie hatte ihn angeschrieben, doch bekam nach 2 Antworten und Nachrichten kein feedback mehr. Na das kannte sie ja zur Genüge von Jo. Das käme ihr nun nicht mehr in die Tüte, dazu war sie sich zu viel wert.....keine Antwort, dann eben nicht.....sie löschte nach 2 Tagen ihr Profil und war damit durch, obwohl sie Michael als Seelenpartner erkannt und erfühlt hatte und von einem anderen Leben in Alaska Informationen gechannelt hatte, in dem er ihr erster Mann war. Sie lebten als Weiße mit Malamuten-Gespann mit den Kutchin-Indianern, die wiederum Freunde der Inuit (Eskimos) am Yukon-River waren. In dem Leben tauchte später Jo auf, für den Doula diesen Michael verlassen hatte - also wieder ein Fall von Karma....

Es war Neumond, die letzte Nacht im November 2016, Doula hatte am Abend ein anderes interessantes Single-Portal gefunden, speziell für Norddeutsche. Jo hatte als vorletzten Nick im September "Fishkopp" gehabt, das war ein Impuls für sie Fishkopp zu googeln.....es zeigte sich das entsprechende Single-Portal. Hier bekam sie innerhalb von 2 Stunden 24 Rosen von Profilbesuchern. Zwei fielen ihr sogleich ins Auge, einer, ein schwazhaariger Geologe mit hübschem Gesicht und braunen Augen, war bereits vor 3 Wochen fündig geworden. Doch der andere, 2 Jahre jünger als Doula, dunkelblond mit braunen Augen und 2-Tage-Bart, war mehr als 300 km entfernt, aber sprang sofort auf sie an.....Empath, soziales Berufsfeld, handwerklich und Musik machend. Er kommunizierte sofort offen und frei heraus mit ihr, diese Spritzigkeit mochte sie sehr.....und er wollte gleich mit ihr telefonieren. Doch da es schon 22.00 Uhr war, verwies sie auf den nächsten Abend, außerdem wollte sie etwas Rückzug, um nachzuspüren. Ja, er gefiel ihr, er hatte etwas, das sie reizte, und er berührte ihr Herz. Sie hatte am Nachmittag ein Ermächtigungsritual gemacht, in dem sie alles auflöste, was sie noch an Jo kettete, und sie hatte sich ermächtigt, ab sofort Liebe, Freiheit, Fülle, Spaß und Intimität ZU LEBEN.....und ruck zuck lief ihr dieser KNUT in die Arme, unverheiratet geblieben, ohne Kinder, ohne

Altlasten-Rucksack....er wollte ANKOMMEN mit Sonne für die Seele, bei SICH SELBST und einer passenden Ergänzung.....wieder ein Seelenpartner, aus anderen Leben in Schweden und Kamtschatka.... Da fiel Doula das Profil-Statement von Jo wieder ein: "Wer nicht geht, kommt nicht wieder - Lieber aufbrechen, als immer dieses ewige Ankommen".....wie unterschiedlich beide waren....und doch wusste sie, dass Jo lügt, sich SELBST belügt, denn er sehnte sich heimlich nach Ankommen und liebevoller Partnerschaft.

Kapitel 28

Das Alaska- und Kamtschatka-Leben

Weihnachten rückte immer näher, und Doula war immer noch allein, doch das machte ihr wenig aus. Mit Weihnachts-Klimbim hatte sie nichts mehr am Hut, christliches Fest war nicht ihr Ding. Sie hatte es jetzt mit den Bräuchen und der Magie der Kelten / Druiden, schließlich war/ist sie ja zu Zeiten von Avalon als Keltische Schamanin und Göttin Ceridwen unterwegs. Sie hatte nun mit ihrer neuen homepage zu tun, dann mit dem Coachen der Seelengefährten auf ihrer facebook-Seite und damit, ihrem kleinen Welpen Babsie ein liebevolles Zuhause zu geben. Ihre Kinder waren alle aus dem Haus und in ihrem eigenen Leben unterwegs. Sie hatte schon jetzt zur Adventszeit alles abgeschickt und genoss es, auf facebook zu agieren und nebenbei ihren 4. Buchteil zu schreiben. Sie schaute immer nach Zeichen, entweder in der Natur oder bei facebook.....oder bei der ganz neuen Singlebörse.....auf jeden Fall fiel ihr nun ein posting in den Medien vor die Füße - Es ging um einen älteren Polarhund, einen Malamuten namens Isamu, der im süddeutschen Raum in einem Tierheim schmorte, weil er als Sorgenkind schwer vermittelbar blieb. Dies hatte eine fb-Freundin von Helge gepostet, die selbst Huskys aus einem Tierheim hatte, eine Frau, die Doula als Helges künftige Partnerin erfühlt hatte, Clara. Helge jedoch war mit vielen schönen Frauen in fb-Kontakt, er sonnte sich darin, von exotischen Schönheiten angemacht zu werden, nur real hatte er niemanden.....Auf jeden Fall aber erkannte Doula auf Anhieb Isamus Tierseele wieder. Sie kannte diesen Hund aus einem anderen Leben in Alaska.....Und schon hatte sie den Impuls, auf ihrer Liege tief darin einzutauchen und "Steinchen" auszugraben wie ein Maulwurf und diese wie ein schönes Mosaik zusammenzusetzen.....Zuerst zeigten sich Doula die Bilder von sich selbst, Jo, Alaska, Schneesturm und einer erfrorenen Frau.....Kate.....die Visionen, die sie schon in 2013/14 gehabt hatte.....Hier nun kamen die Zusammenhänge: .....Kate war dort Jo´s Frau, die mit Helge, der ebenfalls vergeben war, in einer Daueraffäre vögelte. Kate erfror auf einer Tour im Schneesturm, und Jo ließ sie im Eis zurück, da sie eh schon tot und er zu erschöpft war, sie tot weiterzuschleppen.....außerdem hatte er ihr das Fremdgehen nie verziehen.....Helges Frau jedoch hatte die Affäre ihres Mannes mit Kate auch mitbekommen und war so krankgeworden, dass sie das gemeinsame Kind verlor. Jo hieß in dem Leben Wassili und kam dann mit Doula zusammen, namens Lena, die ihren Mann deshalb verließ (in diesem Leben der Arzt Michael). Sie nannte Wassili (Jo) Wasja.Beide waren ursprünglich aus Kamtschatka, wie Kate, Helge und Clara auch. Clara war dort Doulas (Lenas) Schwester. Sie lebten am Yukon-River in Eintracht mit Kutchin-Indianern und in Freundschaft mit den Inuit (Eskimos). Alle hatten Huskys und Malamauten. Wassili jedoch hatte von den Inuit vor einiger Zeit einen Welpen bekommen, einen Bärenhund, eine Kreuzung aus Malamute und Timberwolf. Die Inuit nannten den Hund Nanuk (Eisbär), die Indianer Inuk (einzelner Eskimo). Wassili und Nanuk entwickelten sich zu Bärentötern und wurden später auch so genannt.....Wassili und Lena liebten sich, als Wassili dann Witwer und damit frei war, kamen sie zusammen. Was sich dann noch zeigte, war der Überfall eines Grizzlys während einer gemeinsamen Tour mit anderen. Ein Bär, der nicht im Winterschlaf war, hochgefährlich, er tötete aus ihrer Gruppe einige Menschen und Hunde, auch Lena hatte er schwer verletzt. doch Nanuk und Wassili brachten den Bären zur

Strecke, Nanuk und Wassili hatten Lena das Leben gerettet.....Es kam die Zeit, dass Lena schwanger wurde von Wassili, sie bekamen einen Jungen (in diesem Leben ist es Jo´s Sohn Oliver), so dass Lena nicht mehr mit auf Touren ging.....Wassili und Nanuk, die Bärentöter, zogen eines Tages allein los.....und waren seitdem verschollen

Doula schaute weiter, wer dann kam.....Knut wurde dort also Jo´s Nachfolger.....doch DAS wollte sie nicht. Ihre Liebe zu Jo war so tief, zu Knut hatte sie noch gar nicht den Draht.....Sie überschrieb als Rückführungstherapeutin die alte Geschichte positiv, so, dass Wassili und Nanuk aus der Verschollenheit wieder zurückkehrten.....Später ging die Familie zurück nach Kamtschatka, Nanuk natürlich mit ihr.....und dort bekamen sie einen zweiten Sohn....in diesem Leben ist es Rusla, jo´s Neffe.......

Auch im Norwegenleben des 11. Jahrhunderts, als Doula mit Jo zusammen war, aber mit dessen Vater eine Affäre hatte und sich von Jo trennte, traf sie später auf Knut als Jo´s Nachfolger, in Schweden. Doch sie harmonisierte auch das. Sie überschrieb so, dass sie Jo nicht verließ, und so kam Knut gar nicht erst auf die "Bühne".....

Doula wusste nun, dass es Bestimmung war, Isamu aus dem Tierheim zu holen, doch sie wusste noch nicht, WIE sie es anstellen sollte. Ein Telefonat ergab, dass ganz viele Interessenten infolge der Medienwerbung parat standen.....Man würde ihr den Hund nicht einfach so geben. Sie sollte mit dem Welpen kommen, um zu sehen, wie Isamu reagiert, und sie sollte mindestens 2 Tage mit ihm Gassi gehen. Fast 1000 km im Dezember, und dann mit dem Welpen, mit ihrem Hyundai? Nein, das wollte sie nicht. Clara trat mit ihr in Kontakt über facebook und bot ihr an, sie dorthin mitzunehmen, sie müsse dann weiter über die Alpen.....doch dann wäre Doula abhängig, unbeweglich, und sie müsste ja auch wieder nach Hause mit beiden Hunden.....Doula träumte davon, dass Jo vielleicht ihre fb-postings liest und SELBST "seinen" Hund holt..... Doch das war wohl utopisch, Jo hatte den Kopf voll, Herz-Schmerz und außerdem eine 15jährige Hündin, Malamute x Schäferhund, die zu anderen nicht ganz einfach war (in Atlantis I die Weiße Hexe Rosaria)

Knut kam, Doula hatte ihn zu sich bestellt, nachdem sie 3 Abende telefoniert hatten. Er kam von der holländischen Grenze, also mehr als 450 km weit her, in einem unbeheizten Auto, um das Wochenende mit ihr zu verbringen. Doula war mutig, denn sie wollte live kommunizieren, reale Gesellschaft haben. Sie bezweifelte schon an den Telefon-Abenden, dass sie ihn an sich heranlassen würde, doch jeder Seelenpartner sollte seine Chance haben.....Isamu war nun erstmal für ein Wochenende aus dem Kopf.....Knut war zwar nett, doch er konnte Doula nicht erreichen und Jo schon überhaupt nicht verdrängen. Er gefiel ihr optisch auch nicht so wie auf den Bildern, bis auf seine Augen. Seine Ohren hatten eine fürchterliche Form, was Doulas Kenntnisse der Physiognomie betrafen. Ohren und Zähne, Biss waren ihr suspekt, auch das Lächeln.....Wie sollte sie sich aus diesem Date wieder rausdrehen? Doch er kam ihr entgegen - schon von Anfang an fühlte er, dass Doula ihm nichts abgewinnen konnte, auch der Spaziergang mit dem Welpen brachte nichts, er fror schon nach den ersten hundert Metern. Er war nicht der Kerl und Naturbursche wie Doula ihn sich wünschte. Mit so jemandem konnte sie nun rein gar nichts anfangen.....Sie kamen überein, das Wochenende hier abzubrechen.....Doula war froh, als Knut wieder abgefahren war, Mittag hatte sie ihm vorher noch kredenzt, doch er aß nur zaghaft und wenig.....Er kam ihr vor wie schwächelnd und neurotisch.....

Nun plante sie, Isamu zu holen, tauschte sich mit Clara aus, die ihr mitteilte, dass sie ebenfalls Schamanin ist und Rückführungen besucht hatte. Sie wusste etwas von sich in Atlantis, nicht viel, nur, dass sie dort mit Tieren und Pflanzen zu tun hatte. Doula spürte selbst rein während eines Channelings und fand Clara als ihre Tochter Amanda von ihrem 1. atlantischen Ehemann Aragon (Jo´s verstorbenem Vater in diesem Leben). Amandas dortiger Mann ist wieder einmal Helge (als Hegonit), beide hatten später in Ägypten zu tun.....Doch auch Isamu zeigte sich später in der lemurisch-atlantischen Epoche. Sie hatte dem Zeichen nachgeforscht, er trug auf dem Tierheim-Profil ein Halsband mit türkisfarbenen Steinen, türkis=Atlantis I. Jedoch ist Isamu dort kein Hund, sondern ein Pferd, ein Einhorn, aus den Dimensionen 6-7, wie die Delfine und Nymphen/Feen. Es gab in Lemurien-Atlantis I keine Nutztiere zum Verzehr, Tiere waren Freunde und Begleiter der Menschen.....

Doulas Plan war nun, zum Nikolaus einen Geländewagen mit Automatik zu mieten und die weite Tour mit 1 oder 2 Übernachtungen auf sich zu nehmen, um 2 Freunde, 2 uralte Seelen wiederzuvereinen.....Ein Dualseelen-Orakel, das sie sich als Kartendeck gekauft hatte, sagte ihr die wahre Liebe zu Jo voraus, Veränderungen zum Positiven, Neuanfang.....auch youtube-Orakel der Dualseelen sagten eine Wende zu Weihnachten voraus, auf die hotline wollte Doula nicht mehr gehen, lieber legte sie sich nun fast täglich selbst die Karten....Veritas Videre, Lenormand und/oder Seelenpartner-Orakel-Karten.....sie kannte keine besonderen Legesysteme, sondern legte einfach nach Intution.....Demnach würde ihre Liebelings-Seele zu ihr stoßen.....Jo.....Jo, Doula und Nanuk wieder vereint? .....und nicht nur sie, auch Oliver, beider atlantischer Sohn Thor, und Marc, beider atlantische Tochter Sabthielle.....Doulas große Tochter fand sich schon vor geraumer Zeit als Nymphe in Atlantis I, zusammen mit einem Delfin (ihr Lebenspartner/Freund Steffen im heutigen Leben) und auch Doulas zweite Tochter, die in Atlantis I Kira ist, die gemeinsame Tochter von Uniel (Jo) und Mirabelle (Kate)seiner 1. Frau VOR Moraya (Doula), damit ist Kira Schwester zu Murielle (Laila).....Doula hatte alles im "Kopf", besser in ihrem Seelenarchiv, man konnte sie nachts wecken, um es abzufragen....ihre Gabe war unter anderem, in all die Leben der lemurisch-atlantischen Seelen eintauchen und transformieren zu können.....doch auch in die Zivilisationen davor, beginnend bei den Meermenschen und Archetypen, weiter zu Sonnenvolk und Maya, Inka, Azteken ...und DANN Lemurien und Atlantis......das war die Reihenfolge.

Kapitel 29

Die liegende Acht-Spirale, Unendlichkeit , Ewigkeit und IS RA EL

Doula hatte schon länger überlegt, dass der Begriff Torus für Universum falsch sein muss, auch UNIversum, da es nicht nur eines gibt, sondern es ein MULTIversum ist. Torus ist ein latinisierter Begriff, die Kirche hatte viel Begrenzung und Täuschung geschaffen, von daher war auch Torus begrenzend für etwas, das unendlich ist. Auch PULSIERENDER Torus trifft es nicht. Sogar die Blume des Lebens wird falsch dargestellt, denn mit ihrem äußeren Rand ist sie nicht unendlich, sondern begrenzt. Es geht in dem Multiversum der Universen aber um eine INTELLIGENTE Unendlichkeit. Sie hat einen Rhythmus bzw. Fluss von einem riesigen Herzen. Es ist die Präsenz des Flusses des SEINS ohne Polarität, ohne Endlichkeit, alles nach außen treibend und wahrnehmend. Und DANN muss unser Geist (unsere spirituelle Natur) wieder nach INNEN, bis alles verschmolzen ist. Dimensionen, Bewusstseinslevel werden INNERLICH gefunden, es ist kein wirklicher, senkrechter "Aufstieg". Es ist eine Art Spirale, eine liegende Acht, das Zeichen der Unendlichkeit UND der Dualseelen, das ein riesiges Herz als Zentrum hat, die Ur-Quelle, das Informationen in Wellen hinausdrückt, die sich hinauskräuseln. Alles entwickelt sich aus sich selbst heraus. Dimensionen, Dichten werden zunehmend zu Materie - feinstofflich, halbstofflich, stofflich- Geist IST Energie und bestimmt die Materie. So sind die Planeten und wir demnach, weil es im Kleinen wie im Großen läuft, genauso geschaffen, immer entsprechend der Bewusstseinsebene, d.h. JETZT NUR HIERARCHISCH DARGESTELLT, denn es gibt noch eine andere Darstellung entsprechend der SPIRALE (siehe Kapitel 30).....Erde 1 D = Punkt, entspricht Zyklus Bewusstsein --- Erde 2 D = Fläche, entspricht Wachstum---Erde 3 D = Torus, entspricht Selbst-Bewusstsein---Erde 4 D = Torus mit Polöffnungen, entspricht Liebe oder Verständnis/Mitgefühl (Gesetz der Liebe), weiblich---Erde 5 D = Torus mit Polöffnungen und Innererde, auch Innersonne, entspricht Licht oder Weisheit (Gesetz des Lichts) männlich ---Erde 6 D ist dann in Ausdehnung, gleicht keinem Torus mehr in der "Form", entspricht Licht/Liebe und Liebe/Licht EINHEIT (Gesetz des Einen), mitfühlende Weisheit---7 D ist der Tor Zyklus (Gesetz der Ewigkeit) EINSsein mit ALLem, keine Vergangenheit und Zukunft mehr, keine Identität, wir existieren in ALLem.....Zu 7 D haben also nur diejenigen Zugang, die männlich Licht/Weisheit und weiblich Liebe/Mitgefühl IN sich vereint haben, also Licht und Dunkelheit/Yang und Yin. Da es ab dann um Unendlichkeit, Ewigkeit und Unsterblichkeit geht, ist klar, warum die Manipulanten daran schon so lange ackern.....es führt nichts an der Vereinigung von Gott und Göttin vorbei. Ab 7 D ist keine Manipulation mehr vorhanden.

So muss man davon ausgehen, dass wenn es im Kleinen wie im Großen ist, dass den Erzengeln, Elohim-Schöpfergöttern nicht nur Planeten, sondern auch Sternbilder, Galaxien u.s.w. zuzuordnen sind. So fand Doula zu EE Michael (Hades) zugehörig Andromeda - zu EE Danielle (Persiphone) Alpha Centauri - zu EE Arielle (Prometheus = Apollon) Kassiopeia und zu EE Emanuel (Athene) die Plejaden. Orion entspricht EE Samael (Poseidon) und Sirius EE Murielle (Aphrodite).....das reichte Doula für´s erste, es war noch nicht der richtige Zeitpunkt für dieses Ausmaß.....

Doch es war nun Zeit, sich mit der Wiege der Menschheit zu befassen, die im Garten Eden lag, von wo 12+1 Stämme IS RA

ELs ausgegangen waren und sich wie Wellen in alle Richtungen kräuselten, durch Völkerwanderung die Namen der Völker und Götter in Geschichte und Mythologie wechselten/verwischt WURDEN und NUN alles wieder zurückkehrt an diesen Punkt , der heiß umkämpft wird und wo großer Tumult und Chaos sowie Kriegsherde herrschen.

IS steht für Isis, die ägyptische Göttin, die der griechischen Athene UND Prometheus (neugeboren als Apollon) entsprechen bzw. Erzengel Emanuel und Arielle,zusammen das Schutzschild der Menschheit, das Qilin = Drachenpferd..... -Emanuel (Sonne), Arielle (Mondin), in diesem Leben geboren im chinesischen Sternzeichen des Pferdes (1966) und des Drachen (1964).

RA entspricht dem nur männlichen Gottesaspekt, Sonne, hier war der weibliche Aspekt also schon abgetrennt.

EL steht für die Elohim-Schöpfergötter, wobei ja einige herabgestiegen waren, um eigene Wege zu gehen, entweder den männlichen oder den weiblichen, getrennt voneinander auf dem Weg der Involtion - durch die Dualität- alles zur Evolution des Höchsten Bewusstseins, um zu beweisen, dass alles zwar durch Sex ANGETRIEBEN wird (Herabstieg der Elohim zu menschlichen Wesen), aber durch bedingungslose Liebe zwischen Gott und Göttin wieder zur Ur-Quelle zurückkehrt. Der einstige Demiurg manipulierte Michael und Samael (Luzifer) herabzusteigen und sich mit Menschen zu paaren, doch auch deren Partnerinnen gingen selbst hinab, das auch zu tun. So kam es zu verschiedenen Blutlinien. Luzifer (Poseidon) schuf den halbmenschlichen Adam - seine Gattin Lillith (Aphrodite) die halbmenschliche Eva. Ihre weiblichen EE kamen in männlichen Körpern und schufen mit Menschen, die Aspekte der weiblichen EE waren, die Nephilim, die XX. Deshalb also waren Danielle (Jo´s Mutter dieses Lebens) und Murielle (Laila) so hinter Jo (Arielle) hinterher und noch einige andere Frauen, es ging um sein EE-X-Chromosom.... Die Nephilim waren einst bösartige Riesen, ca. 4-5 m groß, auch Nimrod, Begründer des Babylonischen Reiches gehörte dazu und war der erste König dieser Nephilim.....

Doch erst einmal kam Doula wieder von diesem Thema ab - durch Amir und Rita. Sie arbeitete nun viel mit Amir zusammen, dem EE-Aspekt von Danielle, Dual zu EE Michael. Er war im Seelenkern genauso weiblich wie Jo als Aspekt von EE Arielle, aber wohl schon viel bewusster und hatte die Prana-Atmung entdeckt, und zwar in einem Traum an seine atlantische Mutter, die in diesem Leben die russische Heilerin Lumira ist, ein Aspekt des EE Raphaelle. Einem Impuls zufolge hatte Doula Amir den Auftrag weitergeleitet, Berlin während eines geschäftlichen Aufenthalts von negativen Energien durch Atmung und Transformation zu befreien. Es schien, um Jo zu gehen bzw. um die ihn umwabernden negativen Energien.....Da das Ganze nicht unbemerkt abging und Amir körperliche Symptome zurückbehielt, nahm sich Doula seiner verstärkt an. Sie löste für ihn und seine Frau Hedia auf, aber auch für Rita, seine Zwillingsflamme. Hedia war die atlantische Tochter von Amir, die Inzestimplantate im Auftrag der negativen Kräfte gesetzt hatte. Rita war mittlerweile total in Rückzug gegangen und leckte ihre Wunden, die sie von Amir wegen dessen Frau Hedia hatte. Doula kannte das alles aus eigener Erfahrung. Sie fand bei Amir auch noch andere Ursachen für dessen zerrüttete Welt. Seine Chefin war eine seiner Seelenpartnerinnen anderer Leben, in Atlantis eine Magierin, auch einen Dämon, der beide begleitet hatte, fand sie: Euchonos. Sie geleitete ihn ins Licht und fand nun aber direkte Verbundenheit zu Amir, als sie von sich ein selfie-Nikolausbild postete. Amir hatte sie als Seele anhand des Fotos (speziell ihrer Augen) sofort wiedererkannt.....sie ging da rein unter der Frage, aus welchen Leben sie sich bekannt sind.....Es zeigte sich ihr Leben im Osmanischen Reich, als sie vom Harem ihres Kalifen verjagt und mit ihrem kleinen Sohn (Jo) von dem Perser (Arne) aufgenommen und geehelicht wurde.....und später infolge bedingungsloser Liebe zu Jo, ihrem Sohn, Inzest an ihm begangen hatte, der dazu führte, dass Arne sie verstieß, aber den 16jährigen Jo behielt. So war sie schwanger von ihrem Sohn nach Afghanistan gelangt, gebar dort das Kind, wieder einen Sohn (in diesem Leben Helge) und kämpfte mit dem ansässigen nomadischen Stamm gegen ein Persisches Kalifat, dessen Sohn und Nachfolger Amir, dort mit Namen Bashkir, war. Es entbrannte eine Liebe zwischen beiden, und weil diese stärker war als Materielles, verzichtete Bashkir auf sein Kalifat und brannte mit Doula (dort mit Namen Alyana) durch....Irgendwann nach Jahren trafen sie jedoch zusammen auf Alyanans ersten Sohn (Jo), mit dem sie Inzest begangen hatte......die bedingungslose WAHRE heilige Liebe zu IHM floss immer noch.....

Sie fand auch noch ein gemeinsames Leben in Jordanien mit Amir und Jo, doch dazu später....

Am 11. und 12. Dezember zur nächsten Portalöffnung zog Doula nun emsig atlantische Fremdprogramme und Implantate und transformierte Energien an den lemurisch-atlantischen Seelenverwandten und -gefährten, die sie zusammenfand.....auch bei den alten Bekannten in Berlin vom Likedeelertrupp.....Sie hatte nun mehrfach ihren fb-account gelöscht, war neu hier mit Profilbild vom Drachenpferd=

Qilin.....und musste deshalb auch die anderen wiederfinden.....auch Anne, Paul und Silke von ganz zu Anfang von 2012....

Aber vor allem machte sie sich nun auch Gedanken um die Stämme IS RA ELs, auch um die Khasaren u.s.w.....und musste wegen der ganzen verschleiernden, täuschenden und manipulierenden Medieninformationen und auch postings der extrovertierten neuen fb-Freunde, die selbst als Aufklärer agierten, aber teilweise viele Falschinformationen nach dem Prinzip Stille Post verstreuten, auf dem Channel-Wege bleiben und mit Internet-Recherche abgleichen.....denn es waren so viele falsche Begriffe durcheinandergeworfen und verzerrt worden.....

Die 12 Stämme Israels - IS von Isis (ägypt. Göttin = Athene und ihre Dualseele Prometheus) RA = männl. Gottesaspekt Sonne und EL für Elohim (Erzengelschöpfergötter) sind in 2 Stämme Südreich Juda und Benjamin = Juden - und 10 Stämme Nordreich, Ephraim, Joseph u.s.w. = Haus Israel gespalten WORDEN.....

Es gab aber einen 13. Stamm, der den anderen die Leviten lesen sollte ;-) .....nämlich dass das gesamte VOLK GÖTTLICH ist ---- siehe ethnisch.... indogermanisch diw, lateinisch deus, griechisch theos .....verfolge bis dütsch...deutsch

Aus den NORDEN (-Stämmen) wurden durch Völkerwanderung und Umbenennung GERMANEN/Heiden - Ursprung war der Garten Eden.....das Altbabylonische/Assyrische Reich (auch Sumer, Mesopotamien, Ägypten)....Nur mal zum Nachdenken: Khasaren (ansässige türkische, ehemals babylonische Völker + mesopotamische Stämme) wurden erst SPÄTER Juden = Judeotürken = AshkeNAZIm Juden.....Als das Altbabylonische

Reich zerfiel, das mit Byzanz kooperierte, wurde gegen Araber und Perser gekämpft, in Europa eingewandert und vielfach umbenannt bis hin zu einzelnen noch heute "mächtigen" Familiennamen und Dynastien....

Das Hexagramm hat keine saturnische Bedeutung im Sinne 666....SaturnIA ist (griech. Hera, EE Sophiaelle), der ehemals abgespalten gewesene WEIBLICHE Teil des Demiurgen, von griech. Zeus, Metatron, Jahwe, Allah, Buddha ....Planet Jupiter = EE Mandaruel. Ein Hexagramm sind 2 ineinanderfassende Dreiecke/Pyramiden, die mit der Spitze nach unten ist der weibliche Göttin-Aspekt, die mit der Spitze nach oben der männliche Gottes-Aspekt.....es geht nur mit BEIDEN Aspekten.....siehe auch Merkaba.....dazu später.....

Es war also kein Zufall, dass sich nun in der Gegenwart wieder alles rund um Israel drehte und es Deutsche waren bzw. nach Deutschland gekommene Missionsträger, die aus ihrer MITTE heraus agierten, um das Ruder wieder herumzureißen bzw. das Schlimmste abzumildern.....Dabei mussten auch die ANDEREN gefunden und harmonisiert werden, die Gegenspieler.....denn alles ist im Ursprung EINS und muss wieder geeint werden, geschickt, eben MENTAL .....entsprechend aller licht- UND LIEBEvollen Intentionen der SEELEN.....nicht der Persönlichkeiten (Ego).....

Doula wusste schon seit Jahrzehnten, dass ihr 2. Ex-Mann, der Vater ihrer beiden Söhne, zu anderer Zeit Abraham ist, aber auch in Lemurien ihr und Jo´s Königsvater, der da schon die Seite gewechselt hatte, er begründete und förderte nicht nur in der Epoche Atlantis I das Gegeneinander ......sondern auch den (Mental-)Krieg der Heiden, Juden, Christen, Moslems,

Buddhisten, Veden u.s.w......aber auch dazu später mehr.....und was sonst noch alles in die Geiste(r) gepflanzt und gestrahlt wurde.....

Doula fand eine weitere Urseele aus den EE-Verbunden - eine Deutsch-Russen Gor Rassidin, über einen fb-post einer Autorin, die über die Ur-Weiblichkeit und Ur-Männlichkeit aufklärte. Es gab auf ihrer homepage Links zu ihm bei youtube. Als Doula sich diese reinzog, fühlte sie sich sofort in dem bestätigt, was sie gerade gechannelt hatte und im Begriff war, zu schreiben, er brachte es entsprechend ihrer liegenden Acht-Symbolik bzw. SPIRALE treffend auf die Punkte.....Die Einheit hat DREI Potentiale, gleichzeitig und außer-ZEITig.

Das 1. Potential ist das NICHT-SEIN, die Schwarze Leere, der Ur-Tod, die ewige Atem-Losigkeit. Null

Das 2. Potential ist das SEIN (reines Bewusstsein der eigenen Existenz), also das Gegenteil von Nicht-Sein. Weiblich, passiv, Yin

0 + 1 = 1

Das 3. Potential ist das TUN, WIRKEN, männlich aktiv, Yang, Bewusstsein dessen, das ALLES möglich ist, es schlummert, bis sich etwas manifestiert, Zeit entsteht dann erst.....

Das Männliche kommt also NACH dem Weiblichen.

1 + 1 = 2 Explosion oder Implosion? Big Bang = Polarität, Dualität

2. Potential passiv weiblich und 3. Potential aktiv männlich sind Yin und Yang = Dualseele

aber auch 2 absolut unterschiedliche Wesenheiten, des TOTALEN und des EINZELNEN Schöpfers - demnach, passiv weibliches Prinzip GÖTTIN und aktiv männliches Prinzip göttlicher Humanoider

2 + 1 = 3   Information - Energie - Materie = Die Dreiheit der 3 Kosmischen Instanzen GEIST - SEELE - FEINSTOFFLICHER LEIB

Es gibt also die Zweiheit von TOTALEM und INDIVIDUELLEM Schöpfer. Ersterer hat das Ziel der Erschaffung ALLER Wesen und Möglichkeiten und unzähligen Phänomenen, und der individuelle hat das Ziel der Erschaffung eines Universalwesens. Die Selbste des Menschen sind Hologramme des Aspektes Gottes-Entität bzw. der Göttin.

3 (Ergebnis von vorher) + 2 (Ausgangspunkt von vorher) = 5 Stufe der Manifestation, Verdichtung, Materialisierung - Der totale Schöpfer erschafft die ganze Schöpfung - Die individuellen Schöpfer erschaffen die inkarnierten Menschen.

Hier ist die Spitze der Abtrennung erreicht, das Maximum beim Menschen zwischen Selbsten und Person, der tiefste Punkt des Vergessens.....Hier auf dem Höhepunkt schwappt die WELLE ZURÜCK   5 + 3 = 8   Acht = in sich hinein und aus sich heraus.......Hier ANDERE Richtung, nicht mehr spezifisch und fokussiert, sondern Schöpfung und Mensch erinnern sich wieder an die GANZE GRÖSSE: Die Bewusstseinserweiterung der Verbindung = Rückerinnerung, REvolution

8 + 5 = 13 Die Reihe der lebendigen Zahlen ist KEINE Gerade, sondern eine SPIRALE, die in 7er Oktaven aufgeteilt ist (Der Kosmos ist Klang, Liebe ist Klang)

Bei der 13 endet die 1. Oktave -----13 ist das Prinzip der Transformation, Transzendenz, Übergang in die neue Qualität

Feinstofflichkeit, Sterben des Alten, Quantensprung ins Neue (Siehe Raupe Kokon und Schmetterling), Alchemie, die Magie der Verwandlung

Die NEUE Oktave ist dann 13 + 8 =21 -----die NEUE 1, nennen wir es auf Level 2 ;-)

der NEUBEGINN des SEINS, die NEUE Einheit, die die Individualität beinhaltet, die die ursprüngliche Einheit also NICHT hatte.....die Errungenschaften unserer Entwicklung gehen NICHT verloren....

Die Individualität der Einheit ist der GOTTMENSCH - das ist seine Bestimmung - also nicht der, der du WARST, sondern der, der du SEIN WIRST.

Da die URseelen, die sich jetzt gerade alle ratz fatz finden, genau am Wendepunkt zur neuen Oktave sind, hören wir an dieser Stelle mit der Spirale vorläufig auf......

Interessant ist aber noch folgende Überlegung:

Yin = empfangen, weiblich, passiv, negativ, kalt, magnetisch, Dunkelheit, Wasser

Yang = aussenden, männlich, aktiv, positiv, heiß, elektrisch, Licht, Feuer

Das Männliche kam also NACH dem Weiblichen. Das heißt, das Weibliche Göttliche gab es, bevor das Männliche Göttlich Individuelle kam -

Den Totalen Schöpfer, das weibliche GÖTTIN-Prinzip, das SEIN, das reine Bewusstsein der eigenen Existenz, gab es vor dem individuellen Schöpfer Mensch, dem männlichen Prinzip, das WIRKTE und TAT.....Wenn nun einst abgetrennt worden war von der Ur-Quelle, dem Prinzip der Großen GÖTTIN, dann gilt es, das weibliche UR-PRINZIP IN SICH SELBST wieder zu heilen bzw. zu aktivieren, EGAL OB irdisch MANN ODER FRAU

.....das EMPFANGEN....von WAHREN Informationen.....und das AUSDEHNEN von Klang= Liebe.....über unseren sogenannten Hot Spot in der feinstofflichen bzw. halbstofflichen FÜNFTEN Herzkammer, denn das Herz ist KEINE PUMPE, sondern Sender- und Empfänger-Entität.....Darüber mehr im nächsten Kapitel zum weiblichen Ur-Prinzip....

Kapitel 30

Das weibliche Ur-Prinzip - und der Blick aus Merowinger-Augen

Den Gor Rassindin hatte Doula auf der fb-Seite von Ute Strobusch (Autorin) gefunden....ihr liefen bzw. flogen jetzt einige "Adler" über den Weg. Da sie sich gerade mit dem Thema weibliches Prinzip, vor allem wegen Jo befasste, weil ER ja seine verletzten weiblichen Anteile heilen und seine männlichen zum Ausdruck bringen musste, fand sie bei ihr sehr treffende Aussagen zu dem Thema, deshalb sei dieser kurze Einwurf nun hier Utes fb-Seite entnommen und wie folgt zitiert:

"Das weibliche Prinzip -

Die weibliche Energie ist erschaffend, bringt die Idee in Manifestation. Sie ist diffus, in die Tiefe und Breite zerfließend, strömend, emotional und ohne Form. Sie ist schöpferisch, kreativ, Leben gebärend, aufnehmend, umwandelnd und heilend. Die weibliche Energie ist überfließende Liebe und dient sich selbst. Das weibliche Prinzip ist HINGABE, es ist EMPFÄNGLICH und PASSIV.

Das männliche Prinzip -

Die männliche Energie ist der Impuls, die Idee. Die männliche Energie ist zielgerichtet, nach vorne oben gerichtet wie ein Phallus. Sie ist kämpferisch, gebündelt, dynamisch, leistungs- und wettbewerbsorientiert und zerstörend. Sie schützt, und HÄLT die weibliche Energie, gibt ihr ein Gefäß, einen Rahmen, eine Sicherheit und Struktur, in der sie sich an sich selbst hingeben und entfalten kann. Das männliche Prinzip ist STRUKTUR, es ist HALTEND und AKTIV."

Doula wusste, dass es bei der ganzen Angelegenheit auch und vor allem um das Erkennen ging, dass die UR-Quelle WEIBLICH ist, ANIMA - Das Weibliche war zuerst, DANN kam das männliche Prinzip, ANIMUS, der Humanoide SELBST als Schöpfer-Entität aktiv = männliche Energie) - In der weiblichen Ur-Quelle ist ALLES wie in einem FONDS vorhanden, Impulse, Struktur geben die androgynen Schöpferentitäten (dort noch ANIMA UND ANIMUS -- ErstEngel = EE und Engel, Engel sind Elohim, humanoide Wesen der am Höchsten entwickelten BewusstseinsDimension), die sich zur Er-Fahrung hinauskräuseln in Wellen durch die Oktaven der Spirale, um sich dann, weit ab von der Quelle, zu manifestieren, GETEILT jeder seinen Weg gehend, um zu erFAHREN, sich selbst und um einander wiederzufinden. Sie erfahren auch ANIMA und ANIMUS in sich selbst, heilen die jeweils durch Konditionierung in der Kindheit und gewesene BeZIEHungen verletzten Anteile, um wieder selbst GANZ und vollkommen zu werden. Finden sich die füreinander bestimmten bzw. zusammengehörenden Teile/Partner, die nun GANZHEITEN geworden sind, können sie in PARTNERschaft miteinander gehen (BRAUCHEN sich aber nicht mehr) und zurückkehren zur Ur-Quelle, nun als Meister, bereit für neue Qualifikationen.....Die Vereinigung von Shiva und Shakti erfolgt nicht im Unterleib, sondern dort, wo das Bindu, das 3. Auge ist. Die Kundalini weibliche Göttin steigt empor die Wirbelsäule hinauf und vereingt sich dort mit dem männlichen Gott ....Doula hatte selbst in ihrem Schlafzimmer keinen Fernseher, dafür aber eine Menge Bücher über Kamasutra, Tantra und Sexualität/Intimität, auch über multiple Orgasmen des Mannes, was in westlichen Zivilisationen noch ein Mythos zu sein scheint.....dabei wusste sie das meiste aus Erfahrung, auch dass ein Mann durch entsprechende Erweckung zu mehreren Orgasmen fähig ist, wobei nur der erste mit Ejakulat verbunden ist, damit die Lebensenergie IM KÖRPER VERBLEIBT.

Im Zuge des Befassens mit der weiblichen Energie, dem weiblichen Prinzip, das sie sich selbst immer wieder vor Augen führen musste, weil nicht SIE selbst immer die Impulse für Jo geben wollte, kam sie urplötzlich auf eine Metapher:

Metapher vom Apfelbaum:

Das weibliche Prinzp entspricht dem mächtigen Apfelbaum, der vollhängt mit leckeren reifen saftigen Äpfeln, die nur darauf warten, vom vorbeilaufenden Wanderer gepflückt zu werden. Es geht um das Pflücken, was ein Energieaustausch ist, der dazu führt, dass der Wanderer gesundet bzw. gesundbleibt, wenn er sich daran labt - Aber es führt auch dazu, dass immer wieder neue Äpfel nachwachsen können an dieser Quelle. Das heißt aber auch, und nun kommt´s - Der Apfelbaum braucht NICHT die Samen vom Wanderer.....wozu, der Apfelbaum hat bzw. produziert die Samen selbst....

Damit liegt auf der Hand, dass das weibliche Prinzip, d.h. im Kleinen auch die Frau, selbst Schwangerschaft herbeiführen kann, ohne einen Mann. Frauen haben wie Männer ein Ejakulat, nur in anderer Form und Konsistenz. Und wenn sie nicht gerade squirten, verbleibt es als Lebensenergie IM Körper bzw. wird innerlich als Samen zur Befruchtung verwendet.....Auch der Orgasmus des Mannes kann ohne Ejakulat funktionieren, da er wie die Frau multiple Höhepunkte haben kann, wenn er tantrisch bewusst ist, werden die dem ersten folgenden ohne Ejakulat abgehen, so dass auch seine

Lebensenergie zur Verjüngung innen im Körper verbleibt. Da INNEN liegt beider Lebenselexier.....Dass dieses Geheimnis bekannt, aber gehütet war, dürfte sich daran zeigen, dass man von einer "unbefleckten Empängnis" sprach bezüglich des Jesus-MÄRCHENS.....doch Märchen haben ja auch Wahres, nämlich dass die Erstengel tatsächlich ohne Penetration entstanden waren.... Was aber benutzt wurde.....und wieder aktiviert werden sollte, war das Wissen um die Kombination von 2 weiblichen Elohim-Linien.....siehe XX ....Nephilim....die 4-5m Riesen, die auch so gern verheimlicht wurden, noch mehr als alles andere..... (Nephilim z.B. Nimrod.....)

Aber kommen wir zurück zum Ausgangsthema ANIMA:

Es ging und geht also auch um die Heilung im Kosmos - Heilung von Anima und Animus - die Balance, das Erkennen, dass BEIDES eine EINHEIT war und wieder sein muss, dass ALLem aber das WEIBLICHE Prinzip vorausging - ANIMA - Die Ur-Quelle. Auch die Seele ist ANIMA. SIE ist es, die alles zur ErFAHRUNG Entgleiste wieder zur Ur-Quelle zurückführt - Aber nur über die Innere Mitte - den Hot Spot in der 5. Herzkammer. Das Herz ist keine Pumpe, es treibt nicht das Blut in den Kreislauf, sondern das Blut selbst bewegt sich durch Impulse......Es sind immer noch alte Glaubenssätze, die uns am (Wieder)Erkennen und Fühlen der WAHRHEIT hindern.....

Jetzt aber muss erkannt und erfühlt werden, WIE wir hier aus diesem Glaubenssystem der Matrix ausbrechen können - und da geht es weder mit Exoterik noch mit Esoterik - die sich seit Äonen von Jahren bekämpfenden Logen (schwarze und weiße) oder auch Drachenclans genannt......die in ihren Farben nach Weltbild also Region variieren.....bei den Kelten sind es der rote (weibliche Dunkelkräte) und der weiße Drache (männliche Lichtkräfte).....in der Gegenüberstellung zum östlichen Weltbild sind es der weiße (die Mondin, weibliche Kräfte) und der gelbe Drache (der Sonne, männliche Kräfte)......und als Spiel - zwei konkurrierende Farben auf dem Schachbrett des Lebens, schwarz und weiß -

Doch auch für den Ausgleich von Yin (schwarz, weiblich, kalt, magnetisch, niedrigschwingend, passiv) und Yang (weiß, männlich, elektrisch, hochschwingend, aktiv) ist die Erkenntnis wichtig, dass Seele und Körper mit/durch Geist zusammenspielen. Das heißt, wir sind nicht nur die jeweiligen SpielFIGUREN (immer mal auf der einen und dann mal wieder auf der anderen Seite, um BEIDE Blickwinkel zu er-fahren), sondern auch selbst die SpielLEITER - Unser GEIST ist der Vermittler zwischen Körper (Figur) und Seele bzw. ÜBERseele (Bewusstsein als Schöpfer/Gestalter des Spiels)

Und wenn wir bisher so konditioniert wurden, dass alles entsprechend dem Uhrzeigersinn, also entsprechend dem Verlauf der SONNE zu laufen hat - Kreis = 12 = Vollendung aber auch Begrenzung, dann ist die ANDERE Richtung, nämlich die entgegengesetzte zum Uhrzeigersinn der Schlüssel zum Ausbruch - die 13 ist der Schlüssel zur Transformation und damit zum Übergang in die nächste Oktave der unendlichen Spirale.....

Da Doula selbst momentan keine Muße zum Schach-Spielen hatte, dafür aber der Umgestalter bzw. Dirigent für Bühnen- und Kostümwechsel der diversen Schachspiel-Bühnenstücke war, fiel wieder einmal ihr Blick in andere Inkarnationen - und zwar einmal die der Merowinger, von ursprünglichen

GERMANENkönigen (die sich Franken nannten), wo ihre Seelenfamilie ein Stück spielte, bei dem das weibliche Ur-Prinzip wieder einmal wie schon so oft verletzt wurde, was Auswirkungen hinsichtlich Narzissmus und Tyrannei hatte und letztendlich den ersten Germanenkönig hervorbrachte, der zum Christentum konvertierte.....und zum zweiten ging sie noch einmal in das Jordanienleben, in dem sie in einem reptiloiden Vergewaltigungsritual physisch und seelisch verletzt und um ihr ungeborenes Kind gebracht worden war.....

Im Jordanienleben im 7. Jahrhundert, als sie als Imana von Abdul Ibn Raschids Vater, dem Chef der nomadischen Räuberbande, heiß begehrt wurde und der sie entführte, um sie in einem reptiloiden Ritual zu vergewaltigen, war ihr Freund/Mann Abdul nicht anwesend, er kam erst später mit ihrem jüngeren Bruder, um zu versuchen, sie zu befreien. In diesem Blutritual hatte der Räuberanführer Imana auf einem Stein gefesselt und sie hart und brutal vergewaltigt und misshandelt, dabei waren reptiloide Gottheiten feinstofflich und halbstofflich anwesend, um Imanas Blut zu trinken. Ihr ungeborenes Kind wurde während der Vergewaltigung zerstört und natürlich ihr Unterleib und ihre Psyche. Vergewaltigung an Kindern und Frauen hatte es schon zu früheren Zeiten gegeben, auch Opferrituale für Reptos......Entscheidend war aber, dass wieder einmal Jo und Doula auseinandergebracht wurden und ihr Kind umgebracht wurde....Das Drachenpferd und der Versuch des 13. Strahls.....Abdul wurde von seinem Vater als Gefangener entführt in ein anderes Land, damit er Imana so schnell nicht wiederfinden konnte. Imana wurde später von Abduls jüngerem Bruder Amun Ibn Raschid (in diesem Leben Amir), der bei seiner Mutter verblieben war, aufgefangen. Er gab ihr Halt, Liebe, Geborgenheit, Heilung und Trost. Sie bekamen zusammen eine Tochter (in diesem Leben Amirs Ex-

Partnerin, also Seelengefährtin). Als die Tochter 16 Jahre alt war, tauchte Abdul wieder auf. Amun und er leisteten sich keinen Krieg, denn Amun wusste um die tiefe Liebe zwischen Imana und seinem Bruder, deshalb zog er sich von allein zurück.

Im Hier und Jetzt gab Amir Doula nun Jo´s Gefühle weiter, denn real hatten Doula und Jo keinen Kontakt. Jo meldete sich immer noch nicht, weder gab es Dank noch einen Gruß.... Doula war es nun mittlerweile egal, sie lebte in und für ihre Berufung, alle wichtigen lemurisch-atlantischen Seelen zu finden und bei ihnen die atlantischen negativen Fremdprogrammierungen und Implantate aufzulösen, denn Amir hatte sie darauf gebracht, dass viele Zwillingsflammen die andere nicht erkennen, die Dualseelen, zumindest einer der Teile also unbewusst und fernsteuerbar geblieben sind. Wie konnte es sein, das Amir Rita nicht als Zwillingsflamme erkannte. Doula hatte angenommen, dass wahre Liebe ihren Weg bahnt. Doch Amir empfand keine Liebe für Rita, nur Freundschaft.....Doula ging sofort channeln, das musste sie herausfinden - und auch, ob es bei Jo und ihr genauso war, also dass ER sie nicht erkennen konnte.....

Es zeigte sich tatsächlich, dass bei einigen solche atlantischen Fremdprogramme liefen oder Implantate steckten, die über heutige Atlantisbücher Fehlinformationen triggerten (Codes aktivierten zur Fehlsteuerung). Doch sie fand noch etwas ganz anderes: Es zeigte sich ein Adoptionspakt zwischen Doulas Mutter und Jo´s Mutter. Doulas Mutter war auch in Lemurien ihre Mutter und dort Königin, die unter anderem Zwillinge hatte - Uniel (Jo) und Moraya (Doula). Man stellte die Mutter im Zuge der Beeinflussung und Besetzung Lemuriens vor die Wahl - entweder Uniel zur Adoption nach Atlantis freigeben und Moraya behalten - oder beide verlieren. Die Mutter musste wohl oder übel einwilligen, dass Uniel ihr genommen und nach Atlantis verbracht wurde. Dort wurde die heutige Mutter in Jo´s Leben seine Adoptivmutter.....Doula löste auch diesen Vertrag und sämtliche negative Energien und ließ alle miteinander in Vergebung gehen. Da hatte also die tiefere Ursache des Entführungsübels gelegen.....

Doula wusste schon seit geraumer Zeit, dass die 12 Kristallschädel - also die Kristallbibliothek Gaias feinstofflich und auf viele Individuen aufgeteilt war, das diente dem Schutz gegen Zerstörung und Manipulation, doch sie wusste auch, WER der 13. Schädel war, der alle anderen Träger der 12 aktivierte....Im Eiltempo suchte sie nun alle füreinander bestimmten Zwillingsflammen und Seelenpartner zusammen und löste negative Programmierungen, Implantante und andere negative Energien auf, so dass sie einander erkennen konnten und vollkommen bewusst wurden, wozu sie überhaupt hier inkarniert sind. Doula ordnete den jeweilgen EE-12er-Verbunden zu und fand durch Impulse von Helge weitere Adler.... Sie konnte nun auch endlich ihren Freund und Ausbilder Friedbert zuordnen, nämlich dem Komplex EE Mandaruel (= Odin=Zeus= Metatron) im atlantischen irdischen Kleid Diogenes, der Philosoph, in der inkarnierten Energie des griechischen Gottes und Vermittlers Dyonisus). Sie schrieb ihm das alles und wunderte sich, dass er plötzlich viel red- bzw. schreibseliger wurde.....Er hatte ihr nur angedeutet, dass es Anfang Juli 2016, als er sie zu seinem Seminar in Berlin erwartet hatte, zu dem sie im letzten Moment wegen eines Impulses nicht gefahren war, eine Gänsehaut-Begegebenheit gegeben hatte.....Sie solle David kontaktieren, einen weiteren beiden bekannten Adler in Berlin, der es aufgenommen hatte.....So schnell hatte sie aber keinen Zugriff auf ihn, deshalb nahm sie ein Bild von der medialen Teilnehmerin, das Friedbert ihr geschickt hatte und ging über deren Augenenergie in die damalige Situation.....Es zeigte sich im Seminar (unter anderem über Hypnogene Punkte), dass aus dieser Frau mit einem Mal eine dämonische Wesenheit sprach, die seit längerer Zeit Friedbert begleitet hatte.....Morpheus....Er sprach über Atlantis I in Form von sich selbst erfüllen sollenden Prophezeiungen....es stellten sich bei den Teilnehmern die Nackenhaare hoch....Doch Doula wusste, dass es eine Falle war, die Menschen sollten es imaginieren, um es anzuziehen, also in die Realität zu bringen. Jedoch war gewiss, dass nun alle, die Doula zusammenfindet (alle EE-Komplexe), was kommen sollte, abwenden, zumindest aber abmildern. Friedbert war erstaunt über Doulas Fähigkeiten, weder er noch David hatten sie informiert....sie hatte es medial selbst gesehen.... Doch Doula sah noch mehr, ganz plötzlich bekam sie den Impuls, dass Friedbert bisher nicht nur Seelenverwandter für sie war, sondern auch SeelenPARTNER.....

Es ging konkret ins Germanen-Leben als Merowinger.....Dort fand sie Friedbert als Franken-König Childerich (Franken waren ursprünglich Germanen, die sich im Zuge der Völkerwanderung umbenannt hatten). Childerich war wie viele Heeresanführer Söldner Roms, er war politisch geschickt, ansonsten aber ein Barbar, wie die rauhen Heiden/Germanen genannt wurden.....Und er war ein Weiberheld, er lebte polygam.....er landete durch politische Schachzüge ein paar Jahre im Exil in Thüringen, wo er auf Klothilda traf (Doula), die in Thüringischem Königshaus verheiratet war (in diesem Leben Rudi). Als Childerich wieder in sein Königreich zurückkehren durfte, ging Klothilda mit ihm......Doch Childerich blieb ein Weiberaufreißer.....Klothilda litt darunter, sie bekam von Childerich den Sohn Chlotwig (Jo), der schon in jungen Jahren das Kämpfen und Mann sein lernte.....Die frustierte unglückliche Klothilda (Doula) missbrauchte ihren pubertären Sohn Chlotwig (Jo) in Liebe.... so wie Jo`s Mutter in diesem Leben ....Jo hatte also nicht zum ersten Mal Missbrauch erfahren....Damit ging eine Persönlichkeitsstörung einher, und Chlotwig wurde Narzisst und letztlich Tyrann, Frauen benutzte er, seine Krieger auch, er war brutal, mächtig und intrigant....er besaß immense Verschlagenheit und konvertierte als erster der Könige der Heiden/Germanen zum Christentum. Seine Mutter Klothilda hatte durch diesen damaligen Inzest Tochter Andofleda geboren, sie aber als Childerichs Tochter ausgegeben, obwohl sie genetisch Chlotwigs Tochter war.....(in diesem Leben ist Andofleda Friedberts Frau).

Kapitel 31

Kleopatra und Mark Anton - Verrat in Atlantis I

Schon in 2012 hatte Doula von einer spirituellen Lebensberaterin den Hinweis bekommen, dass sie in Ägypten zu tun hatte, auf einem Thron und mit den Pyramiden.....Doch die Seele erhält immer dann erst den Zugang zu speziellen Inkarnationen, wenn der richtige Zeitpunkt gekommen ist und zwar mit ÜBERblick aus dem Höchsten Bewusstsein. Das war bei Doula nun in 13 D, sie hatte den Schlüssel gefunden, für den Ausstieg aus der 12, der Voll-END-ung, dem EinSCHLUSS im Kreis, Kreislauf der Sonne, dem die Freimaurer folgen....auch Dank Rudis Impuls auf facebook. Ihr fiel auf, dass auch das Yin-Yang-Symbol im Laufe der Geschichte gefälscht worden war, und zwar im Daoismus. Es wurde in einen Kreis gepackt und damit das Leben begrenzt. Doch die Kelten, GERMANEN, stellten das Yin Yang wie ursprünglich dar, mit offenem Rand, d.h. das schwarze Yin für Weiblichkeit, Dunkelheit, Wasser und das weiße Yang für Männlichkeit, Licht, Feuer, als 2 gegenpolige Fischlein oder Blätter - als MITTElpunkt - als WIRBEL - in einem Blätter- und Blütengefüge.....

Dass auch das Pentagramm wie so vieles falsch/verdreht verwendet wurde und damit eine ganz andere Magie ausübte, lag auf der Hand. Nicht EINE Spitze zeigt nach oben und damit nur die männliche, sondern richtig sind ZWEI Spitzen, männlich UND weiblich. Dieses Zeichen war bisher als Ziegenkopf/Teufel verschrien, doch das war Manipulation, der Teufel ist nämlich nicht existent.

Doula befasste sich mit der Zuordnung von Sternbildern zu den 12 Erzengeln, sie bekam für Athene (EE Emanuel) die Plejaden, für Prometheus/neugeboren Apollon (EE Arielle) Kassiopeia, für Poseidon (EE Samael) den Orion und für Aphrodite (EE Murielle) Sirius. Von Amir wusste sie für Persiphone (EE Danielle) Alpha Centauri und für Rita - Hades (EE Michael) erspürte sie Andromeda.....um noch mehr Aufschluss zu den Zuordnungen zu bekommen, denn Sternbilder und Galaxien waren ihr schon seit dem Astrologieunterricht entfallen, googelte sie und stieß auf Claudius Ptolemäus. In ihr löste der Name Ptolemäus etwas aus.....Ptolemäer waren Griechen, ursprünglich GERMANEN, die später Ägypten unter Roms Daumendruck regierten....Ptolemaios und Kleopatra....diesen Namen erhielten mehrere Personen dieses Familienverbundes der griechisch-ägyptischen Königsfamilie....Doula bekam den Impuls, dass Jo und sie Marcus Antonius (Marc Anton) und die berühmte Kleopatra(VII.) waren. Ein Ptolemaios, dieser Kleopatras (VII.) Vater, war Rudi, der Ägypten vor ihr regierte, allerdings abhängig war vom 1. Römischen Triumvirat (Herrschender Römischer 3 Männer-Bund) des Gaius Lulius Cäsar (in diesem Leben Jo´s verstorbener Vater), dann Gnaeus Pompeius Magnus (in diesem Leben Doulas 2. Ex-Mann und Vater ihrer beiden Söhne dieses Lebens) sowie Marcus Licinius Crassus (in diesem Leben David, Friedberts Freund und Doulas fb-Freund aus der Ausbildung von 2013). Mit atlantischen Namen waren Kleopatra =Moraya (Athene), Marc Anton =Uniel (Prometheus/Apollon), Cäsar = Aragon (Hades), Pompeius war der Ex-König Lemuriens, Morayas Vater, der die Seiten gewechselt hatte zu den Atlantern.....Kleopatra VII. war offiziell verheiratet mit ihrem 1. und ihrem 2. Bruder, Ptolemaios XII. und XIII. (in diesem Leben die beiden EE Emanuel-Arielle-Aspekte = Dualseele Paul und Frances, was Doula jetzt erst fand), und zwar aus politischen Gründen, danach war sie mit Cäsar verheiratet und nach dessen Ableben in wahrer bedingungsloser Liebe mit ihrer Dualseele, mit Marc

Anton.....=Marcus Antonius, ursprünglich Grieche-Germane, war im Römischen Heer von hohem Rang als Zögling Cäsars. Er war nicht nur politisch sehr gewandt und heldenhafter Feldherr, sondern hatte bis er Kleopatra kennenlernte, ein ausschweifendes Leben geführt, 3 Frauen geheiratet, war auch bisexuell in Gelagen unterwegs und frönte seiner Erhabenheit und seines Stolzes mit faszinierender Ausstrahlung, auch Kinder hatte er einige gezeugt.....Mit seiner 1. Frau Fulvia (in diesem Leben Silke - mit atlantischem Namen Halima) keine Kinder - mit seiner 2. Frau Antonia (in diesem Leben Kate - mit atlantischem Namen Mirabelle) die Töchter Antonia, die Jüngere (in diesem Leben Doulas 2. Tochter - mit atlantischem Namen Kira) und Fadia (in diesem Leben Laila - mit atlantischem Namen Murielle) und mit seiner 3. Frau Octavia, die es nur auf dem Papier war (in diesem Leben die Zigeunerin Camilla - mit altlantischem Namen Shalima, eine Hades-Enkelin), die die Schwester zu Octavian (in diesem Leben Doulas 1. Ex-Mann) war, hatte er nur deren 2 Stiefsöhne, die sie aus der vorherigen Ehe mit dem verstorbenen Gaius Claudius Marcellus hatte (in diesem Leben Camillas Ex-Mann).

Doch dann begegnete er Kleopatra, beide waren in Kleinasien aus politischen Anliegen.....Es war Liebe auf den ersten Blick - klar bei Dualseelen, die Jo und Doula ja sind- Marc scherte sich herzlich wenig darum, dass er verheiratet war......Er wurde auf das Schiff zu Kleopatra eingeladen, die es als Zeremonie im Kostüm von Isis zelebrierte, da sie ja in Höheren Dimensionen sowohl diese ägyptische Entsprechung als auch die der griechischen Athene war.

Es ist also so, dass der Ablauf der Geschichte und "Mythologie", die ja keine sind, in den Bewusstseinsdimensionen parallel lief, lediglich mit anderen Namensentsprechungen.....

Diese erste Begegnung zwischen Kleopatra und Marc Anon war für beide so faszinierend, sie konnten voneinander den Blick nicht lassen und ihre Herzen waren sofort entflammt, so dass sie sich heimlich verabredeten, zu einem nächtlichen Treffen in Kleopatras privaten Rückzugsgemächern, ohne Bedienstete und Gefolge, auch Marc Anton kam ohne Begleittrupp.....er schlich sich wie verabredet in einfachem, verhüllendem Gewand durch eine Hintertür zu Kleopatra, die sehnsuchtsvoll auf ihn wartete......was dann abging, hatten beide in dem Leben noch nicht erlebt, obwohl beide genug andere Partner und lustvolle sessions mitgenommen hatten:

Es sollte beider allererste intime Zusammenkunft sein, zwischen ihnen bestand enorme sexuelle Anziehung, so dass beide vor Erregung zu zittern begannen, als sie vorsichtig aufeinanderzuschritten. Marc in einer Art Schurz-Röckchen und Überwurf, seine schönen muskulösen männlichen Beine zeigend. Kleopatra in rotem Chiffon wie eine Shakti, mit goldenem Hals- und Armschmuck, goldener Hüftgürtelkette und Fußkettchen. Unter Marcs Schurz war sein eregiertes Glied zu erahnen, es verschlug ihr die Sprache. Sie hatte ja schon viele Männer gehabt, doch keiner hatte sie bisher so geflasht wie er, und niemand war so prachtvoll bestückt. Sie war gefangen von seiner erotischen Ausstrahlung und seiner Männlichkeit. Doch auch ihm nahm es den Atem, diese so schöne Frau so anmutig und verletzlich zu sehen, die sonst so taff, dominant und erhaben schien. Sie standen dicht voreinander. Neben ihnen war ein rotes matratzenähnliches Lager vor einem prasselnden Kamin. Marc streifte ihr den transparenten Umhnag ab und ließ diesen an ihrem Rücken herabgleiten. Nun stand sie in ihrer vollen Schönheit da, nur noch mit dem Schmuck bekleidet. Sie wagte es nicht, ihm seine

Kleider vom Leib zu reißen, sie war wegen seiner Pracht etwas gehemmt und blieb passiv, aber erwartungsvoll. Er zog sich selbst aus, so dass sie ihren Blick lieber etwas zügelte, denn innerlich fühlte sie wachsende Begierde, ihr lief das Wasser im Munde zusamen. Beide standen nun nackt voreinander, eine heiße Welle durchflutete sie, und so ließen sie sich auf das Lager gleiten. Duft- und Massageöle sowie Obst und Wein standen bereit, doch Marc nahm nur Mandel- und Aprikosenöl, um ihren göttlichen Körper damit zu salben. Sie ließ es sich wohlig gefallen, er war sehr zärtlich und achtsam, so dass sie ihm gleich vertraute. Die seelische Verbindung der beiden als Dualseele war so ausgeprägt, dass sie sich ihm sofort öffnete und er ihre Yoni zu massieren und einzuölen begann, doch ein derartiges Gleitmittel brauchte es gar nicht, sie war bereits empfangend. So tauchte er mit seinem Gesicht ein in ihren Schoß und liebkoste ihre Rosenknospe, die mehr und mehr anschwoll. Er war noch nicht lange dabei, da kam sie schon das erste Mal, leise jauchzend. Sie zog seinen Kopf zu ihrem Mund, und sie verfielen in leidenschaftliches hemmungsloses Küssen, wobei ihn so viel Wolllust überkam, dass er kraftvoll in sie eindrang.....sie kam sogleich zum zweiten Höhepunkt, diesmal viel lauter. Marc war so angetörnt und fasziniert von ihr - das hatte er mit noch keiner seiner Frauen erlebt - so dass er selbst explodierte und sich in ihr ergoss. Es war wie ein Donnerschlag.....er brachte ihnen in dieser ersten gemeinsamen Nacht ihren ersten Sohn....

Sie konnten und wollten nicht voneinander lassen, deshalb setzten sich beide auf, positionierten sich einander gegenüber in einer Stellung des Kamasutra..... ohne die Genitialien im Koitus zu vereinen und begannen durch Atmung und Aufbau erneut sexuelle Energie zu erwecken, diesmal die Kundalini, die nach und nach in ihnen vom Wurzelchakra die Wirbelsäule hinauf, am Genick hoch, zu der Stelle aufstieg, in der das 3. Auge zu finden ist..... Es dauerte einige Zeit, denn beide waren nicht geübt darin, aber ihre Intuition veranlasste sie dazu, so dass sich Shakti und Shiva, Göttin und Gott, miteinander dort vereinten und diese Energie aus dem 3. Auge, wie bei der Sphinx, heraustrat.....als dies geschah und auf die außerkörperlichen Chakras übersprang, erlebten beide einen noch nie dagewesenen Orgasmus, die allerhöchste sexuelle Frequenz ohne Ejakulat, die sie mit der Ur-Quelle verbindet. In dieser Ekstase erhielten sie die Informationen, wer sie in höherer und höchster Bewusstseinsebene sind und dass es bei ihnen um ein Zwillingsflammenpärchen geht, das sie als Schlüssel zum Goldenen Zeitalter, dem NEUEN Garten Eden, zeugen werden.....

Nun aber wieder zum Verrat in Atlantis I

Dieser war größer und umfassender angelegt, er vollzog sich nicht nur in der Bewusstseinsdimension 5, um Moraya und Uniel (und als Athene und Prometheus in 6-7 D.....und die Clans der anderen EE-Aspekte), sondern parallel in 3 D um das Imperium, das man Römisches Reich nannte. Die 12 Stämme IS RA EL waren im ursprünglichen Garten Eden in 10 + 2 Stämme gespalten, die Nordischen 10 (Norden) und die 2 des Südreichs, Stamm Juda und Stamm Benjamin - Juda war der Stamm der einst abgespaltenen SaturnIA (des Demiurgen weiblicher Aspekt EE Sophialelle). Er war im Zweistromland zu lokalisieren - Sumer/Mesopotamien. Der Stamm Benjamin war der

Verbund der EE-Emanuel-Aspekte. EE Arielle (Prometheus) war ja im Norden festgehalten. Stamm Benjamin war in Ägypten lokalisiert. Die Norden-Stämme waren auch untereinander nicht einig. Auch da gab es Kriege um territoriale Eroberungen, Macht und Religionen. Große Verwirrung gab es durch die Geschichts"verschreibung" und "Mythologie", da wurde gefälscht, geändert, weggelassen, umbenannt, neubenannt - so dass auch und vor allem im Römischen Großreich, das viele Reiche und Völker beinhaltete, viele Größen, die auf beiden hauptgegensätzlichen Seiten ackerten.....

Das 1. Dreimännerbündnis = Triumvirat des Römischen Reiches 3 D bestand aus Cäsar (in 5 D Aragon), Pompeius (in 5 D Lemuriens Ex-König und Morayas/Kleopatras Vater) und Crassus (in diesem Leben David) der letztlich Kleopatra umbrachte. Zu Beginn war Marc Antons 1. Frau Fulvia (Silke, in Atlantis Halima) mit Cäsar zusammen, ohne Kinder. Aber Cäsar wollte Kleopatra, die ihn ebenfalls begehrte und verehrte. So heirateten beide, was natürlich dem System ein Dorn im Auge war, woraufhin man den Verrat , Cäsars Ermordung und auch Kleopatras Beseitung lange plante. Cäsar wurde dann durch Pompeius´ Schergen tatsächlich beseitigt, und auch Crassus hatte seine Finger im Spiel. Kleopatras leibliche Brüder, Ptolemaios XII. und XIII., waren parallel mit ihr nach ägyptischem Brauch vermählt, jedoch auf dem Papier, vor allem aus politischen Gründen. Der ältere Bruder (in diesem Leben Frances) wurde von einem Eunuchen beraten (in diesem Leben Doulas Vater) und in einem familiären Kleinkrieg gelenkt, gegen Kleopatra.....doch letztlich wurden auch diese beiden ausgehebelt durch das Römische Reich und noch vor Kleopatra selbst beseitigt. Weil es diverse Kleopatras gab, benenne ich die entscheidende mit Kleopatra-Athene.....

Als Mark Anton in Kleopatra-Athenes Leben trat und ihre

heftige Liebe entbrannte, lebte er zwischen seinen Feldzügen nur mit ihr zusammen. Seinen anderen römischen Frauen entzog er sich. Das Imperium sah die Felle schwimmen - denn es wusste um die Auswirkung dessen, wenn sich die beiden Zwillingsflammen dieser Dualsseele (EE Emanuel und Arielle) verbinden und ein bestimmtes Paar als Nachwuchs entsteht.....Das Römische Reich setzte Marcs Tochter aus der Ehe mit Antonia ein, Fadia (in diesem Leben Laila, in 5 D Mirabelle/in 6-7 D Aphrodite), die ein Inzestimplantat in ihren Vater brachte, das inkarantionsübergreifend wirken sollte. Antonia (in diesem Leben Kate, in 5 D Mirabelle/in 6-7 D Poseidon) war Tochter des Pompeius, genau wie inoffiziell Kleopatra-Athene selbst. Beide waren Halbschwestern und vertraten die gegnerischen Seiten. Über Marc´s Mutter, römische Frau und Tochter (atlantischer 3er Pack)wurde Marc dann energetisch in Schach gehalten, auch über das Implantat getriggert und Psychotronics zweitweise mit Depressionen bestrahlt....im heutigen Leben Jo im 3er Rucksack seine Mutter, seine Ex-Frau Kate und Laila.....

Marc war im 2. Römischen Triumvirat selbst einer der 3 Männer im Dreimännerbündnis, neben Octavian (in diesem Leben Doulas 1. Ex-Mann), seinem angeheirateten Cousin/Antonias Cousin und Marcus Aemilius Lepidius (in diesem Leben Ramin, Doulas facebook-Kontakt). Beide, Octavian und Lepidius, waren dann diejenigen, die Marc beseitigen ließen, noch früher als Kleopatra-Athene. Marc und Kleopatra-Athene hatten 3 Kinder, wobei die beiden Jüngeren das spezielle Zwillingspaar waren (Dualsseele). Kleopatra-Athene und Marc wussten um ihre Stellung in Höchster Instanz und wusste auch um die beiden Zwillinge als Tor zum Goldenen Zeitalter - die Gegner jedoch auch..... Marc und Kleopatra-Athene, vor allem sie selbst, hatten die Kinder wie folgt benannt: den Jungen

Alexander Helios für Sonne (Alexander in Andenken an ihren Großonkel Alexander den Großen) und das Mädchen Kleopatra-Selene für Mondin. Die Seele des Jungen war die von Doulas Jüngstem, in 5 D Sabthielle.....hatte sie jedenfalls bisher GEDACHT....doch nun tat sich auf, dass Sabthielle auch dort eine Dualseele ist, also auch Doulas älteste Tochter in 5 D dazugehört - Doulas jüngster Sohn war also Sabthiel und Doulas älteste Tochter war Sabthielle.

Marc und Kleopatra-Athene hatten noch einen größeren Sohn, Alexander Ptolemaios, in 5 D und 6-7 D Thor, in diesem Leben Jo´s Sohn Oliver. Alle 3 Kinder wurden beseitigt, der Älteste war um die 20, die beiden Zwillinge um die 11 Jahre alt.

Es ist Geschichtsverschreibung bzw. ein Lüge, dass Kleopatra-Athene und Marc Anton sich selbst durch Suizid umbrachten, sie waren Opfer von Verrat und Mord. Ihre Kinder wurden NICHT von Octavia (in diesem Leben Zigeunerin Camilla, EE Michael-Aspekt), Schwester Octavians, aufgezogen, sondern beseitigt.....

Parallel liefen noch andere Geschichten wie die um Spartacus (in diesem Leben Arne, in 5 D Ansgar), der von Pompeius und Crassus aufgerieben wurde.... Nach der Ermordung von Kleopatra-Athene und Marc Anton benannte sich Octavian um in Kaiser Augustus. Er, der Hades-Abkömmling, war im Bunde mit zu der Zeit Metatron Benanntem (Jahwe, Zeus), so schoben vorrangig die Clans von Hades, Poseidon, Kronos und Zeus die Jesus Christus-Lüge in die Welt. Auch um Hegonit in 5 D (Alexander der Große in 3 D) spielte sich einiges ab. Der Clan (Poseidon) war in sich gespalten, Hegonit war Lemurier in 5D, seine atlantischen Adoptiveltern in 3 D waren Philipp II. und Olympia von Makedonien/Griechen, deren Namen man später römisch umbenannte.

Atlantis I war also der AufstiegsVERSUCH über Äonen von Jahren BIS ZUM Ende von Kleopatra-Athene und Marc(us) Anton(ius), in 6-7 D Athene und Prometheus. AB "Geburt" von "Jesus Christus", der Einspielung der größten Lüge an der Menschheit, der Erschaffung auch der anderen Weltreligionen aus Metatrons Kopf, begann Atlantis II. Das heißt, wir haben seit 2016 Jahren Atlantis II, den Rückkehrversuch in 5 D.....Nun ist es doch wohl Zeit für die WENDE, zur Wintersonnenwende.....

Kapitel 32

Rückzug aus der Öffentlichkeit - Level 13 D und 14 D

Nachdem Doula nun so viel zusammengetragen hatte, wusste sie, dass nun der Zeitpunkt gekommen war, aus der Öffentlichkeit zu verschwinden und sich nicht mehr über facebook so offensiv zu outen. Sie wusste, was mit der Wintersonnenwende in Gange kam, sie legte sich mittlerweile selbst die Karten aus verschiedenen Decks, denn es brachte nichts, anderen zu vertrauen.....Sie selbst war der Schöpfer ihres eigenen Lebens, sie hatte alles selbst in der Hand, auch die Harmonisierungen dessen, was sie alles aufspürte bei ihren Maulwurf- und Kloaketieftauchtouren.... Sie spürte Jo sehr deutlich, sie wusste, dass sie ein gemeinsames Höchstes Selbst haben, über das sie mit ihm telepathierte und über ihn im Bilde war. Sie hatte ihn in einem Kokon gesehen, die Transformation der Raupe zum Schmetterling.....sie schickte ihm ihre türkisfarbene Energie des Bewusstseins von 13 D und rosa Energie der bedingungslosen Liebe, damit er Kraft erhalte, selbst den Kokon aufzureißen bzw. das Weinfass, in dem er saß, energisch aufzutreten.....Sie kümmerte sich derweil um den 13. Schlüssel, der sie selbst ist, so wie auch der 13. Kristall-Brägen.....Es lag alles in ihrer Hand bzw. ihrem Geist. Als erstes harmonisierte sie den Verrat und Mord im Römischen Reich 3 D und alles Entsprechende in Atlantis I -5 D und überschrieb die Geschichte liebevoll. Sie vereinte alle, die einst einer Familie in 12 D angehört hatten. Das Schachspiel von schwarz und weiß sollte nun ein Ende haben, es musste nun erkannt werden, dass niemand nach Hause, zur Ur-Quelle, zurückkehren kann, wenn nicht gesehen und gefühlt wird, dass alle EINS sind, aus einer Quelle kamen und dahin zurückkehren, das ist der Lauf des Lebens. So waren die Elohim-Wesenheiten, die Humanoiden....einige durch den Ogonki-Virus zu humanoiden Reptiloiden geworden, ANUnaki-Götter, die ANIMUSSE, aus denen alles hervorging, und sie waren selbst aus der Ur-Quelle, der ANIMA. Die erste Menschheit waren Archetypen, halb humanoid - halb animalisch (siehe auch Bundeslade, darauf sind Vertreter der Querubim), die Meermenschen waren mit Delfinen und Walen direkt verwandt, ihr gemeinsamer Vorfahre ist ein REPTIL. Die Wiege der 1. Menschheit war das Wasser. Die 2. Menschheit war schwarz bzw. farbig, einerseits waren es die Maya, Ur-Inka und UR- Azteken als Vorfahren der Lemurier und vor allem der Atlanter der Epoche Atlantis I. Andererseits waren es die vom Sonnenvolk, Aborighines u.a. als direkte Vorfahren der Lemurier. Die 3. Menschheit waren also die Nachfahren, die Atlanter und Lemurier, sie waren schon heller. Die 4. Menschheit sind wir in der Epoche Atlantis II seit 2016 Jahren. Und immer spielten Schwarz gegen Weiß, sowohl als Schachfigur auf dem Brett des irdischen Lebens, als auch als Spiel-LEITER (GEIST überirdisch) .....Die 5. Menschheit werden diejenigen ausmachen, die es zurück in 6 -7 D schaffen (5 D haben wir jetzt bereits). Doula fiel nun auch wieder die allmächtige Wesenheit an ihrem Kinderdoppelstockbett ein, sie hatte immer GEGLAUBT, es wäre Gottvater gewesen.....nein, sie war es SELBST, Emanuel personifiziert aus 14 D, dem Souveränen Integral. GottVATER gibt es nicht, dafür aber MutterGÖTTIN = Ur-Quelle, den männlichen Gottesaspekt machen wie schon gesagt die Erstgeschaffenen Schöpfergötter-Entitäten, die Elohim, aus, die Kirche und der Volksmund nennt sie Erzengel - Doula hatte dafür die Abkürzung EE.

Doula fühlte nun bei ihren facebook-Freunden, die ja alle größtenteils EE-Aspekte waren, dass diese mit akuten

Transforamtionssymptomen zu kämpfen hatten, und sie bestätigten ihr, dass sie seit einer weiteren Portalöffnung am 12.12. und seit dem Vollmond am 14.12. arg zu leiden hatten.....psychisch und psychosomatisch. Doula hatte so etwas nicht, das hing auch mit dem Erlebnis in der Badewanne zusammen.....und damit, dass sie mittlerweile das Souveräne Integral und direkt mit Jo verbunden war. Sie ließ sich auch durch nichts und niemanden mehr beeinflussen und aus ihren Hellsinnen bringen, fragte weder auf den hotlines nach noch fragte sie empathische fb-Freunde oder mediale Freunde. Sie WUSSTE, dass hier die Möglichkeit der Manipulation gegeben war, sie eh alles negativ einschätzten oder es um einige Monate später sahen als Doula, wenn sie es überhaupt sahen....Doula WUSSTE es besser, denn sie war ja mit Jo in einem GEMEINSAMEN HÖCHSTEN SELBST verbunden. Es machte ihr niemand mehr etwas vor. So wie du denkst, so dir geschieht....SIE SELBST hatte alles in der Hand bzw. im Geist.

Also löste sie nicht nur den Verrat in der Atlantis I -Epoche in 5 D und im Römischen Reich 3 D auf, sondern zog auch bei allen "Mitspielern" der EE-Aspekte die atlantischen Fremdprogrammierungen und Implantate, überschrieb die Geschichte positiv und harmonisierte auch innerhalb der EE-Clans. Bei dieser Gelegenheit durfte sie auf seelischem Wunsch von Jo auch dessen nicht mehr laufende Firma, speziell den Verrat und die Abhängigkeit zu Kate, auflösen. Jo hatte eh vor, etwas anderes zu machen, er wollte raus aus Kates Zange und wollte weg aus Berlin, hin zu Doula. Er hatte Liebeskummer und Sehnsucht bezüglich Doula, wollte endlich seine Gefühle zu ihr LEBEN, doch Kate erpresste ihn noch mit Oliver, der mittlerweile 15Jahre alt war wie Naja, die Hündin. Er würde sicher verstehen, wenn Kate die "Bombe platzen lassen" und ihm stecken würde, dass Jo NICHT sein leiblicher Vater ist. Jo hatte nun nicht mehr so viel Angst. Er liebte Oliver und der ihn ebenso - diese Bande sind seelisch, denn sie sind atlantisch Vater und Sohn, auch Doulas Sohn. Jo wollte nicht mehr auf Liebe und Freude in einer harmonischen liebevollen PARTNERschaft mit Doula verzichten. Er hatte die bedingungslose Liebe und Treue zu ihr im Kopf und im Herzen, im Außen hinderte ihn nur noch das dreifache Hindernis des Traumas, Mutter- Ex Kate - Laila..... Doch es kochte und brodelte in Jo, der an männlicher Energie zugelegt hatte.....Doula selbst war sanfter und weiblicher geworden, das hatte ihr Helge beim Weihnachtsmarkt-Besuch in Ribnitz bestätigt, bei dem er ihr wieder einmal Avancen machte, wie schon im Juni im Berliner Hafen. Er wollte sich sogar selbst bei ihr einladen, um sie zu bekochen, doch sie hatte sich herausgedreht. Sie waren schön spazieren gegangen und hatten sich in einem Café unterhalten, dann waren sie noch auf einem Weihnachtsbaumverkauf, weil Doula einen kleinen Baum haben wollte, ihr Bauch meinte das....Dann verabschiedete sie sich von Helge, sie wollte zu Hause noch alles etwas weihnachtlich gestalten, obwohl ja niemand von der Familie da wäre oder käme.....Sie schmückte Hauseingangsbereich und das kleine Weihnachtsbäumchen mit Deko und Lichtern....Sie kaufte auch etwas mehr an Lebensmitteln ein, falls sie zur Wintersonnenwende Besuch bekäme, denn sie hatte Jo ja eine entsprechende Karte geschickt.....Die Kartendecks sagten, er sähe es als die Gelegenheit.....wieder mit ihr in Kontakt zu kommen, wenn sie allein wäre, und das hatte sie in der Karte betont....dass sie allein (nur mit ihm) kokeln und räuchern wollte am Abend der Wintersonnenwende.....

Doula ordnete weiter bei den EE-Aspekten -Clans zu, löste

Negatives auf, harmonisierte und machte telepathische Vergebungsrituale. Sie hatte entdeckt, dass alle EE-Clans, bis auf Sophiaelle, in Atlantis gegen sie gehandelt hatten, sie konnte vorerst keinem trauen, solange sie nicht alle ihre Transformation hinter sich hatten und sie mit Jo physisch zusammenwäre.....Und mittlerweile wurde Doula auch klar, dass es nicht alle Dualseelen der EE-Aspekte in dieser Inkarnation schaffen würden, als Paar in einer Partnerschaft in 6-7 D zurückzukehren, manche würden nur Freunde sein, manche den Aufstieg nicht schaffen, doch für Jo und sie, das Drachenpferd, war es nun vorgesehen, es war Doulas 265. Inkarnation, Quersumme = 13.....Damit ging sie natürlich nicht hausieren, das behielt sie für sich. Sie wollte Neid und Missgunst verhindern, deshalb war klar, dass sie nun auf facebook vorerst ihre Aktivität einstellen musste, um Fragen aus dem Weg zu gehen....

Außerdem war für Jo und Doula nicht nur die physische Zusammenkunft vorgesehen, sondern noch mehr....Familienglück. Sie spürte Jo abends und morgens, ihr Sakralchakra war mehr als aktiv, sie vereinigten sich miteinander telepathisch. Es war so intensiv wie nie. Sie hatte auch gesehen, dass eine Schwangerschaft auch ohne männlichen Samen erzeugt werden konnte, weil eine Frau eigenen Samen hat, über ihr Ejakulat, wenn es IM Körper verbleibt, im Uterus verwendet wird und sie nicht squirtet. Es kam also nicht auf die Potenz des Mannes an.... Doula spürte Jo immer bei sich, sie hatte ihn vor ihrem geistigen Auge auch schon seinen Kokon einreißen bzw. das Fass eintreten gesehen.....

Doula selbst war nicht nur der 13. Schlüssel, sondern auch in 14 D im Souveränen Integral, d.h. es gab keinen ganzen 13. STAMM Is ra el, sondern sie selbst ist diejenige, die den anderen 12 EE-Clans liebevoll die Leviten liest....und sie fand noch mehr heraus.....das 13. Tierkreiszeichen, das 13. Sternbild Ochiuchus (der Schlangenträger) auf dem Himmelsäquator, wurde fälschlich mit Hercules verglichen.... Der Schlangenträger lief nun 2016 vom 30.11.-18.12. direkt durch den Schützen, ein 30 Grad großer Abschnitt auf der Ekliptik, direkt vor dem Punkt der Wintersonnenwende. Das 13. Sternbild wollte niemand wahrhaben, doch es ist wahrlich das 13. Tierkreiszeichen. Die Schlange symbolisiert NICHT den Äskulapstab und damit einen angeblichen Sohn Asklepios von Apollon und dessen Geliebter, sondern die Schlange bedeutet WISSEN, WEISHEIT = Athene, sie wächst herkuleshaft zum 13. Schlüssel für den Ausbruch aus der 12, der VollENDung. Asklapios ist Demter, Zwillingsflamme von Gaia. Apollon, der "neugeborene" Prometheus, hatte und hat keine Geliebte neben Athene (= Artemis, anderer Name). Athene war nun so weit, die Kristall-(Wissens-)Bibliothek von Gaia, die auf alle 12 EE-Clans verteilt ist, zu aktivieren.....was sie ja schon seit geraumer Zeit tat, doch nun wirklich schnell und intensiv, ohne noch Zeit zu verlieren, denn die Wintersonnenwende stand am nächsten Tag schon vor der Tür.....

Ihr machte lediglich der verätzte rechte Ringfinger zu schaffen, den sie sich vor 3 Tagen mit heißem Fett verbrannt hatte, es hatte eine riesige Blase gegeben, die nun aufgegangen war und deren Haut suppte.....Normal war das nicht, Doula ahnte, dass da wieder Archonten, also negative Wesenheiten am Werk gewesen waren mit Manipulation und Störung.....und warum wohl gerade der rechte Ringfinger.....Doch es gab ihr wieder einen ganz neuen Impuls - über facebook .....Sie musste eine GROSSE Korrektur vornehmen, diese Wesenheiten waren nicht NEGATIV, denn negativ sind ja die WEIBLICHEN Kräfte (die männlichen sind positiv) - diese Wesenheiten sind wohl

NIEDRIG schwingend, also NIEDRIGE Wesenheiten. Und nun wusste sie auch, dank eines Impulses eines Facebook-Freundes, dass sie ab sofort in ihren Auflösungsarbeiten nicht die NEGATIVEN Energien auflösen durfte, sondern wohl die NIEDRIGEN und die niedrigen Wesenheiten in Licht und Liebe bringen musste bzw. dahin zurück, woher sie kommen.....

Es war der Tag der Wintersonnenwende.....Doula bekam wieder einen Impuls-----wieder über facebook.....es ging darum, wann die Rauhnächte denn nun wirklich beginnen, überall war zu lesen, ab dem 24. zum 25. Dezember bis 5./6.1......doch das ging Doula gegen den Strich, denn das war ihr zu christlich, damit hatte sie nichts am Hut. Und so fand sie heraus, dass der erste christianisierte norwegische Herrscher Hakon, Sohn des Harald I., Keltenbrauch und Christenfest zusammengeworfen hatte.....Hakon gab Doula einen entscheidenden Impuls, ihre Intuition sagte, dass sie mit Hakon verbunden ist.....da musste sie nachschauen und fand 3 Leben, in denen sie auflösen und liebevoll überschreiben konnte:

1.-Ihr Leben in Norwegen, 10./11.Jh. - Jo als ihr Mann, König Hakon, wurde getäuscht, von einer Frau der niedrigen Seite, eine der 3 Hades-Töchter (in diesem Leben Doreen), die die GESTALT von Doula angenommen hatte, Hakon zum Christentum bekehrte und seine Ehe zerrüttete, weil sie ihn ins Bett bekam, woraufhin er es Doula gesagt hatte, dass SIE ihn doch selbst zum Konvertieren angestiftet hatte, dadurch flog der Schwindel auf und Doula verließ ihn und ließ sich anfangs mit Hakons Vater Harald I. ein, um dann später nach Schweden zu gehen.....Das jedoch hatte Doula ja schon zu einem anderern Zeitpunkt bereinigt. Es war die Inkarnation, in der schon wieder einmal ein Zwillingspaar als Nachwuchs und Schlüssel des

Garten Eden vorgesehen war.....2.- Diese mysteriöse Frau war in Doulas und Jo´s Inkarnation Kleopatra-Marc Anton ebenfalls in GESTALT von Doula (Kleopatra) in Marcs Bett gestiegen, um ihn dann zu erstechen.....3.- Und als Morgana war diese Dame im 5./6. Jh. in Avalon am Werk, und wieder hatte es geklappt, in GESTALT von Doula (Ceridwen) mit Jo (König Arthus) intim zu werden, um in sich Moldred zeugen zu lassen, der später seinen Vater Arthus umbrachte..... In diesem Leben hatte ihr Doula in 2014 ihren Schimmelwallach Belisar geschenkt, als sie Hof und Pferdezucht anfing, aufzugeben. Da wusste sie noch nicht, wer diese Frau war, die ihr das Kartenlegen beibringen wollte und so eine merkwürdige Ausstrahlung und befremdliche Augen hatte, sie war auf gewisse Weise unheimlich nett, doch nicht klar, sondern verschlagen.....Doch nun war alles harmonisiert, und sie wünschte ihr weiterhin alles Gute, diese Frau hatte sie tatsächlich nicht mehr auf dem Plan gehabt.....

Kapitel 33

Die Wende

Es war nun der Tag der Wintersonnenwende, zu dem Doula Jo für abends eingeladen hatte. Er sollte seiner Intuition folgen, sie hatte keine Zeit vorgegeben. Sie hatte vor, in einem Feuerkorb auf der Terrasse zu kokeln, hatte Brenn- und Räuchermaterial besorgt, ein zusätzliches Schwedenfeuer, Glühwein und Gehacktes, um Bouletten zu machen, die Jo so gerne mochte. Sie hatte seine Leibspeise Milchreis gekocht und oben im Schlafzimmer die Betten frisch bezogen. Alles war sauber, auch draußen hatte sie die Unordnung des Welpen beseitigt. Einerseits freute sie sich darauf, Jo wiederzusehen, denn sie hatte wieder große Sehnsucht und Begegnungs-Vorfreude, andererseits bezweifelte sie, dass er kommt. Zu viel war bisher schon passiert, zu oft hatte er sie wortlos versetzt oder sie einfach zurückgewiesen oder durch Ignoranz verletzt. Doula war innerlich zerrissen, wie sollte es werden, hatte Jo überhaupt den Mut, ihr entgegenzutreten, da war doch noch die Sache mit dem erlassenen Darlehen. Sie spürte, dass er noch feige verharrte und nach einem einfacheren Weg suchte und grübelte.....Sie hatte alles so festlich gemacht, hatte sogar einen Weihnachtsbaum - obwohl sie es ursprünglich nicht vorgehabt hatte - da war beleuchtete Weihnachts-Deko am Hauseingang, und im oberen Fenster in Richtung zur Toreinfahrt strahlte ein beleuchteter Pentagramm-Stern, aber als Druidenfuß, also ZWEI Spitzen nach oben. Und damit Jo die Hausnummer finden konnte, die sie extra an der Toreinfahrt an einem neuen weißen Briefkasten angebracht hatte, stemmte sie eine Halterung mit Kerzen-Laterne und die Nummer 10, ihre

Hausnummer - das Zeichen der Dualseelen....

Es war schon dunkel, langsam wurde sie aufgeregt, sie hatte sich geduscht, die Haare gewaschen, sich ordentlich, nicht aufreizend, angezogen.....sie bereitete nun draußen den Feuerkorb vor, es dauerte bei dem nassen Wetter länger, das Feuer zu entfachen und am Brennen zu halten. Sie hatte den 5er Julkranz aufgestellt und 2 Campingstühle. Zwischendrin postete sie immer wieder bei facebook, um sich die Zeit zu vertreiben und abzulenken. Einen Kasten Bier hatte sie auch bereitgestellt, Jo mochte Bier lieber als Glühwein. Wurst und Schinken waren auch eingekauft, obwohl sie selbst auf vegetarisch-flexitarisch gewechselt hatte....

Doula sah von Amir eine PN, er fragte sie, wie es ihr ginge, er wusste ja, dass sie Jo eingeladen hatte. Er gab ihr zu verstehen, dass er bei Jo spürte, dass dieser noch keinen Impuls hatte, ihr physisch zu begegnen. Sie war darüber ärgerlich, alle hatten irgendwo Familie und waren so Weihnachten nicht allein.....was hatte SIE verbrochen, nun allein zu sitzen..... Doch Amir meinte, sie wüsste ja, DASS Jo irgendwann kommen würde, ja, irgendwann.....Mittlerweile fühlte sie sich schlapp und müde, sie war ausgepowert, hatte keinen Bock mehr, zu AGIEREN, zu bitten, zu werben, vorzubereiten, zu gestalten. Sie wollte EMPFANGEN, passiv BEKOMMEN.....Sie wollte keinen Huf mehr für diese Dualseelensache anziehen. Mehr und mehr wusste sie, dass Jo heute nicht kommen würde. Nicht, dass es sie umhaute - sie war von ihm doch gewohnt, versetzt zu werden, ohne ein Wort, ohne Entschuldigung oder Absage. Das schien, ihm Spaß zu machen, hatte er dabei seinen inneren Vorbeimarsch? Irgendwie hatte sie auch das Gefühl, er würde sie auf facebook beobachten, sie hatte ja alles öffentlich - und da gab sie echt genügend zum Besten und hamsterte viel Anmache und wohlwollende Bekundungen von anderen männlichen Spirituellen ein, doch bisher hatte sie sich nichts dabei gedacht, denn sie nahm an, dass sie Jo genug Bestätigung und Sicherheit gegeben hätte, als dass er eifersüchtig sein müsste. Doch sie kannte eben auch seinen Hang zum Selbstmitleid und seine Minderwertigkeitskomplexe.

Der Abend der Wintersonnenwende läutete nun wirklich, wie sie vorher schon geahnt hatte, den INNEREN Polsprung bei den Elohim ein, Amir (mit weiblichem Seelenkern) bestätigte ihr am 24.12., dass er nun endlich voller Power war und Bäume ausreißen könne - so etwas kannte er lange nicht mehr.....Doula dagegen hatte den ganzen Tag des 24.12. schlechte Laune, war launisch, traurig, pessimistisch, passiv, hatte aufgegeben, Jo zu sehen, da war nicht einmal eine Karte - auch das Goldene Qilin hatte er ihr nicht zurückgeschickt und sich auch nicht für den Adler-Silberarmreif bedankt.....Doch was hatte sie ERWARTET....Sie fragte sich, warum IHR das alles passierte, sie saß allein mit ihrem Hund, der trotz der 16 Wochen immer noch nicht stubenrein war, der ihr die Bude vollpisste, alles annagte oder auf den Kopf stellte.....Mit diesem Welpen konnte sie weder zu ihrem Ex-Mann noch zu ihren Eltern fahren. Also musste sie sich damit abfinden, allein zu hocken. Sie hatte zwar einen großen Pott ihrer legendären Soljanka gekocht, falls Jo doch noch käme, ganz "zufällig".....aber sie glaubte da nicht wirklich mehr dran. Sie war aber auch nicht in der Lage, die Angebote der anderen Männer, die sie umgarnten, auf facebook anzunehmen. Da waren Helge, Ajax, Matthias....die um sie warben, doch sie wollte und konnte nicht, ihre Seele WUSSTE, dass sich Jo und sie verprochen sind. Sie sind füreinander vorbereitet worden. Sollte sie nun nach diesem langen Weg aufgeben? ....ihren größten Traum und tiefsten Wunsch? Sie wollte erst mit Ende des Jahres entscheiden bzw. es gänzlich abhaken, das hatte sie Jo ja auch so in der Karte mitgeteilt.

Sie wollte nun eine liebevolle Partnerschaft leben, für sie stand Familienglück an erster Stelle, denn sie hatte keine heile Familie mehr, seitdem Jo ihr begegnet war....So einen Weihnachtsabend im Alleinsein erleben und aushalten müssen, wünschte sie niemandem.....eine weitere harte Prüfung. Doch von Prüfungen hatte sie nun genug. Sie wollte JETZT ein Geschenk EMPFANGEN, es sich nicht erarbeiten müssen, sondern liebevoll und bedingungslos BEKOMMEN-----ein Geschenk der Gnade.....Um die Trauer auszuhalten, schaute sie sich auf dem Laptop den Film "Antarctica - Gefangen in Eis" an, ein Film um eine Expedition, auf der das Hundegespann in der Antarktis gelassen werden musste.....In diesem Film überlebten einige der Hunde, was aber gerade auf die aktuelle Situation bei Doula passte, war der Umstand, dass die Leithündin ihre Führungsrolle abgab.....was bei Doula auch gerade der Fall war, sie gab Kontrolle und Führungsposten ab, sie wollte, dass ein anderer diesen harten Job übernimmt und wollte sich zurücklehnen, heilen und sich ihren Emotionen hingeben.....Ein letzter Impuls war dann für diesen Heiligen Abend, ihr Profilbild bei facebook (Qilin) gegen ein rosa Lichtreflexbild mit 2 Tannenbäumen im Schnee auszutauschen und darunter zu schreiben: "Der Beginn von etwas Neuem - Knallt man eine Tür zu, öffnet sich eine andere - danke an Ajax" (von dem sie dieses Bild hatte und der in dieser Nacht ein ähnliches neues hochlud). In dieser Nacht wurde sie jedoch schon gegen 1.00 wach, im Unterbewusstsein wusste sie, dass es falsch war....., ihr ganzer Traum ebenso, da zerrte etwas an ihr.....jemand.....Sie quälte sich durch die Nacht, es war wie ein kleines Sterben.....sie konnte es nicht verwinden, Weihnachten allein verbringen zu müssen, war denn alles so aussichtslos.....Sie legte sich aus 2 Decks wieder selbst die

Karten, und wie schon beim letzten Mal sah sie bei Jo Depression, das Haus, Geldsorgen, den Berg/das Hindernis, aber auch den guten Ausgang, den Reiter, den Neuanfang, den Schlüssel und das Glück.....

Ihr Welpe gab keine Ruhe, alles war sehr gespannt, ihr ging es nicht gut, und Babsie wollte partout nicht auhören, alles war auf Krawall.....sie wollte dieses Weihnachten einfach nur überstehen.....Sie hatte bemerkt, dass ihr Welpe nicht ganz klar im Kopf zu sein schien, es wurde mit dem Einnässen immer schlimmer, außerdem war er wie aufgedreht und hatte Zerstörungswut. Doula ging das voll gegen den Strich, denn sie konnte weder arbeiten noch Ruhe finden, um zu meditieren. Es steigerte sich soweit, dass sie selbst in Wut war und den Hund anzuschreien begann, doch es änderte sich nichts. Den Hund konnte sie nun nicht mehr aus den Augen lassen, deshalb sperrte sie ihn oft in der Transportbox ein. Ihr war mittlerweile schlecht, sie war matt und ausgelaugt, hatte weder Appetit auf Essen noch Trinken, ebenso wenig wie ihr Welpe. Doch es musste eine Ursache dafür geben. Sie hatte zwischendrin Glühwein getrunken, doch ließ es lieber, da sie auf der Terrasse beim Rauchen energetischen Beschuss HÖRTE.....Da wusste sie, dass sie es sich nicht einbildete - Niedrige Energien waren wieder einmal zu ihr geschickt worden, unter dem Motto, wenn ich die Herrin nicht treten kann, trete ich ihren Hund.....Auch die Sache mit dem von heißem Fett verätzten rechten Ringfinger war kein Zufall gewesen, das war 1-2 Tage bevor sie sich mit Helge getroffen hatte. Der Finger war erst angeschwollen gewesen mit einer riesigen Blase, die dann geplatzt war, und nun wuchs wildes Fleisch, ein Kruste, die schmerzhaft war und spannte.....Der rechte Ringfinger deutete darauf hin, dass die niederen Kräfte wussten, worum es bei ihr und Jo gehen sollte.....Na klar, die hatten ja auch Einsicht in die

Akasha UND SIE VERSUCHTEN, zu manipulieren und einzugreifen.....

Doula wusste um den atlantischen Dreierpack von Jo´s Mutter, seiner Ex Kate und Laila (in Atlantis seine Adoptivmutter, deren Tochter = seine 1. Frau und die mit ihm gemeinsame Tochter).....Sie ahnte, dass Jo auf ihrer facebook-Seite observierte, deshalb nutzte sie diese Chance, um ihn zu warnen, er MUSSTE es doch nun endlich verstehen und AGIEREN.....es ging doch nicht nur um sein eigenes Leben, sondern auch um das seines Sohnes, der in Atlantis ihr beider gemeinsamer ältester Sohn Thor ist. Vorher postete sie aber auch ein Balzflugbild zweier Adler und schrieb dazu: "Und wenn der eine Adler immer noch glaubt, dass er ein Schwimmvogel oder Paddler sei, dann ist das eben so. Dann nimmt sich der andere Adler einen, der den Balzflug und alles, was danach kommt, vollziehen kann, verabschiedet sich liebevoll vom Paddler und wünscht im baldige Erkenntnis und für später allzeit guten Flug."Anders konnte Doula nun nicht mehr, sie hatte alles getan, Jo musste sich selbst von den niederen Machenschaften des Dreierpacks abgrenzen, auf den Tisch hauen und AUFERSTEHEN. Sie konnte und wollte ihm nicht mehr helfen. Es war SEINE Seelenaufgabe, seine ganz allein, Doula hatte genug aufgelöst, es würde immer wiederkommen, wenn ER nicht selbst die Kurve kriegt.... Es half nichts, Tür zu und nächste auf - sie hatte nun auch ihren letzten Traum, das Drachenpferd, aufgeben und loslassen müssen.....Es war ihr nicht viel geblieben, doch wenigstens war sie gesund, nicht in einer Klinik oder Psychiatrie und keine Kriminalpolizei oder Staatsanwaltschaft hatte wegen wiederholten "stalkings" an Jo bei ihr angerufen.....Dankbarkeit bringt in eine Form der Zufriedenheit, doch sie wollte nun wahrhaft Seelenfrieden haben, das war noch nicht so recht gelungen.....

Kapitel 34

Die wahre Geschichte um die Große Göttin MariaELLE und einen ihrer EE-Söhne Jesus/Metatron (bereinigt Mandaruel)

Es war der zweite Weihnachtstag 2016, infolge des archontischen Beschusses hatte Doula etwas Zeit und Kraft verloren, doch das holte sie nun alles wieder auf. Sie war dankend für die Impulse, die sie durch die beiden neuen facebook-Freunde Bastian und Annett bekommen hatte. Sie spürte in deren Energie und empfing die Hinweise, dass es sich um Reinkarnationen von weiteren EE Mandaruel- und EE Sophiaelle-Aspekten handelt. Da Bastian ihr von seinem Aufenthalt in den Karpaten und das Aufeinandertreffen mit seiner "reinkarnierten" (bzw. nun irdisch personifizierten) Mutter berichtet hatte, erschlossen sich Doula durch Channeln Aspekte der wahren Geschichte der MariaELLE (Erzengelsfürstin = Elohim-Fürstin) und eines ihrer EE-Söhne Mandaruel, einst Metatron, dessen Energie in Form des Joshua, anders Jesus, zu verschiedenen Zeiten in die irdische Welt 3 D (Jesus) und (damals noch nicht) höhere Bewusstseinsdimensionen 6-7 D) als Aufgetiegener Meister (und Lehrer der bedingungslosen Liebe) Lord Senanda kam. Mariaelle ist die UR-Quelle, die Große Göttin, die Quelle erschuf alles und alle (Ersterschaffene-Elohim-Schöpfergoot-Entitäten = EE), aus denen sich alles aus sich selbst heraus, OHNE Mariaelles Befruchtung durch einen männlichen Aspekt, entwickelte. Die WEIBLICHE Energie war und ist in der Lage, ALLEIN Leben zu erschaffen. Mariaelle ist die EE-Mutter, die Fürstin der Elohim-Schöpferentitäten, der EE (siehe Kapitel 9), 6 männliche und 6 weibliche ZwillingsFLAMMEN-

(Dualseelen-)Pärchen, androgyn, beides (männlich und weiblich) in sich vereinend.

Metatron wurde neben den Androgynen als Experiment einst OHNE Verbindung mit dem weiblichen Aspekt erschaffen, um zu sehen, was sich aus sich selbst heraus entwickelt, und um zu beweisen, dass alles und alle durch bedingungslose Liebe zur Ur-Quelle, zur bedingungslosen Liebe, zurückkehren. Es geht also um das HÖCHSTE Bewusstsein, dazu war Involution in verschiedenen Sphären/Bewusstseinsdimensionen als MOTOR notwendig, also zum Sammeln von Erfahrungen in verschiedenen Existenzen. Doch das Experiment war nach menschlichem Ermessen ausgeufert. Metatron, der ehemalige Demiurg, der sich selbst ernannte Obergott (ÜBERthron) hatte geistig den Ogonki-Virus erschaffen gehabt, die Archonten, die seine Geschwister und schließlich auch ihn selbst manipulierten und dazu brachten, dass sich einige ihres Emotionalkörpers (weiblicher Aspekt) entledigten und ihre Erfahrungswege ohne Liebe machen wollten.....beschrieben in allen Teilen ab dem 2. Buchteil dieser Pentalogie....Bis zu einem bestimmten Zeitpunkt waren Metatron und auch Sophiaelle nicht selbst inkarniert, das änderte sich jedoch nach dem Bewusstseinsuntergang mit Ende der Epoche Atlantis I, dem Verrat und Mord an Kleopatra und Marc(us) Anton(ius), parallel in höherer Dimension Athene und Prometheus, Letzterer war von den niederen Kräften entführt und auf der Seite der Mächte der Finsternis (Archonten) festgehalten worden.....Danach wurden durch Octavian, der sich zum Kaiser Augustus ernannte und mit seinem Gefolge zu den menschlichen Handlangern der Archonten gehörte, die Lüge der Kreuzigung und der Auferstehung Jesus´ erschaffen, als angeblicher Sohn eines sich selbst ernannten Gottes Jahwe (Metatron), der selbst alle anderen Religionen schuf, um

Menschen gegeneinander aufzuwiegeln. Der weibliche Aspekt, vor allem dass die QUELLE die Große Göttin ist, wurde abgespalten und ein rein männliches Gottesweltbild aufgebaut. Die Namen der Erst-Elohim, Schöpfer-Götter-Entitäten, wurden gefälscht, die weiblichen Aspekte negiert. Jesus hatte es als theologische Figur nicht gegeben. Die angebliche Kreuzigung wurde über ein HOLOGRAMM produziert. Dass Jesus seinen Priestern des männlichen Gottes widersprach und mit seiner Frau Maria von Magdala (Maria Magdalena), Verfechterin der Großen Göttin, einer Meinung war, wurde unterschlagen. Seine angebliche Auferstehung war eine Täuschung. Er war zu der Zeit nie zur Quelle - seiner Ur-Mutter - zurückgekehrt, doch auch nicht zu seinem angeblichen "Ziehvater" Jahwe/Metatron, der ja selbst noch nicht aufgestiegen war (Bewusstsein). Als Aufgestiegener Meister der bedingungslosen Liebe stieg er lediglich in die Sphäre (Bewusstseinsdimension) dieser Aufgestiegenen Meister und Lehrer = 6-7 D auf, als Lord Senanda, zusammen mit Maria Magdalena, und das erst 2014..... Zu 12 D, dem Ursprung, kehrte er erst durch Bereinigung und Auflösung der Lügen und Täuschung zurück, in 2015, genau wie die EE Michael und Danielle (griechisch Hades und Persiphone) und EE Samael und Murielle (griechisch Poseidon und Aphrodite, mit anderen Namen Lucifer und Lillith)..... Die Köpfe des Ausuferns waren also längst zurückgekehrt mit neuen Namen für Metatron = EE Mandaruel und seiner weiblichen Entsprechung EE Sophiaelle, doch das archontische "Gefolge" spökerte noch über die irdischen Schergen auf Erden, über diejenigen Handlanger, die ihre Seele verkauft hatten und deren Geist fremdgesteuert wurde, so dass sie nicht wussten, was sie tun und das Chaos 2016 wieder einmal zum Höhepunkt kam.....bis zur Wintersonnenwende.....

Eine weitere Reinkarnation des einstigen Metatron/Jesus war

im 13. Jh. als Vlad II. UND III. Woiwode Dracul (Sohn des Drachens, nicht des Teufels....dass der Teufel eine geschaffene Begrifflichkeit der Kirche ist, haben wir geklärt....) Vlad II. und III. war deshalb möglich, weil in der Geschichte die Sterbe- und Geburtsdaten gefälscht wurden. Der Vater und kehrte im Fötus seines Sohnes wieder.....Es handelte sich bei den Woiwoden um Slawen/Heiden. Sie wurden genau wie Swantevit, der Gott der Slawen in höherer Dimension, vernebelt, manipuliert und vor die Kreuzkarre gespannt, also christianisiert.....Swantevit war in 3 D später der Kaiser Sigismund. Letztlich ging es um den Kampf gegen das Osmanische Reich, in dem vor allem der 12. und 13. Stamm IS RA EL bekämpft werden sollte.....siehe vorherige Kapitel. Graf Dracul = Dracula war vorher ein rechtschaffender Heide, der jedoch infolge Manipulation, Fernsteuerung und Verbund mit den Mächten der Finsternis (Archonten) zu einem Mittelsmann gemacht WURDE. Vampire und Werwölfe, bei denen es um das Blut (der Großen Göttin) und die Mondin (weiblicher Göttinnen-Aspekt) geht, gehören zum Stab der Mächte der Finsternis in anderen Sphären. Dass man sie mit Silber bekämpft, ist ein Mythos, auch im Exorzismus sind Bibel und Silber kein Heilmittel, denn die Kirche als Scherge der Archonten sitzt mit diesen in einem Boot. Die Bibel ist zu 75 % gefälscht, genau wie die Geschichte der Menschheit und die Mythologie.....Zu den wahren Ur-Schriften gehören die der Gnostiker, Scriften von Nag Hammadi.....die man bisher nicht wahrhaben WOLLTE und bekämpfte..... und wieder versteckte.....Sie warnen z.B. vor Demiurg und Archonten, auch die alten Schriften der Sumerer, die von den ANUnaki berichten (nichtirdischen Göttern, reptilienähnlicher Körper/Kleid) geben Aufschluss, dass es sich bei diesen reptiloid-/archontisch Infizierten (Ogonki-Virus) um Elohim-Schöpfer-Entitäten handelt.....

Es wird zum Ende des Alten kein Messias kommen, um zu erlösen, denn der Gral (angeblicher Becher Jesus´) liegt in jedem SELBST, in seinem HÖCHSTEN Selbst, seiner wahren Identität als Schöpfer-Entität. Alles kehrt nun durch Licht (Ur-Wissen) UND BEDINGUNGSLOSE LIEBE zurück zur Quelle.

Doch mit der Wintersonnenwende liegt es in EINER Hand, an EINEM Herzen (Hot Spot) allein, das Ruder wieder herumzureißen und das Goldenen Zeitalter, den NEUEN Garten Eden, einzuläuten, und damit ist NICHT Jesus/EE Mandaruel gemeint, sondern eines seiner Geschwister-Paare, nämlich EE Emanuel-EE Arielle (griechisch Athene und Prometheus, neugeboren als Apollon).....

Kapitel 35

Die Auflösung der Prophezeiung des Grafen von St. Germain und sein neuer Name als griechischer Gott

Wie jeden Tag wollte Doula gerade wieder mit ihrem Welpen auf Pirsch gehen, diesmal zu den auerochsenähnlichen Wildrinder und falbfarbenen Konikponys an der Autobahn, da bekam sie einen Impuls, nachzuspüren, wie der Name von Jo als Schamane im Indianerleben ist. Sturer Bock oder Stummer Adler hätten ja eine Zeit lang gepasst, doch er hatte einen Namen, der ihrem als Schamanin gleicht. Er war in dem Indianerleben ihr jüngerer Adoptivbruder und wurde später ihr 3. Mann, nach dem ihr erster (in diesem Leben Paul) früh verstorben war und sie von den Sioux und ihrem dortigen 2. Mann (in diesem Leben Arne), der später Häuptling eines anderen Stames und damit Tokei ihto genannt wurde, zurückgekommen war.....Jo´s Name war in der Geschichts"verschreibung" Tecumseh, jedoch war er in Wahrheit Tecumtha (andere Stämme nannten ihn Tikamthi), was alles "Sich duckender Berglöwe" heißt. Doch Doula kannte ihn besser und deshalb korrigierte sie in "Sich VOR DEM SPRUNG duckender Berglöwe". Sie selbst heißt in den Geschichtsaufschreibungen Tecumapease, in Lakotasprache nannte man sie Igmu Tanka (Berglöwin). Nachdem sie von den Sioux in ihren heimatlichen Stamm der Blackfoot zurückkam, gab es zwischen Tecumseh und seinem Bruder Tenskwatawa (in diesem Leben Andrej) Querelen um sie, Tecumapease.....Deshalb ging Tecumseh mit ihr zusammen fort, zu den Shawnee und wurde dort Häuptling. Er und sie waren vom schamanischen Panther-Clan, wurden dort aber Häuptling, sie für die Frauen. Tecumseh wurde ein großer

Anführer dank ihrer mentalen Unterstützung. Sie hatte ein großes liebevolles Herz und den höchsten Zugang zur Quelle. Tecumseh war der erste und letzte Häuptling, der so viele Stämme vereinen konnte. Doch auch sie als seine Frau konnte nicht verhindern, dass sein Bruder Tenskwatawa in Tecumsehs Strategie und Taktik bei der entscheidenden Schlacht eingriff, der hatte sich aus Ehrgeiz und niederen Antrieben mit den falschen (archontischen) Geistern verbündet und wurde in dieser Schlacht zum Risiko und letztlich zur Ursache, weshalb Tecumsehs Formation aufgerieben wurde.....

Jo und Doula hatten neben großen Rollen auch Leben in schlichten Kleidern, immer auf verschiedenen Kontinenten, in verschiedenen Regionen, Religionen, Kulturen und Hautfarben - Es ging immer um den Wechsel der Perspektiven und Facetten.....

Doch in Höherer Dimension ging es NUN um Jo´s Aufstieg zum Meister und Lehrer der bedingungslosen Liebe. Als St. Germain hatte er es auch im 18./19. Jh. nicht geschafft, Doula aber doch (als El Morya), es war immer Manipulation durch niedrig schwingende Mächte die Ursache. Sie konnten sich nicht oder nicht auf Dauer physisch vereinen, ZUSAMMEN aufsteigen und das entscheidende ZwillingsFLAMMEN-Pärchen bekommen oder am Leben erhalten.....Doch JETZT, Ende Dezember 2016, nach dem 13. Sternzeichen Schlangenträger, nach der WintersonnenWENDE, standen die Zeichen sehr gut. Doula wusste nun um die wahrhafte Auflösung der einstigen Prophezeiung des Grafen, im Mai hatte es noch nicht geklappt, das Rätsel richtig zu lösen, doch NUN hatte sie das Höchste Bewusstsein und dadurch einen anderen Blickwinkel.....Alles kommt zum richtigen Zeitpunkt:

(Prophezeiungstext siehe Kapitel 16)

"12 Säulen tragen das Schloss der Zeit".....Schloss von Verschluss...."12 Tiere regieren das Reich".....12 Krafttiere....."Der Adler ist zum Aufstieg bereit"....ja, Jo - jetzt erst....."Die 5 ist der Schlüssel und Basis zugleich".....Die FÜNF sind Basis (Quelle) und Ziel, die 13 aber ist der SCHLÜSSEL, das Höchste Bewusstsein nämlich - das wusste sie (El Morya) besser als Jo (St. Germain)...die 5 war im kalendarischen Jahr aber Sternzeichen Zwillinge (Jo´s Sternzeichen in diesem Leben), im astrologischen Jahr ist das 5. Sternzeichen der Löwe (Jo´s Aszendent).. .."Und fast zugleich als 11 und 7 den Löwen erkannt"....., 11 = Meisterzahl und im astrologischen Jahr das Sternzeichen Wassermann (Doulas Sternzeichen dieses Lebens); 7 = im kalendarischen Jahr der Löwe .....und 7 = Zeichen der Manipulation.....er tanzte also als unbewusster Doppelagent auf 2 Hochzeiten/Seiten....."Rubin bildet den Anfang und auch den Schluss".....Rubinrot = Farbe der Sexualität/sexuellen Anziehung - das war bei beider 1. Kontakt schon und da sollte es wieder hinführen - auch kam der Streit im Himmel durch die Triebkraft Sexualität, und die Rückkehr zur Ur-Quelle geschieht mit dem Antrieb dieser sexuellen Anziehung DURCH die BEDINGUNGLOSE LIEBE....."Der Rabe auf seinen rubinroten Schwingen".....Doulas Sexappeal, ihre immense sexuelle Ausstrahlung und bisher männliche Energie....."zwischen den Welten hört er Tote singen".....Doula starb am 10. Februar 2016, kehrte aber sofort wieder und wusste dann in etwa um die Lösung dieser Prophezeiung....."Kaum kennt er die Macht, kaum kennt er den Preis, die Macht erhebt sich, es schließt sich der Kreis".....Doula wusste um die Unsterblichkeit der Zeitreisenden, doch die niederen Mächte der Finsternis hatten zugelegt gehabt, sie aus dem Weg zu räumen und Jo zu blockieren, der Kreis des Lebens würde sich zum Jahresende verschließen/enden....."Der Löwe, so stolz das diamantne Gesicht".....Jo´s hartes, vergrämtes Gesicht infolge diverser Verletzungen und infolge seines doppelten Traumas....."Im Sterben der Sonne bringt es die Wende".....Wintersonnenwende....."Des Raben Tod offenbart das Ende".....Doula brachte aus der Anderswelt Informationen um die Auflösung, den Schlüssel, mit - ihr 13. Schädel wurde aktiviert....."Der Kreis des Blutes VollENDung findet".....Ende des Blutes und des Blutvergießens....."Der Stein der Weisen die Ewigkeit bindet".....das angebliche Wissen der Wissenschaftler und Denker band das UR-Wissen bisher auf´s Rad und ermöglichte eben KEINE Unendlichkeit und Ewigkeit....."Im Kleid der Jugend wächst neue Kraft".....1.-wenn Jo als bisheriger Prometheus "verbrennt" mit allen seinen Altlasten und als Phönix aus der Asche = Apollon emporsteigt.....als EE Adler.....2.-Das vorgesehene ZwillingsFLAMMEN-Pärchen als 13. Bewusstseinsstrahl und Schlüssel zum NEUEN Garten Eden auf Erden....."Doch achte, wenn der 12.Stern geht auf, das Schicksal des Irdischen nimmt seinen Lauf".....das 12. Sternzeichen sind die Fische (Fische bedeuten im Lenormand-Kartenbild Alkoholsucht, Finanzen oder Gefühle....) Da würde im Februar/März 2017 also etwas Entscheidendes passieren....."Die Jugend schmilzt, die Eiche ist geweiht dem Untergang der Erdenzeit".....St. Germain selbst...."Nur wenn der 12. Stern erbleicht, der Adler auf ewig sein Ziel erreicht".....mit Ablauf des 12. Sternzeichens ist die richtige Zeit gekommen....."Drum wisse, ein Stern verglüht vor Liebe gequält, wenn sein Niedergang ist frei gewählt".....Dass Jo sie wahrhaft LIEBT, wusste und fühlte Doula, ihr war jedoch immer noch ein Rätsel, warum er immer noch schwieg und sich kontrollieren konnte bzw. schweigend GEMACHT und kontrollert WURDE.....Vermutlich hatten Kate und Laila mit ihrem faulen Zauber (Schwarzmagie) ihre Finger im Spiel, doch es war einzig und allein Jo´s Aufgabe (Seelenplan), sich von ihnen abzugrenzen, auf den Tisch zu hauen und Tacheles zu reden, nämlich zu Kate UND Laila, DASS er Doula LIEBT und nicht sie. Er musste sich eindeutig zu Doula bekennen, nur so würde er Lailas Manipulation bzw. die des atlantischen Dreierpacks beenden. Alle diese Informationen verkleidete Doula auf facebook in ihren postings, denn sie WUSSTE/spürte, dass Jo ihre Seite regelmäßig verfolgt.

Es war die Nacht zum 28.12., Doula konnte nicht einschlafen, denn sie musste unaufhörlich an Jo denken, sie bemerkte schon länger, dass sie nicht nur ein gemeinsames Höchstes Selbst haben, auf Augenhöhe sind, sondern auch einen gemeinsamen Hot Spot (5. Kammer im Herzen) haben.....und nun interagierten sie auch über ihren gemeinsamen Geist, d.h. Jo sprach und schrieb durch Doula.....sie spielten multidimensional Schach miteinander. Jeder wusste um die Züge des anderen im voraus, wozu dann noch Schach, wenn sie sich doch einig und längst EINS waren.....? Wenn Doula auf facebook flirtete, ging Jo dagegen an und ließ Doula die anderen Männer abblocken.....das passierte ihr mit Ajax, Helge und Amir, wenn diese mit ihr schäkerten oder ihr Avancen machten. Doula war vor Liebe zu Jo am Überlaufen, dass ihre Früchte überreif waren, spürten die anderen Männer.....Es ging nicht mehr lange gut, dass Jo sich nicht rührte, sie wollte LEBEN, auch Sexualität erleben, und zwar körperlich, mit IHM. Sie konnte und wollte keinen anderen annehmen.....doch so ging es nicht weiter.....

Es war kurz nach 0.00 Uhr.....plötzlich spürte sie etwas wie einen kurzen Herzstillstand, hörte ein metallisches Klicken in ihrem Herzen, so als würde ein Schalter umgelegt, und sah durch ihre linke Brust ein kurzes blitzendes Aufleuchten. Sie wusste sofort, dass es Jo betrifft.....denn sie hatte sich abends selbst die Karten gelegt.....er hatte mit Sucht zu kämpfen, mit Depression und war im Herzen nur bei ihr - er plante sie in sein Leben ein, er wollte Liebe, Partnerschaft, offizielle Verbindung mit ihr.....und es würde ganz plötzlich und unerwartet etwas passieren.....Sie spürte, dass das, was sie am 1.5.2015 (Keltische Vereinigung von Sonnengott und Mondgöttin) als Vision gehabt hatte, nun eingetroffen war oder eintreffen würde.....wie auch immer, eventuell sogar mit Jo´s Klinikaufenthalt einherging. Sie liebte ihn, egal, was passiert war, sie HIELT ihn, und IHR Herz hatte übernommen, seines zu stützen....IHR Körper trug in bedrohlichen Momenten SEINEN, das war bei IHREN Ablebversuchen sicher auch so gewesen.....So weit ging bedingungslose Liebe. Sie wusste, dass sie stark genug für Zwei ist, aber auch ER. Würde der eine den anderen fallenlassen, würde sich derjenige SELBST fallenlassen..... Doula WUSSTE, dass Jo nun in einem Prozess der Neu- oder Wiedergeburt war, er war nun nicht mehr Prometheus, sondern APOLLON.....und damit hatte es auch bei IHM einen INNEREN Polsprung gegeben, ER war nun im Seelenkern der Mann und SIE die Frau - ER Emanuel und SIE Arielle.....das fand sie eindeutig besser, schon wegen des 13. Strahls......Manuel und Marielle.....

Es war der 29.12., Quersumme des Datums = 5.....es stieß Doulas 50. facebook-Freund dazu namens "Lebensberatung JO-hannes, Seelenheiler".....sie glaubte ihren Augen nicht, das war alles kein Zufall. doch sie wusste nun auch, dass es Zeit war, für Jo den fb-Zugang zu sperren, er folgte zwar interessiert ihren Ausführungen und sog alles in sich auf, doch sie hatte angekündigt, dass, wenn er sich bis Ablauf des Jahres nicht meldet, sie diese "Geschichte" gänzlich abhakt.....Deshalb postete sie noch "Volltreffer" in Bezug auf ihn und ihre seelische Verbindung und gab dann bekannt, dass mit Teil 5 der Pentalogie ein Anderer die Hauptrolle übernimmt.....sie meinte natürlich den Neugeborenen, doch das sollte er selbst herausfinden, schließlich war er in IQ und EQ mit ihr fast auf Augenhöhe.....Auf jeden Fall sprach Doula aus und schrieb bei fb nieder, dass Laila und Kate nun der Zugang zur gesamten Pentalogie GESPERRT ist, für alle Zeiten, alle Leben, alle Inkarnationen, für alle Ebenen, alle Dimensionen und auch im Äther/der Akasha.....denn diese hatten wohl die Teile 1-3 gelesen, sonst hätten sie nicht derart Einsicht in Doulas und Jo´s Leben haben können.....Vielleicht hatte Jo ihre Briefe, Karten und den silbernen Adler-Armreif gar nicht erhalten......dann war es eben so.....doch der Krug geht solange zum Brunnen bis er bricht.....

Auch Silvester verbrachte Doula allein, doch sie befasste sich mit dem Posten auf facebook, sie hatte Jo am 30.12. zwar gesperrt, weil sie ja angekündigt hatte, diese Geschichte mit Ablauf des Jahres abzuhaken, doch sie vernahm Trauer von ihm, und weil ihre Liebe ja bedingungslos ist, öffnete sie ihm am nächsten Tag wieder den Zugang. Da war eine Schwere, die sie wahrnahm, sie hielt sich auch mit Alkohol zurück, ihr schien dieses Weihnachten und Silvester wie eine Prüfung.....zu beweisen, dass sie auch ganz allein solche Tage der Familienfeiern überstehen kann. Es kamen wieder eine ganze Menge Traurigkeit und Hoffnungslosigkeit hoch, doch sie hatte sich im Griff. Sie fühlte Jo im Herzen und war im Grunde nicht allein. Auch allen ihren 4 Kindern sandte sie liebe Grüße, auch den Eltern und dem Bruder.... Sie ging abends mit ihrem Hund zeitig gegen 23.00 Uhr ins Bett und plätscherte hinüber ins Jahr

2017, froh, das Jahr 2016, dieses harte schwere Jahr, abhaken zu können.....aber nicht ahnend, dass das astrologische Jahr erst im Frühjahr zu Ende geht.....

Sie legte sich nun oft selbst die Karten aus verschiedenen Decks, denn sie vertraute kaum noch einem Berater, zu viel Täuschung war unterwegs, sie wusste ja, worum es ging.... Es kamen immer wieder für Jo die Karten Turm, Reiter, Schiff, für beide zusammen =Anker, Liebe, Sexualität und für sie selbst Bär, Geheimnis, Kommunikation, Treue..... Es ging also um Jo´s Ausbruch aus dem Turm....sicher aus dem 3erPack, dem BANN, Mutter-Kate-Laila......doch es war SEIN Thema.....dass er sie liebt, darauf vertraute sie, sie würde auch keinen anderen wollen.....Dieser ANDERE, war ja ER, wie neugeboren, als früherer Prometheus JETZT APOLLON, nun selbst EE Emanuel, deshalb gab sie ihm auch im Hier und Jetzt einen neuen irdischen Namen - statt Jo (von Johannes) nannte sie ihn ab sofort JoEL.....in Hinsicht und mit Bezug zu den ERSTerschaffenen Elohim-Schöpfer-Entitäten.....sie selbst als EE Arielle (seit dem inneren Polsprung zur Wintersonnenwende) wusste um seine wahre Größe und darum, dass er der Einzige ist, der ihr gewachsen und mit ihr zusammen der 13. Schlüssel ist...... Und als sie am 1.1.2017 mit ihm telepathierte, gab er ihr zu verstehen: "Bitte lass mich erst meine Mutter unter die Erde bringen, du weißt, dass nur DU die Einzige in meinem Herzen bist....." Da ging Doula ein Licht auf, sie hatte es gewusst, doch lieber verdrängt.....nämlich dass seine Mutter dieses Lebens noch im alten Jahr das Zeitliche segnen würde und hinübertritt.....Und genau so war es gekommen, EE Danielle war in den letzten Stunden des Jahres 2016 zu ihrem Mann EE Michael "aufgestiegen" und hatte ihren Sohn Joel freigegeben - für die wahre bedingungslose Liebe zu Doula.....Sie spürte ihn in allen Facetten, sie träumte tags und nachts von ihm.....sie waren sich sehr nahe.....und nun wusste sie, DASS er zu ihr kommt.......all das gab sie auch auf facebook verschlüsselt in ihre postings, denn sie wusste ja, dass er danach sieht.....und so fand er auch schmunzelnd ihre Veröffentlichung und die Kommentare zum Überwintern einer WG im Eis (Kolummne eines Paares im Busch in Kanada).....und in norwegisch, bezugnehmend auf sein "Frühsport"-Bild (mit freiem Oberkörper), das sie immer in Erinnerung hatte, nur für Joel verständlich, gab sie ihm folgendes Zeichen: "meg á dryppe i tannen - dette er ikke komplisert - sá, hare kommer pá" (Mir tropft der Zahn - das ist nicht kompliziert - also komm Hase....)

Und nachträglich fiel ihr nun auch noch zur alten Prophezeiung des St. Germain ein, dass der Bann AUCH durch Jo´s/Joels Mutter zustandegekommen war.....dieser EINE Bann (Turm/Gefängnis) war nun durch den Tod seiner Mutter von ihm genommen.....doch er sollte sich Doula nicht als Ersatzmutter nehmen, sondern ein ganzer, vollständiger, freier, liebender und EMOTIONEN LEBENDER MANN sein an ihrer Seite, an der Seite seiner Frau..... Die Konstellationen waren gerade super.....Uranus (EE Haniel) machte Dampf unter dem Mors und dessen Partnerin Nibiru (EE Annabelle) gab Heilung in Liebe....die vom Volksmund beschriebene Maya-Welle.....und in den breiten Medien angekündigte WELLE UNBEKANNTER HERKUNFT.....

Und doch musste es nun ein Ende haben, dass Joel all ihre postings verfolgte, er sollte sich real rühren, nicht nur telepathisch. Telepathie war auf Dauer unbefriedigend. Doula spürte nun sehr stark im ihrem Sexual-Chakra, dass Joel mehr und mehr in die männliche Energie gekommen war. Sie lief über vor Hingabe und Lust. Sie WOLLTE ihn, mit Haut, Haar und Herz......doch nicht selbst erobern, sondern erlegt WERDEN. Sie was das Wild, dass ER als Jäger fängt.....nicht SIE wollte ihm nachlaufen und von selbst in den Kochpott bzw. in seine Kiste springen.....Deshalb stellte sie jetzt ihre facebook-Seite intern, nur noch den facebook-Freunden zugänglich. Und sie hatte ein neues Profilbild eingestellt, einen Löwen, der die Löwin verführt. Da die Kommentare nur noch zu diesem Bild öffentlich waren, gab sie Joel hier entsprechend letzte Hinweise bzw. Signale, denn sie wusste und fühlte ja, dass er es umsetzt, umsetzen WILL.... So schrieb sie: "King wird der Löwe mit Schwanz, nicht der Schwanzlose - und kastriert und zahnlos ist er ganz sicher auch nicht - Der starke Löwe nimmt der Löwin die Verantwortung ab - hier noch was in Lakota: Tákú igmu tanka - Slolyáya - wásté (Was für ein Löwe - Du kennst ihn - schön)" und abschließend gab sie noch in NORWEGISCH nur an Joel gerichtet zum Besten: "Der Löwe besteigt die Löwin und damit den Thron - Das ist Fakt!"

Sie war so voller Sehnsucht, und auch ER, durch Telepathie wusste sie um seine vielen Gedanken und starken, tiefen Gefühle für sie, doch sie wusste auch um seine derzeitigen finanziellen Probleme und den familiären Kummer, UND sie wusste um einen weiteren, immer noch bestehenden BANN......durch Laila, seine atlantische Tochter, die energetisch an ihm festhielt, Doula und ihn quälte, Joel dominierte und manipulierte.....So hatte Doula ihm mit einem Bild mit schwarzer Wölfin und weißem Wolf zu verstehen gegeben, bevor sie die Seite intern stellte: "Yin sieht, hört, fühlt, reicht und schmeckt Yang in all seinen Farben, Facetten und Nuancen - doch sie kennt auch all seine Narben, Sorgen und Nöte. Doch wisse denn, du bist nicht allein - erstens bin ICH da und zweitens deine EE-Geschwister - Einer für Alle und Alle für Einen, diesen Spruch gibt es nicht erst seit Alexandre Dumas!" Doula fühlte, dass es nicht mehr lange dauern würde. Sie würde ernten, was sie Jahre lang gesät hatte, wenn es soweit war, würde alles auf einen Schlag nachgeholt werden, sie spürte es in ihrem Sexual-Chakra.....Joels erotischen Überfall.....und sie würde sich nur noch fallenlassen und sich ihm voll und ganz hingeben......

Doch dazu erhielt sie am Morgen des 4.1., dem 18. Geburtstag ihres Jüngsten, der zu Besuch weilte, folgende Eingebung aus ihrem HÖCHSTEN Selbst: "Verabschiede dich in Liebe von der alten Version von Jo und ermächtige dich, jetzt DIE VERSION des für dich bestimmten bleibenden Lebenspartners Joel zu empfangen, die jetzt vorgesehen ist!".....und Doula wusste, dass damit nicht Jo in 3 D gemeint war......und sie fühlte auch, dass da ein Stern vor Liebe gequält vergehen würde.....doch ein Ende ist immer ein Neuanfang, und sie waren doch als Zeitreisende unsterblich.....das hatte unter anderem ihre Aktion in der Badewanne gezeigt.....

Kapitel 36

Erlösung der Persiphone und Aphrodite

Joels Mutter hatte ihn nun verlassen und ihn sozusagen frei-, aber alleingelassen. Er war im Grunde sozial immer noch der Junge, der er zum Zeitpunkt der 1. sexuellen Vereinigung mit seiner Mutter (ca. 11 Jahre alt) gewesen war. Persönlichkeits- und Seelenanteile waren damals abgespalten und vertauscht worden. Und obwohl Doula so vieles aufgelöst und bereinigt hatte, war der Bann erst gebrochen, als die Mutter, die in 12 D Danielle ist (mit anderem Namen GabrielLE, nicht Gabriel....die Kirche hatte viele Engel weggelassen, umbenannt und vermännlicht) und als griechische Göttin Persiphone, ihr irdisches Kleid ablegte, selbst von ihrer schweren Krankheit erlöst und somit auch Joel von ihrem Bann befreit war. Er hatte seine Mutter geliebt, doch diese hatte es ihm nie zeigen können, denn sie war selbst ein Missbrauchsopfer in Kindheit und 1. Ehe gewesen.....Opfer werden oft zu Tätern....Joel vermisste seine Mutter schmerzlich, den Vater hatte er ja schon vor Jahren verloren. Nun waren EE Danielle und EE Michael vereint. Joel hatte zu seiner Mutter auch andere Gefühle als solche, die zwischen Mutter und Sohn bestehen, denn beide waren im Sizilienleben Mann und 1. Frau. Als diese dort verstorben war, hatte sie Joel die gemeinsame Tochter hinterlassen (in diesem Leben Laila). Joel und Doula wurden dann ein Paar, doch diese Tochter seiner ersten Ehe war ein gravierender Störfaktor in ihrer beider Partnerschaft. Diese stellte sich immer zwischen Vater und Stiefmutter und spielte beide gegeneinander aus. Es kamen zwar noch 2 gemeinsame Söhne im Laufe der Ehe, doch die Liebesverbindung von Joel und Doula krankte an dieser angeheirateten Tochter. Über die Jahre wurde Joel psychisch krank, verschlossen und impotent....dass die beiden Söhne im Krieg fielen, verschlimmerte den Zustand noch, so dass auch Doula psychisch belastet, verhärtet und lieblos wurde....

Doula harmonisierte auch diese Geschichte, und zwar so, dass ihre Stieftochter (Laila)bei ihrer nicht sterbenden Mutter blieb und sich dort ein anderer Familienvater dazugesellte....

Auf jeden Fall war nun auch Joels Trauma in Bezug auf dieses Leben und damit die Grenzüberschreitung durch seine Mutter in Heilung gekommen. Der Weg war also frei, so dass Joel sich eine Partnerin nehmen konnte, jedoch nicht wieder einen Mutterersatz, den hatte er durch Kate in sein Leben geholt gehabt und durch Laila erneut durchlebt.... Diesmal sollte es für Joel um eine liebevolle harmonische Partnerschaft auf Augenhöhe gehen, nicht um Abhängigkeit, Dominanz, Unfreiheit und Konkurrenzkampf.....

Es war der 18. Geburtstag von Doulas Jüngstem, Marc, er kam zu Besuch. Sie bekochte und verwöhnte ihn. Wie dankend war sie doch dafür, dass sie nun wieder Kontakt zu ihren Kindern hatte, vor allem liebevollen zu ihrer Großen und ihrem Jüngsten. Und doch war sie noch nicht wahrhaft glücklich, denn es fehlte noch etwas für inneren Frieden und Harmonie: ein passender liebevolller Lebenspartner, ein starker, aber gefühlsbetonter Mann an ihrer Seite. Sie hoffte immer noch auf Joel. Doch er hatte weder eine Weihnachtskarte geschrieben oder eine Absage/Entschuldigung für die Einladung zur

Wintersonnenwende geschickt noch Dank für seinen Adler-Silberarmreif.....Sie hatte ihn kurz auf facebook gesperrt am vorletzten Tag des alten Jahres, weil sie wütend und traurig war, doch dann hatte sie ihr Herz ganz fix wieder offen und empfing seine Trigger. Also stellte sie nun ihr Profil intern für Freunde, postete aber speziell für ihn Hinweise, die sie öffentlich stellte, weil sie um sein Beobachten wusste.....Ganz klar war sie sich immer noch nicht, was es zu bedeuten hatte, dass er so hartnäckig schwieg. Schweigen ist härter als schlimme Worte. Wenn sie darauf Karten legte, kamen die Impulse Hindernis, Turm, Fische (Sucht oder Gefühle oder Finanzen).....Auf alles bekam sie eben keine Antwort bzw. richtiger war: sie konnte die Karten noch nicht ganz richtig DEUTEN, doch eine Beraterin auf einer hotline steckte ihr, dass es tatsächlich um Sucht ging, auch bei Joels Sohn Oliver....Doch Doula ging selbst ins Channeln, denn das machte keinen Sinn....Von wem kamen denn nun die Aggression, die Ketten, das Manipulieren - von Kate oder Laila oder beiden.....denn es war ja bis zum Ableben von Joels Mutter der atlantische Dreier-Pack (3er Bann) Mutter-Ex-Tochterfigur..... Die Karten zeigten eindeutig Laila. Sie wollte Joel einfach nicht loslassen. Sie WOLLTE quälen, blockieren, dominieren, manipulieren. Doula wusste, warum.....Sie ärgerte sich kurz, denn sie hatte im Oktober, als sie noch bei Frances in der Heimat war, gesehen, dass Laila ein sehr eigenartiges Profilbild bei facebook hochgeladen hatte, das sie mit Brille, älter, krank und dürr zeigte. Und sie hatte Hilferufe von Lailas Seele vernommen.....doch da hatte Doula noch aus Gnatz abgeblockt und gemeint, für sie würde sie keinen Finger mehr rühren. Sie hatte sich auch sehr gewundert, dass Joel zu der Zeit laut Kartenblatt einer engen Beraterin Doula den Rücken zugewandt hatte, um eigene Wege zu gehen.....Das hatte mit aktuellem Wissensstand bedeutet, dass er von Frances Wind bekommen hatte und eifersüchtig gewesen war.....Nun ja, wie auch immer, Doula musste nun Laila das Gift nehmen, denn deren geschickte niedere Energien kamen gerade wieder bei ihrem Welpen an, so dass der aufdrehte, Zerstörungswut und Einnässen an der Tagesordnung waren. Doula hatte nun wirklich die Nase voll von diesem Zustand, sie hätte den Hund am liebsten entsorgt, doch der konnte ja nichts dafür.... Dieses ewige in-den-Seilen-hängen und auf Nachricht von Joel warten, hatte sie satt. Darum arbeitete sie nun einerseits vormittags und abends mittels telepathischer Suggestion an Olivers und Joels Alkoholkonsum, aber auch an Marcs....und andererseits löste sie bei Laila deren Trauma aus der Kindheit auf, von ihrem Stiefvater missbraucht worden zu sein - dazu wandte Doula den Emanuel-Code an. Es würden sich nun durch Wirken von DEREN Höchstem Selbst die Ursachen dafür auflösen, dass Laila permanent seit Jahren anderen Menschen die Lebensfreude nimmt, anderen alles zerstören muss durch niedere Gedanken, Worte (Flüche) und Gefühle und dass sie anderen Menschen wie Joel nicht das vorgesehene Glück, die Schicksalspartnerin gönnt. Laila hatte nicht nur Joels und Doulas Zusammenkommen um Jahre hinausgezögert, sondern auch in der Zeit alles, was Doula lieb und teuer war, vernichtet, Doulas Familie, ihr Unternehmen, eine Zeit lang auch Würde und Gesundheit.....

Doula fragte sich, als sie erfolgreich aufgelöst hatte, was sie selbst nun überhaupt davon hatte, wo war die Gerechtigkeit, das Gesetz des Ausgleichs? Laila hatte bewusst und Joel unbewusst (als deren Waffe in Lailas Hand) Doulas Leben zerstört.....und Doula hatte ihnen wieder einmal mehr geholfen und alles vergeben......das Unverzeihliche verziehen.....war das nun dumm, naiv oder krankt? Sie wusste es nicht mehr. Ihr kamen die Tränen, ihr war schwer um´s Herz. Sie sehnte sich nach Anlehnen, Liebkosungen, Nähe, Geborgenheit....doch sie musste sich alles selbst geben und wusste gar nicht mehr, wie es ist, von einem liebenden Mann angefasst und gehalten zu werden.....Nun hatte sie also auch Laila =Aphrodite - und Joel= den neuen Apollon erlöst.....und drehte nun beiden den Rücken zu. Wollte sie überhaupt noch Kontakt zu oder Antworten von Joel? Sie hatte alle Antworten....aus ihrem eigenen Seelenarchiv. Ihr kam nun verstärkt die Eingebung: Trennung, Abhaken, Verabschieden von Joels 3-D-Version, denn die war so mit ihr nicht kompatibel.....und so verabschiedete sie sich in Liebe von Joel über facebook und teilte in einem öffentlichen post auf norwegisch mit, dass nun auch Laila erlöst sei und sie alles, was diese ihm und seinem Sohn geschickt oder angedroht hatte (auch die Erpressung, dem Sohn zu sagen, dass Joel nicht der leibliche Vater ist) an archontischem Unrat, aufgelöst sei. Und damit sperrte sie für ihn den fb-Zugang, denn was sollte es noch, er meldete sich enfach nicht. Sie hatte angekündigt, es in diesem Falle zu beenden, die Geschichte abzuhaken. Es war höchste Zeit, diesem mit Grenzensetzen zu begegnen - bis dahin und nicht weiter, nicht mehr mit mir. Bedingungslose Liebe war trotzdem da, doch wie sie behandelt werden wollte, dafür gab es Bedingungen.....

Doch es gab noch etwas, was aufzulösen war.....Sie stieß per Zufall auf einen öffentlichen post der Lichtkräfte....auf das New Atlantis-Projekt.....dazu musste sie channeln.....was sie fand, war unglaublich.....Es ging wieder um St. Germain, den Gründer der Mysterienschule in Paris und um 3 Logen, die beiden bekannten Bruderschaften der Schlange und um die Überloge, die Isis-Loge.....Göttin Isis = Göttin Athene.....Auf jeden Fall wurden wieder einmal Manipulation und Täuschung betrieben, ein Aufruf, das Lichtgitternetz von New Atlantis zu etablieren.....dabei handelte es sich jedoch um den Versuch, das ALTE Atlantis zu erneuern, das alte System zu erhalten über ein Gitternetz der Chintanami-Steine, auf denen Engel (jedoch die anderen Engel = DÄMONEN) Energiewirbel verankerten......All das und die bisherigen Auswirkungen dessen, was durch St. Germain schiefgelaufen war, löste Doula auf im Namen der Heiligen FÜNF Elemente des Multiversums, in Licht UND LIEBE, für alle Zeiten, alle Leben, alle Inkarnationen, alle Ebenen, alle Dimensionen und auch in Akasha und Äther.

Auf facebook fand Doula eine Gruppe "spirituelle Singles" - das war der Hammer, sie schaute die Mitglieder durch und fand drei Männer, die ihr allein vom Foto attraktiv und bekannt rüberkamen.....Ihre Intuition meinte Seelenverwandte und Seelenpartner.....Jedoch waren alle drei aus der Ferne, dem Raum München. Mit einem Dunkelhaarigen hübschen Bayern trat sie sogleich in Kontakt bzw. der sofort mit ihr. Das liebte sie: fließende unbefangene Kommunikation. Heinrich - Coach wie sie selbst - und Naturbursche, außerdem hochsensibel und in Sachen anderer Leben schon erfahren. Er wusste von sich aus von einem Leben als Mönch in Wien und hatte Assoziationen zu Parzival, dem Roten Ritter. Parzival, Gralsritter, dazu hatte Doula schon als Kind Ambitionen....in diesem Leben hatte sie in ihren Parallelsprüngen nach Avalon Parzival noch nicht gefunden, dafür aber Arthur (Joel), Lanzelot (Arne), Gwynifer (Laila), Morgana und die Schwester Morganas (Kate)....Sie ging in Tiefenentspannung unter Fragestellung, aus welchen Leben ihr Heinrich vertraut ist.....Es zeigte sich das Norwegen-Leben im 10. Jh., als sie König Hakons (Joels) Frau Hilda-Undine war. Sie hatte einen Leibwächter Aron.....Heinrich war dieser Bodyguard, mit dem sie dann später, als ihre Ehe zerrüttet war, neben Hakons Vater Harald eine weitere Affäre hatte: Aron.....

Es zeigte sich weiter das Leben in Tirol, als sie mit ihrem damaligen Mann ein Kind hatte, das schwer krank einen Heiler brauchte. Beide fanden Joel als Schwarzmagier, es war zu diesem Magier Liebe auf den ersten Blick, der verzauberte Doula jedoch, so dass sie ihm hörig und erlegen wurde.....darauf nahm sich ihr Mann das Leben, Joel und Doula hatten schwere Schuld auf sich geladen, womit SIE nicht leben konnte und wollte, sie verließ Joel und ging nach Wien, wo sie auf Heinrich stieß, der ihr Trost, Zuwendung und Liebe gab.....

Und auch das Leben in Avalon war interessant, Ceridwen hatte Arthur verloren an Gwynifer infolge Manipulationen, Intrigen und Hexerei, doch einer der 12 Ritter, Parzival, lag Ceridwen zu Füßen und fing sie auf, wurde ihr Liebhaber und Roter Ritter (Ritter der Erotica, der Ur-Weiblichkeit), der ihr den Gral zurückholen wollte....(obwohl der in jedem Höheren SELBST wohnt)

Auch diese Leben harmonisierte/überschrieb Doula wohlwollend im Sinne der Großen Sache.....so dass sie in allen der Leben zu Joel zurückkehrte, zurück zur wahren Liebe ihrer vielen Leben.....

Ein Erlebnis der vergangenen Nacht ging ihr jedoch so schnell nicht aus dem Kopf - eine paranormale Begebenheit, die sie erst nicht zuordnen konnte.....es aber durch Channeln beantwortet bekam, um wen es sich gehandelt hat.....

Es war nachts gegen 3.00 als sie ihren Welpen auf die Terrasse Gassi gehen ließ, dann legten sie sich wieder hin. Sie schlief erst seit 2 Tagen wieder oben in ihrem großen Schlafzimmer, denn der Welpe hatte nun im Wohnzimmer eine große Transportbox und konnte allein übernachten.....Sie wollte gerade wieder einschlafen und duselte, als sie plötzlich jemanden auf ihrer Bettkante fühlte, die Matratze neigte sich tatsächlich unter einer unsichtbaren Belastung....hektisch wandte sie sich um, und mit einem Touch hatte sie die Nachttischlampe an.....sie wusste, dass sie nichts sehen würde, es war nur energetisch, auch wenn es gruselig war, sie war ja etliches seit August 2015 gewohnt.....doch diesmal fühlte es sich nach einer wohlwollenden Energie an.....und später beim Channeln erfuhr sie, dass es Joel aus höherer Dimension war.....Telekinese/Psychokinese.....Kraft seiner Gedanken und Gefühle hatte er an ihrem Bett gesessen und die Matratze bewegt......Ihr Haus hatte lange Zeit während der Ferienvermietung eine homepage gehabt, auf der alle Zimmer zu sehen waren.....Dass sie wochenlang unten auf der Couch beim Welpen gelegen hatte, konnte er ja nicht wissen......Da tat sich also etwas, wo auch immer es hinführte....Doula hatte nun nur auf sich selbst die Karten gelegt.....Ergebnis: Liebe, Partnerschaft, kurzfristige Nachricht/Kommunikation, berufliche Erfüllung und Erfolg..... WER es nun war, konnte sie nicht mit Bestimmtheit sagen, aber war das noch wichtig.....sie wollte wieder in Partnerschaft leben, mit einem geklärten, liebevollen, treuen Mann, der ihre Berufung gutheißt und der selbst ein Fels in der Brandung ist.....so einfach und doch so anspruchsvoll.....

Kapitel 37

Weitere Puzzleteile anderer Leben werden zusammengesetzt

Egal, wer Doula vor die Nase gerollt wurde als Seelenverwandter oder Seelenpartner anderer Leben, sie erledigte die Lernaufgaben, dankte für die Impulse, aber überschrieb die einzelnen karmischen Geschichten so, dass sie immer mit Joel zusammenblieb oder wieder mit ihm vereint wurde. Vormittags und abends schickte sie Marc, Oliver und Joel telepathische Suggestionen, um den Alkohol- und Zigarettenkonsum der Jungs wegzubekommen bzw. Joel von Alkohol und Antidepressiva abzuhalten. Telepathisch war zwischen Joel und ihr eine rege, liebevolle und vertraute Kommunikation, ein Aufeinanderverlassen, Sichfallenlassen, Glück, Harmonie, bedingungslose Liebe, und so war es nicht verwunderlich, dass Joel ihr ganz plötzlich einen Heiratsantrag machte......das war so wundervoll, dass Doula erst überrascht war, doch sie war ja eh schon lange seine Frau und nur für ihn - ihren Lieblingsmenschen - zu haben. Sie freute sich und umarmte ihn energetisch glücklich, doch sie gab ihm auch zu verstehen, dass sie diesen Antrag von ihm ganz real haben möchte.....Joel tröstete sie und gab zu, dass er noch etwas zögerlich sei, aber auf kurzem Weg zu ihr. Er brauchte eben viel Sicherheit und Bestätigung im Außen. Sich selbst und ihr zu vertrauen, war er dabei, zu lernen. Deshalb postete sie bei facebook ein Bild zweier Liebender mit dem Begleittext, dass sie sich längst entschieden hat.....für IHN.....beide Hälften würden den Silberreif am Adlergreif tragen, und auch die beiden Every Day-Ringe waren nicht im Wasser versenkt worden.....denn sie WUSSTE, dass Joel ihr Geschenk abends und nachts trägt und auch die beiden antiken Silber-Ringe von ihm wohlverwahrt im Nachttisch auf den besonderen Anlass warteten.....Auch postete sie, dass nun neben ihrem Haus am See ein kleines Anwesen mit Büro/Werkstatt, Kundenraum/Wintergarten und Garage, alles mit DIREKTEM Seezugang und Steg, günstig zu erwerben wäre. Seezugang mit Steg hatte sie selbst nicht....Sie ahnte, dass Joel durch seine verstorbene Mutter zu einer beträchtlichen Summe gekommen war....und dieses kleine Domizil würde ideal für ihn und seine eigene Selbstständigkeit sein. Sie visionierte, dass er künftig nicht mehr als Ingenieur/Konstruktuer mit Plastik arbeiten würde, sondern mit Holz, weil er dafür ein Herz und ein Händchen hatte, er war ja als chinesischer Drache im Holzjahr 1964 geboren worden....Doula postete nun vieles von "my beautiful home".....urige Holzmöbel, Holz-Dekogegenstände, Treppen, Kanadische Blockhauseinrichtungen. Sie sah Joel vor ihrem geistigen Auge darin mit großem Erfolg wirken, aber nebenbei auch als Schamane/Medium helfend/unterstützend an ihrer Seite, denn der Emanuel-Code war ja nun auch SEINE Mission..... Sie visionierte weiter, dass der Aufenthaltsraum dieses Anwesens mit Wintergarten neben Büro und Werkstatt ideal wäre für kleine workshops oder für Familientreffen.....und vom Steg aus könnten Joel und sie sowie die Jungs gemeinsam angeln oder Kanu fahren. 1-2 Abenteuerreisen pro Jahr würden das Auswandern nach Norwegen ersetzen, denn sie wollte die Kinder nicht ganz aus den Augen verlieren....Die Kontakte zu ihren Kindern waren in Harmonisierung. Sie spürte auch von ihrem großen Sohn und ihrer zweiten Tochter wieder Zugänglichkeit....Doch Doula fand nach einem Anruf und Impuls ihrer Mutter beim Ehemann ihrer Tochter eine dämonische Besetzung.....Agryminos.....den geleitete sie zur Ur-Quelle, zurück zu Licht und Liebe.....er war archontisch infiziert gewesen (Archonten = Geistes-Parasiten, mentale

Geistes-Viren)und das war dafür verantwortlich, dass aus ihrem Schwiegersohn so ein Scheusal geworden war, der ihre Tochter drangsalierte und ihr den Kontakt zu ihr und der gesamten Familie verwehrte.....

Doula hatte sich auf youtube gerade ein Zwillingsflammen-Orakel für die Woche vom 9.1.-15.1. angesehen, da wurde ihr über die Jeanne d´Arc-Meisterkarte der Impuls gegeben, dort einmal hineinzuspüren. Das Bild von Jeanne d´Arc hatte sehr große Ähnlichkeit mit ihr, also ging sie auf ihre Meditatonsliege und in Tiefenentspannung, verband sich nach Reinigung und Auflösung mit ihrem Höchsten Selbst, den Fünf Heiligen Elementen des Multiversums und ihrer ÜBERseele und sinnierte.....

Es zeigte sich das Leben, das sie in einem ihrer letzten Kapitel des 3. Buchteils beschrieben hatte, das mit Tom, ihrem 13. Seelenpartner im 100jährigen Krieg, 15. Jh. in England und Frankreich.....alles setzte sich nun wie von allein zusammen, denn in den Geschichtsaufzeichnungen war wieder einmal Lug und Trug geschrieben worden.... Doula als Jeanne d´Arc war keine wirkliche Französin, sondern wurde als Henriette in einem englischen Adelshaus geboren, infolge eines englisch-französischen Komplotts aus ihrer Familie und von ihrem Zwillingsbruder Henry (Joel) gerissen und nach Frankreich verbracht, dort von einer französischen Bauernfamilie großgezogen und Jeanne genannt. Jungfrau war sie zum Zeitpunkt ihrer Verhaftung nicht mehr, denn ihr Zwillingsbruder hatte sich später als Frau verkleidet auf die Suche nach ihr gemacht und sie in Frankreich gefunden. Sie hatte sich mit ihm intim eingelassen, Inzest hatten beide schon häufig in anderen Leben betrieben, das war nichts Schlechtes, sondern

Seelenliebe. Es gab dann aber diesen 13. Seelenpartner dieses Lebens Tom, einen damals französischen Wächter, der sie aus dem Kerker heimlich zwangsentführte, weil er sie liebte, der sie nach England zurück an den Hof brachte und dort inoffiziell einen Sohn mit ihr zeugte.....Auf dem Scheiterhaufen in Frankreich verbrannt wurde nicht sie, sondern der in einer anderen Gefängniszelle zurückgebliebene Henry, der ihr sehr ähnlich sah, bartlos war und längere Haare trug. Dass er im Angesicht des Feuertodes dieser bedingungslosen Liebe und seinen nichtirdischen Führern, den Elohim, abschwor, war nicht verwunderlich. Der zu dieser Zeit vernebelte und vor die Kreuzkarre gespannte EE Michael hatte ihnen oftmals manipulierte, irreführende Anweisungen gegeben, die sie letztendlich auch trennten....

Doula überschrieb auch diese Geschichte wohlwollend und löste die niedrigen Eigen-und Fremdenergien für alle Zeiten, Leben, Inkarnationen, Ebenen, Dimensionen und Akasha/ Äther in Licht und Liebe auf. Inzest war seelisch gesehen und vom Höchsten Bewusstseinsstand legitim, deshalb blieben Henry und Henriette zusammen, gingen auf´s Land, um glücklich zu sein, eine Familie zu gründen und energetisch aus dem Untergrund zu wirken.....

Doula bekam einen nächsten Hinweis. Es ging um die Heilige Klara von Assisi in Umbrien/Italien im 12./13. Jh. auch hier eröffnete sich Doula ein Leben, das sie schon vor einiger Zeit gefunden hatte, aber auch nicht nach den Namen der Beteiligten gefragt hatte.....Es war ein Leben als Nonne, als sie zum Schluss in einem Kloster bettlägerig dahinsiechte..... Ihre eigene Schwester (in diesem Leben Kate) hatte sie von ihrem geliebten Ehemann (Joel) durch Schwarzmagie getrennt, sie wurde zwar im selben Gemäuer untergebracht, um ihren Sohn zu bekommen, doch auch der wurde ihr dann von der Schwester genommen. Doula war Klara von Assisi, wurde jedoch von ihrer Schwester Agnes "zwangsvernonnelt". Beide waren keine Heiligen. Dass Agnes sie so schäbig und herzlos behandelte, war darauf begründet, dass diese ihr ihren Mann (Joel) ausspannen wollte.....doch der ging an Agnes´ Schwarzmagie fast zugrunde und wurde dement, so dass sie mit ihm nichts anfangen konnte, sondern später den Sohn nahm und verführte....sie hatte sich selbst jung erhalten durch ihren Zauber.....Klara wurde dagegen schwerkrank und bettlägerig. Sie und Joel hatte einander nie wiedergesehen und starben vor Kummer....

Doula überschrieb die Geschichte liebevoll....Joel und Doula (Klara) blieben zusammen und zogen ihren Sohn gemeinsam groß, Agnes fand einen anderen Mann und wurde Chefin einer großen kirchlichen Institution.....Natürlich machte Doula mit allen Beteiligten wieder ein Vergebungsritual.....Es wurde nun wirklich Zeit, dass die beiden, in so vielen Inkarnationen Getrennten (Joel und Doula) nun auch physisch wiedervereint werden.....Es stand kurz bevor, Doula spürte Joel körperlich, geistig und seelisch, alles war schon EINS, es konnte sich nur noch um Stunden handeln, und Joel telepathierte mit ihr: "*Ich will dich, ich will dich unbedingt, ich laufe über, meine Gefühle für dich lassen sich nicht mehr kontrollieren, du bist meine Frau, für mich die Schönste und Liebevollste auf der ganzen Welt.....*"

Und doch passierte im Außen weiter nichts, es waren immer noch Stillstand und Schweigen....Woran lag es? Er wollte und wünschte es doch.....Da fiel Doula die Motivkarte ein, die sie zusammen mit seiner Weihnachtskarte gekauft hatte. Sie zeigte ein weißes Boot am Meeresstrand in den Dünen und zwei Möwen. Sie muste ihm unbedingt schreiben, es war der Impuls, ihm wirklich deutlich zu machen, DASS sie ihn wollte.... und so schrieb sie ihn mit DEM Nick von der Singlebörse an, mit dem sie ihm im Herbst 2011 dort begegnet war: "Moinsen Mare ;-) .....ich erinnere mich an deinen Spruch von der Singlebörse im Herbst 2011, ...*und wenn du mit mir sein willst, dann bring dein Boot zum Strand*..... also mein Boot bis nach Berlin zu schleppen oder bis auf den Darß, darauf hab ich keinen Bock, deshalb muss diese Karte genügen....ich bin direkt, geradezu, eben nicht kompliziert, deshalb kann ich dir sagen, dass ich nun nicht mehr die anderen Seelenpartner aus meinem Leben beißen und andere Männer aus dem Weg pusten will. Ich bin ausgehungert, und das kann zu Gnatzigkeit führen. Ich will von DIR, dem Käpt´n, gefüttert werden - leidenschaftlich, lustvoll, lauter, härter, liebe- und fantasievoll.....ohne Codewort, denn ICH habe mein Urvertrauen noch. Es ist die MENTALE Stärke, die ÜBER den Dingen sein lässt.....Ich wünsche mir ein gemeinsames Wochenende auf dem Darß, zum 2. Februar-WE.....dem geht natürlich eine im wahrsten Sinne des Wortes umwerfende Überraschung voraus...... Dass wahre Liebe aus dem Herzen kommt, weißt du ja von mir.....Ich drück dich mal, na ich trau mich ja was ;-)....Liebe Grüße Doula."

Sie hatte während einer Meditation gesehen und gefühlt, wie Joel ihren Brief empfängt....er sah es schon an der Handschrift, außerdem war wieder kein Absender drauf......seine Hände begannen zu zittern, er bebte vor Aufregung, sein Herz flatterte.....war das nur die endgültige Trennung, weil er sich nicht bis zum Jahresende gemeldet hatte?.....doch er hatte ja heimlich ihre posts bei facebook verfolgt, sie wartete immer noch auf ihn und postete spezielle outings für IHN.....Er las die Briefkarte.....er war baff......sie gestand ihm ihre Liebe und dass sie ihn begehrte.....und sie lud ihn zu sich ein.....damit hatte er nicht gerechnet, dass sie so viel Mut besaß, ihm Klarheit zu geben und sich zu outen.....Sie hatte Courage, das musste man ihr lassen, dazu gehörte wahre menschliche Größe.....Er war voller Glück....und doch hatte er Liebeskummer......wie nur sollte er es ihr sagen, was ihn in seinem Turm noch gefangen hielt.....Er fühlte sich infolge der vielen Verletzungen in seinem Leben, die mit dem Missbrauch durch seine Mutter begonnen hatten und die zu einem doppelten bzw. dreifachen Trauma durch Kate und Laila geworden waren, wie ein Seelenkrüppel. Er stand zwischen Baum und Borke, wusste immer noch nicht ganz genau, ob er nun weiter in seinem Turm verharren oder nach vorn, zu Doula, preschen und sein ganzes Leben umkrempeln sollte.....

Doula hatte nun das ganze Wochenende seit dieser Karte an Joel eine Art Tinnitus, permanent fühlte und hörte sie, dass er sich gedanklich mit ihr beschäftigte. Einerseits war er im Glück, hatte ihrer beider Liebe und gewünschte Partnerschaft im Kopf - andererseits hatte er noch Ängste und Zweifel......WIE sollte er ihr gegenübertreten, wie ihr antworten?.....Er wünschte sich so sehr diesen Neuanfang, sie hatte ihm alle Chancen vor die Füße gerollt, nun war es an ihm......Doula sah in ihm seine göttliche Identität....doch alle anderen in seinem Leben hatten ihn daran gehindert, seiine wahre Größe zu erkennen....Er wollte diesen Status haben, doch er hatte auch etwas Angst davor, es war für ihn ungewohntes Terrain....

Doula fühlte alles, was ihn bewegte, deshalb postete sie bei facebook immer genau die Themen, die ihn weiterbringen konnten, denn er las ja heimlich auf ihrer Seite....

Und so schrieb sie davon, dass die zwei Seiten der Medaille, die griechischen Gottheiten Prometheus (Joel) und Athene (Doula) in anderen Regionen, Kulturen, Religionen und Mythologien andere Namen tragen.....griechisch-arkadisch heißen sie Apollon und Artemis....germanisch Frey und Freya, sie gehören zu den Wanen (entsprechen den Elohim), den Göttern der Fruchtbarkeit, Gegenspieler der Arsen (kriegerische Götter, entsprechen den Seraphim) und den tierischen Ungeheuern (entsprechen den Querubim).... bezogen auf Planeten sind Apollon und Artemis Helios (Sonne) und Selene (Mondin).....Sie waren z.B. zu Zeiten des Altpersischen Reiches die Gegner von Alexander dem Großen, Apollon (Joel) als persischer König Xerxes und Artemis als seine Adoptivschwester Artemisia (Doula), die Kämpferin. Verheiratet war Xerxes mit seiner grausamen Cousine Amestris (in diesem Leben Laila), mit der er auch einige Kinder hatte.....In der nächsten Reinkarnation waren sie Marc(us) Anton(ius) und Kleopatra - und Alexander der Große war DANN Kleopatras Ahne und Vorbild....So wechseln sie also von Inkarnation zu Inkarnation die Perspektive, immer um Lernaufgaben innerhalb der Seelenfamilie zu erfüllen und um zu erkennen, dass sie EINE Elohimsche Familie sind.....sowohl eine der beiden Farben als SpielFIGUREN im Schachspiel , als auch SpielLEITER im HÖCHSTEN Bewusstsein.....

Doch Doula ging noch einmal in das Leben des Xerxes (Joel), denn sie spürte, dass es genau das Leben war, das sie schon 2014 gefunden hatte, als Joel ein König mit vielen vielen Frauen war, wovon Doula als die Favoritin zählte.... Xerxes hatte eine

Tochter mit seiner Stiefmutter (in diesem Leben eine Hellseherin von Kate), die Tochter Artemisia (Doula) wurde nicht als Tochter, sondern als seine Adoptivschwester ausgegeben. Er war aber mit ihr liiert und es folgten auch Kinder. Desweiteren war Xerxes verheiratet mit 4 Hauptfrauen.....seiner Mutter aus diesem Leben, mit Silke, Kate und Laila dieses Lebens. Mit allen Haupt- und auch Nebenfrauen hatte er einen Haufen Kinder. Es waren Hass, Querelen unter den Hauptfrauen und auch mit seiner Stiefmutter. Alle diese Frauen waren Joel in diesem Leben wiederbegegnet und hatten zu seinen diversen Verletzungen beigetragen. Als Xerxes hatte er infolge der intensiven Vielweiberei keine Zeit und Muße gehabt, selbst eine Waffe in den persischen Kriegen zu führen, er LIESS Strategen kämpfen. Doula löste nun im Sinne der Großen Sache alles Karma und die niederen Energien auf und harmonisierte/überschrieb den Verlauf der Geschichte so, dass Xerxes seine Artemisia offiziell zu seiner Frau machte, Frauen im altpersischen Reich generell eine ganz andere Stellung bekamen, und seine Haupt- und Nebenfrauen wurden mit anderen Männern vermählt....so dass Xerxes und Artemisia tatsächlich monogam lebten und gemeinsam kämpften für das Gute in der Welt .....sie machten ihren Beinamen Eros und Erotica auch als Vorbild in Sachen bedingungsloser Liebe und Ein-Ehe alle Ehre.....

Und es kam immer noch keine Reaktion oder Antwort von Joel....Doula legte sich Karten, nunmehr fast täglich, mal die Lenormand, mal die Kipper, als Zusatzkarten immer die Veritas Videre und die Clair´s emotions cards....vorher reinigte sie sich, das Haus und die Karten immer erst mental. Es kamen für Joel sehr häuig der Turm, die Wolken, die Fische.....das zeugte davon, dass er noch immer mit seinem Doppeltrauma zu kämpfen hatte..... und mit Sucht.....Er war innerlich zerrissen, er WOLLTE die Liebe zu Doula leben, er WOLLTE eine Partnerschaft mit ihr, er wusste, dass er nun etwas tun musste, wenigstens antworten wollte er, damit sie nicht den Glauben an ihn verlor und sich doch einen anderen nahm......

Doch Doula war nun frei und unabhängig, sie hatte gelernt, weiterhin ohne Joel zu leben, das ging gut, sie war sich selbst gut genug. Babsie war ihr eine liebevolle Begleiterin. Sie kaufte sich nun endlich wieder eine Kamera, denn sie hatte Bock auf selfies, die sie dann bei facebook einstellen wollte. Sie war sich der wohlwollenden Resonanz im voraus gewiss......Sie schaute noch einmal bei Laila auf´s Profil, um zu sehen, was für ein Bild diese nun hatte......da war ein neues, mit tiefem Ausschnitt, dass ihre kleinen Brüste zeigte .....und mit Riesen-Sonnenbrille.....doch es war kein aktuelles Bild, sondern eines aus einer Sommerzeit.....einem Impuls zufolge stöberte Doula bei Lailas fb-Freunden......und plötzlich ergriff einen eiskalte Hand ihr Herz......da, Joels Profil, ein ganz altes, das er 2013 wohl nur stillgelegt, nicht gelöscht hatte.......Doula ging dort rauf und schaute sich all die einst bekannten Bilder von ihm und seinem Sardinien-Urlaub 2013 an, was Laila und die Autorin, die er parallel zu Laila kennegelernt hatte, geliked hatten.....Ein Bild mopste sich Doula, es war eines von Joel mit freiem Oberkörper, muskulös und dezentem Brusthaar, Doula kannte es und konnte sich gar nicht sattsehen, sie legte es auf ihren Desktop......

Doula blockierte Joel mit allen seinen accounts, auch mit dem seines Sohnes, nun konnte sie in Ruhe ihre selfies hochladen, sich liken lassen und flirten......das mochte sie, auch wenn sie gar kein Interesse an den Männern hatte, sie liebte einfach die zweideutige Kommunikation und den Wortwitz..... Ihr war klar, dass Joel trotzdem einen Weg finden würde, auf ihr Profil zu kommen, deshalb nahm sie das schönste Foto als Profilbild......es sah auch wirklich rattenscharf aus....

Die nächsten Kartenlegungen ergaben dann, dass Joel sich in das Bild verliebt hatte, alle ihre posts und die Kommentare der Männer verfolgte und eifersüchtig war.....Doula hatte ihn mit seinen eigenen Waffen geschlagen und war einfach "ausgebrochen", das kannte er von ihr nicht.....Er wollte sie keinem anderen Mann überlassen, er musste nun in Bewegung kommen, sonst wäre sie weg.....Er scharrte nun mit den Hufen und kochte, er wollte Tacheles reden, jedenfalls spürte Doula es so.....doch sie wusste auch, dass Joel nicht mit leeren Händen kommen wollte, er wollte das damalige Darlehen, diese Schuld, nicht auf sich sitzen lassen......Doula fand in den Karten, dass es da wohl noch etwas Zoff mit dem Vorbesitzer von Joels Kutter gab, der ihm oft ein falsches Blatt gelegt hatte und ihm damals immer Laila wieder unterjubeln wollte.....er war in Atlantis I York, der Verräter, in anderen Leben Joels dominanter Vater sowie auch der Mann von Joels verstorbener Mutter des heutigen Lebens und damit direkter Seelenverwandter zu Laila.....Scheinlich ging es bei Joel nun um unerwarteten Geldzuwachs, verkaufte er etwa seine nicht gutlaufende Firma oder war da eine Erbschaft seiner Mutter...... Egal, Doula plante gedanklich ihren Februar-Urlaub auf dem Darß, ob Joel nun in die Hufe kam oder nicht, sie würde dort ein paar Tage , vielleicht in einem Wellnesshotel , verbringen und sich Schönheitsbehandlungen und Strandspaziergänge gönnen......Sie hatte nun neue Sportklamotten gekauft und hatte anstelle des täglichen

Pirschgangs mit dem Joggen mit Hund begonnen, denn sie hatte wegen des ganzen Herzeleids seit 1,5 Jahren keinen Sport mehr getrieben, davor aber täglich.....Sie hatte nun wieder den Elan, den Biss und die Motivation, sie wollte in ihre schicken Sachen wieder reinpassen.....und das Laufen /Trainieren fiel ihr gar nicht schwer, ihre Muskeln erinnerten sich......Arne machte sie zu ihrem telepathischen Trainer, auch er hatte spritzigen Kommentar zu ihrem rassigen Foto abgegeben und geschrieben:"Diese fesche Indianerbraut kenne ich seit meiner Jugend.....und noch viel viel länger....!".....

Doula fand Joel und sich auch in der 2. Menschheit, bei den Maya und UR-Azteken, hier waren sie auch Sonnengott und Mondgöttin - Joel als Huitzilopochtli in Gestalt eines Adlers, der die Schlange frisst - und Doula als Coyolxauhqui (Goldene Glocken).....Sie hatte infolge eines facebook-postings über Kannibalismus unter der Fragestellung gechannelt, wo es herrührt, dass seinesgleichen gegessen wird.....Es zeigte sich ein Leben bei den Maya, aus denen die Ur-Azteken hervorgingen, Joel und Doula waren dort sowohl in den irdischen Ebenen als auch als Götter unterwegs.....und so sah sie sich in einem großen Kochkessel der Feinde sitzen, weil man sie verspeisen wollte.....da sie aber göttliche Fähigkeiten hatte, konnte sie die Temperatur im Kessel beeinflussen und entfliehen.....Es war üblich, den Feind zu verzehren, um seine Kraft aufzunehmen.....Es gab sogar Rituale, in denen den Gegnern bei lebendigem Leibe das Herz herausgerissen und verspeist wurde, auch mit dem Gehirn verfuhr man oft so.....

Zu den Ur-Azteken und Maya wollte Doula dann später noch einmal zurückkommen.....vorerst fand sie noch eine andere interessante Sache.....die mythologischen

Schöpfungsgeschichten der alten Ägypter.....um Amun (von Theben), den Lokalgott und vor allem um den großen Sonnengott RE, auch RA genannt..... der ja selbst Amun= Amen = Amenhotep und auch Ach-en-Aton = Echnaton ist..... das Pendant zu Isis = Rait = "Younger Lady".....

Kapitel 38

Wandlung vom Sarkophag zur Gläsernen Schatulle

Wie allgemein üblich gewesen, war auch die Ägyptische Schöpfungsgeschichte total verdreht, vertauscht und verlogen dargestellt. Doch Doula wusste ja Bescheid und brachte alle Familienangehörigen der Elohim auch hier zusammen.

Erst war die Finsternis, dann das Urgewässer NUN, die Ur-Quelle, die Große Göttin Nebethetepet. Aus IHR erhob sich Atum, die GESAMTHEIT der männlichen Gottesaspekte der Elohim-Schöpfer-Entitäten. Es war der Urhügel, auf dem dieses Atum die Götter Schu (andere Namen Horus und Thot) und Tefnut ausspuckte, also die Elohim EE Mandaruel (griechisch Zeus) und EE Sophiaelle (griechisch Hera)....diesen folgten die Paare (Dualseelen) Geb und Nut (EE Chamuel und EE Raphaelle) = Merkur und Erde.....und danach kamen die anderen Paare: Seth und Nephthys (Hades und Persiphone) sowie Re=RA und Isis (EE Emanuel und EE Arielle), die griechisch Prometheus (Apollon) und Athene (Artemis)sind----obwohl das so nicht stimmt, denn die ALLer-Ersten Elohm-Schöpfergötterentitäten, die der Ur-Quelle, der GRoßen göttin entstiegen waren Emanuel und Arielle......und weiter im ägyptischen Text: ....dann Osiris=Ptah und Sachmet (EE Samael und EE Murielle) griechisch Poseidon und Aphrodite....sowie Haroeris und Hathor (EE Haniel und EE Annabelle....Das ist die Götterebene - die Götternamen änderten sich vielfach je nach Region und Dynastie. Parallel läuft die Ebene im Irdischen, d.h. in der Atum (= Elohim-Familie) gab es vor allem Amun= Amen= Amenhotep= Ach-en-Aton =Echnaton, den Pharao des Lichts, der Sonne- DER Sonne selbst.....Er war offiziell verheiratet mit Nofretete (bei den Göttern eine seiner Schwestern) und hatte genau wie mit der zweiten offiziellen Ehefrau einige Kinder.....doch wenn er wirklich mit Nofretete (als Göttin die Aphrodite) verheiratet war und Kinder gezeugt hatte, als er noch einen weiblichen Seelenkern (Arielle) hatte (vor dem Tausch zur Wintersonnenwende), dann waren DA in Kombi der göttlichen X-Chromosomen die XX-Nephilim entstanden, die grausamen 4-5m-Riesen.....die auch in der ägyptischen Kultur als Artefakte zu finden sind.... Das musste Doula noch überschreiben.....

Wirklich vereint und in wahrer Liebe war Echnaton nur mit Isis= "Younger Lady", seinem Pendant (Dualseele). In diesem Leben sind Echnaton (Re=RA) und "Younger Lady" (Isis) das Schlüsselpaar Joel und Doula.....Beide hatten in Ägypten drei gemeinsame Kinder: Tutenchamun (= Thor in Götterebene) sowie das Zwillingspärchen (Dualseele) männlich/weiblich Makat-Aton (in diesem Leben Doulas Jüngster) und Merit-Aton (in diesem Leben Doulas Große)....Doch in diesem Leben ging es um das Dualseelenpaar, das den Schlüssel des NEUEN Eden sein sollte, der 13. Bewusstseinsstrahl.....Die ägyptischen Kinder von Echnaton und "Younger Lady" und auch beide selbst starben sehr jung....wobei da nachgeholfen wurde.....wie auch in Parallelebenen.....um das Neue Eden zu Verhindern, zu dem IS RA EL der Schlüssel ist - Israel, die Wiege des Garten Eden.....IS-is RA (Echnaton), die beiden EL-ohim, das Schlüsselpaar.....

Über facebook und ihre homepage stießen nun etliche Klienten zu Doula, sie waren auf ihre geschäftliche Werbung aufmerksam geworden oder wurden über Mund-zu-Mund-

Propaganda empfohlen, viele waren von weiter weg, Süddeutschland, Österreich....doch es war für Doula kein Problem, denn als Mentalist, Geistheiler und Channelmedium bezog sie alle Informationen aus ihrem 13. Brägen, ihrem Höchsten Bewusstsein......Es waren unter normalen Umständen so genannte schwere Fälle dabei, doch nicht für sie, denn Geist bestimmt die Materie, und was man sich vorstellen kann, geht auch zu realisieren. Es waren Fälle von beginnendem Krebs, von Demenz, Spastik, Kinderlosigkeit, Burnout, spiritueller Sackgasse und spiritueller Abneigung - und eine Frau stieß auf diesem Wege zu Doula, die von Helge empfohlen worden war, eine Heilpraktikerin und Energiearbeiterin sowie Pferdefrau - Caren.....Helge hatte Doula selbst in Anspruch genommen, was eine seiner Seelenpartnerinnen betraf, die Ähnliches wie Joel in der Kindheit erlebt hatte. Deshalb postete Doula nun verstärkt zum Thema sexueller und/oder emotionaler Missbrauch von Kindern durch Bezugspersonen. Auch Caren hatte da ein Thema.... Doula wusste, dass 75 -80 % der Kinder so etwas in ihrer Kindheit durchmachen. Hierbei geht es um archontisch- also durch GEISTES-Parasiten (-Viren) infizierte Erwachsene, die nicht wissen/fühlen, was sie tun....oft selbst Opfer sind, die dann später zu Tätern werden. Doula hatte Joel ja bei facebook gesperrt, so konnte sie zu diesen Themen einiges bringen, und doch fühlte sie, dass er beobachtete.....Sie brachte nun auch immer öfter die zusätzlichen bedeutungen von Karten aus dem Lenormand-Deck, was ihre Erfahrung gerade in Hinsicht auf karmische Seelenpartner-Verbindungen betraf sowie archontische Manipulation und Fernsteuerung der Opfer und Schergen. So fand sie vor allem folgende Zusammenhänge: Die Karte "Der Turm" kann neben Hindernis, Gefängnis auch Trauma oder Krankenhaus/Psychiatrie bedeuten, die Karte "Der Fuchs" nicht immer List und Tücke, sondern bezogen auf den jeweiligen Zusammenhang auch Schlauheit, Strategie und

Taktik (sowohl Mann als auch Frau). Die Karte "Der Ring" bedeutet nicht immer Beziehung im Sinne von Liebe, Frieden, Harmonie, sondern in karmischen Verbindungen durchaus Ankettung, Pakt, Verschluss/Einschluss/Beschluss, Trauma (auch doppelt oder dreifach) oder Bann....

Wer seine bedingungslose Liebe krönen will, sollte OFFENE Ringe nehmen, so dass eine Tür zum Gehen offenbleibt und Wachstum und Veränderung möglich sind. Auch offene Armreife sind sinnvoll. So einen hatte Doula Joel geschcikt, den Silber-Adlerreif, den er nun abends und nachts trug. Und sie fühlte, dass er auch ihre anderen Geschenke noch bei sich hatte, die wertigsten im Nachttisch, die every day-Ringe wohl zeitweise unter seinem Kopfkissen....

Doula hatte nun genug zu tun mit den ersten Klienten, einigen fb-Freunden schickte sie ihren ersten Buchteil per mail, weil er auf dem freien Markt nicht mehr zu bekommen war, mit der Bitte, sie weiterzuempfehlen und ihr neue Klienten zu vermitteln. Ihr waren Erolg und Bekanntwerden wichtiger als das Geld, sie hatte sehr große Freude dabei, anderen aus so schwierigen Lebenslagen zu helfen. Ihr ging es super, sie war gut drauf, hatte immer ein Liedchen auf den Lippen und war bei fb auch oft mit comedy unterwegs.

Am Morgen des 21. Januar 2017 (Quersumme 5) war sie um 5.00 wach, ließ den Hund zum Gassigang raus und beantwortete Nachrichten von neuen Klienten, holte den Welpen wieder rein und legte sich nochmal ins Bett. Sie hatte sich gerade gefragt, ob es Joel überhaupt bewusst war, was er ihr angetan hatte.....Darauf schlief sie ein.....

Doula träumte....Da war Joel, der auf sie zukam, um sich mit ihr zu vereinen, er wollte ihr seine Liebe gestehen.....Doula freute sich, umarmte ihn, schaute ihm tief in die Augen.....da war etwas seltsam....sie streichelte ihn, schob seinen Pullover an der Hüfte hoch, denn da war etwas Hartes, ein Dorn in der Haut.....Sie sah nach.....ein dicker Stachel.....sie schaute wieder in seine Augen - jetzt waren es blaue, und es waren DREI.....drei Augen, die rollten, sich verdrehten.....alles verdrehte sich....sein Gesicht bröckelte.....Was sie dann sah, war unglaublich.....und auch erschreckend.....Joels Gesicht sah aus wie verbrannt oder verätzt.....wie das eines Zombies oder Orcs....Er war ein Untoter!.....

Doula wurde wach und wusste sofort, was zu tun war, das also war letztens mehrfach die Lenormandkarte "Der Sarg", die eigentlich für Tod/Abschluss und Neuanfang steht. Joel war Echnaton in einem Sakopharg, als Untoter, aber bewegungslos und starr.....Doula öffnete im Geiste den Sarkophag und entnahm Joel. Sie imaginierte ganz schnell eine "Gläserne Schatulle", eine gläserne Apparatur wie eine Heilungs- und Vervollkommnungsmaschine, wo man alles das in ein Display tippt, was erneuert und neuprogrammiert wird, eine Lebens-, Regenerations- und Verjüngungsmaschine, die in etwa wie die Küchenmaschine Monsieur Cuisine funktioniert.....Doulas Maschine ist perfekt und heißt "Gläserne Schatulle".....aus der stieg nun Echnaton (Joel) = Apollon wie Phönix aus der Asche, schöner, strahlender und liebevoller als je zuvor.....

Da war wieder eine Vision....Doula sah, dass Joel in einer Klinik ist, er hatte ein Gespräch mit einem Chefarzt, der in anderer

Zeit ein großer Seelenheiler ist - Eigentlich müssen Seelen nicht geheilt werden, sondern sie ENT-wickeln sich aus dem Karmagewand, doch in schweren Fällen wie Missbrauch durch Bezugspersonen oder bei archontisch-dämonischen Ritualen/Vergewaltigungen/Schlachtungen passiert SEELENMORD.....Dieser Arzt spricht wahre liebevolle Worte zu Joel, der offenbart hatte, dass es da eine Frau seit 5 Jahren in seinem Leben gibt, vor der er aus Angst vor dieser tiefen Liebe immer weggelaufen war und keinen Kontakt haben wollte....Der Arzt fühlte, dass Joel ein erhebliches Mutterthema hat.....er ließ ihn ausreden, aber lenkte das Gespräch in die Richtung, ob er nicht wüsste, dass genau diese Frau seine Heilerin und die Richtige für ihn sei. Keine andere würde 5 Jahre lang alles für ihn getan haben und nichts dafür erwarten oder verlangen.....Er möge dieser Frau doch nun endlich gestehen, dass auch ER diese Liebe empfindet.....und er solle ihr eine Nachricht schicken, in welcher Klinik er sei.....damit sie ihn besuchen und eventuell abholen komme. Der Chefarzt meinte noch, diese Frau sei seine Retterin....gegen Liebe sei kein Kraut gewachsen

Doula wusste, dass Joel ab und zu auch im Krankenhaus an sein smartphone durfte, er wollte weiterhin ihre posts verfolgen, er war zwar von ihr gesperrt, aber er wusste warum, das sah er ja an den Themen, es ging darum, dass sie öffentlich ihre Liebe zu ihrem unbenannten Herzensmann gestand, und es ging um die Thematik Missbrauch.....er hatte sich einen zusätzlichen account hergestellt. Sie hatte nun von Echnaton und Isis, also ihnen beiden, einen Beitrag gepostet.....und dass sie Echnaton aus dem Sarkophag geholt und wiederbelebt hat, genauso werde sie ihn, egal was bisher war und egal, wo er war, aus dem "Turm" bzw. der Klinik holen und ihm wahre Genesung angedeihen lassen.....Er müsse nur eine REALE Nachricht schicken.....

Und doch war Doula noch nicht überzeugt davon, dass es nur DAS war, was noch blockierte.....Joels Mutter hatte den Weg freigeben, Laila ging vielleicht eigene Wege, sie war eigentlich nur ein "kleines Licht" und stellte sich beiden wohl nicht mehr schwarzmagisch in den Weg.....Doch was war mit Kate?.....irgendwie war es Doula zu ruhig....Sie wusste nicht genau, was da los war.....Kate hatte zwar einen Partner, doch sie saß energetisch immer noch in Joels Genick....sie machte da irgendetwas, wahrscheinlich mit Schwarzmagie. Also legte Doula Karten, um ihre Vermutung bestätigen zu lassen.....Die Lenormandkarten und auch die Kipperkarten brachten aber nicht die gewünschte Antwort, ein eigenes spezielles Kartendeck musste entwickelt werden.....Vorerst bestellte sich Doula online aber das Chinesische Tarot, denn damit konnte sie intuitiv einiges anfangen.....es würde jetzt sowieso ins östliche Weltbild gehen. So hatten Joel und sie unter anderem eine Inkarnation als Konfuzius und seine Zwillingsschwester dort..... Anhand dieser Karten fand Doula Zusammenhänge......Kate ließ Joel deshalb nicht los, weil SIE in Joel IHRE Dualseele sah, es war aber keine bedingungslose Liebe, sondern nur eine Abhängigkeit über den Sohn. Kate hatte längst einen neuen, sogar solventen Partner, doch sie wollte Joel keiner anderen gönnen. Sie machte ihn mittels Schwarzmagie sprachlos und unbeweglich in Bezug auf Doula.....Was sie damit in Doulas Leben angerichtet hatte, zusammen mit Laila, das ahnte sie wohl nicht......denn sie wussten durch archontische Infizierung nicht, was sie tun.... Und so nahm sich Doula die Auflösung der niederen Zustände und der Schwarzmagie vor und wirkte sowohl bei Joel als auch bei Kate mittels der Gläsernen Schatulle und über den Emanuel-Code.....Um von einer Vertrauten auf einer hotline am nächsten Tag auch noch draufschauen zu lassen, was sich ändert, wollte sie dort anrufen.....doch es ging partout keine Verbindung zu ihr, ständig sprangen der Kontakt-Button auf "Besetzt" ....auch bei anderen Beratern......das war Spuk.....und nach einer weiteren Viertelstunde wurde ihre eigene Telefonnummer dort gelöscht.....es ging gar nichts mehr.....Doch Doula wusste ja die Ursache......machte sich nachtfertig und erledigte im Bett ihre "Arbeit", was Auflösung und "Belullung" betrifft.....Sie wusste, dass sie alles mit Humor nehmen musste......gegen bedingunglose Liebe, Humor und Wortwitz haben Archonten und deren Schergen keine Entsprechung.....daran beißen sich diese "Kritter" die Zähnchen aus......

Es war nun die Zeit, dass Doula ihr Wirken mit Emanuel-Code und Gläserner Schatulle auch auf enge Seelenverwandte ausdehnte, gratis, um feedback zu erhalten, wie genau es im Außen wirkt....

Doula hatte über amazon ein Buch aus dem chinesischen Daoismus erhalten, denn es ging nun verstärkt ins östliche Weltbild. Sie schlug das Buch ganz hinten auf und las nur eine Passage, in der es um den niederen Yin-Geist und den höheren Yang-Geist geht.....Sie riss die Augen auf....DAS war es....Es war keine Bewertung, sondern es ging um die SCHWINGUNG....Yin = weibliche Energie= dunkel, passiv, kalt, magnetisch -----Yang = männliche Energie =hell, aktiv, heiß, elektrisch -----DAS WAR ES! Sie durfte nicht negative oder niedere Energien auflösen, um Mist und Dreck zu eleminieren, denn das sind ja ENERGETISCH WEIBLICHE Energien, sie musste die ARCHONTISCHEN Energien auflösen. Die deutsche Sprache ist eine sehr raffinierte Sprache!

Nun war ihr auch klar, dass Yin die FORM manifestiert und DANN Yang STRUKTURIERT und aus den Vollen SCHÖPFT.....

Künftig lautete ihre Affirmation vor dem Kartenlegen, Channeln und Wirken also: "Ich bin frei von ARCHONTISCHEN Energien, Manipulation, Störung und Schwarzmagie.....und ich verbinde mich mit meinem Höchsten Selbst, den 5 heiligen Elementen des Multiversums und mit meiner Überseele".....

Und NUN klappte es, jetzt löste sie wahrhaft die manipulierenden Energien an Joel, Kate, Laila und allen anderen auf.....jetzt spürte sie auch die Wirkung sehr schnell.....das zeigte nun auch immer das jeweilige Kartenblatt, das von Neuanfang, Klarheit und gemeinsamer Zukunft sprach. Und auch wenn Doula auf sich und die beiden "Rivalinnen", besser Elohim-Schwestern legte, zeigte sich, dass alles archontische Gedönse aufgelöst war und jeder seinen eigenen Weg gehen würde, auch wenn bei Kate noch dunkle Wolken waren.....bei ihr wirkte sie nun über telepathische Suggestion an deren Alkoholproblem und bei Joel auch.....

Doula bekam nun einigen Zulauf an Klienten, und weil sie erfolgreich und finanziell im sehr humanen Rahmen wirkte, sprach es sich schnell herum, es war ihr Herzenswunsch und ihr Metier, und eine Zeit lang sah sie gar nicht nach, ob die Leute überhaupt im vorab überwiesen hatten und wirkte schon..... Sie hatte sich immer eine solche Tätigkeit gewünscht, das war doch etwas ganz anderes als ein Ferienhof. Hier wirkte sie telepathisch, die Menschen brauchten nicht einmal anreisen, das sparte Zeit und ersparte Aufwand hinsichtlich Vorbereitung und Nacharbeit. Und doch hatte Doula auch Bock darauf, mit Joel etwas Gemeinsames als künstlerisch-handwerkliches Unternehmen auf die Beine zu stellen.....doch dazu müsste nun alles erst in Bewegung und physischen Neuanfang kommen.....Täglich imaginierte sie wie sie mit Joel zusammen war, auch körperlich, sie waren im Gleichklang, vor allem des Nachts spürte sie ihn, auch er konnte wohl nicht schlafen und machte sich Gedanken über ihre Einladung für den Darß..... Und nun, da sie ihn archontisch gereinigt hatte, war es nicht mehr die harte Nummer, die ihr von ihm rüberkam, sondern er fühlte sich liebevoll, lustvoll und sehr zärtlich an....alles war da, von tantrisch bis liebevollem Dom......Wenn sie sich selbst anfasste und verwöhnte, war es, als wäre er IN IHR, mit ihr verschmolzen, nur der Kopf war separat neben ihrem, so dass sie sich küssen konnten.....wenn sie dann zum Oragsmus kam, hatte der eine ganz andere Qualität als früher, sie spürte, dass auch Joel ihn miterlebte, mitfühlte......

Kapitel 39

Eunlich und Eunara - Eros und Erotica - Amor und Psyche

Doula wusste, dass die EE-Verbunde die Regenbogen-Union sind. Und wie im Vedischen Weltbild die Trimurti existiert: Brahma (Erschaffung) - Vishnu (Erhaltung) - Shiva (Zerstörung/Wandlung), gehören auch immer auch die weiblichen Aspekte dazu also: Sri Brahma und Saravati -- Vishnu und Lakshmi -- Shiva und Shakti Parvati. Wobei es nicht nur 3 Götterpaare sind, sondern 6, wegen der Übergänge, denn alles ist fließend und ein Kreislauf.....

Es sind SECHS Regenbogenfarben (Spektralfarben) nicht sieben - Violett, blau, grün, gelb, orange und rot. Doch bisher unbemerkt DAZWISCHEN liegen noch türkis (Höchstes Bewusstsein), nämlich zwischen blau und grün.....und rosa (Pink) für die bedingungslose Liebe, zwischen rot und violett gelegen - rosa ist immer vorhanden in der Ur-Quelle, und türkis wird noch erschaffen durch ein EE-Paar.....nämlich das Drachenpferd....

Die Namen der Ersterschaffenen Schöpfergötterentitäten (Geschwister) von 12 D sind den allermeisten nicht bekannt, nur den Höchsten Selbsten von einigen - deshalb hier ihre geläufigeren, nämlich ihre griech. Götternamen dazu.....Hades (EE Michael) und Persiphone (EE Danielle, anderer, jedoch theologisch verfälschter Name Gabriel-le) tragen violett ----- Prometheus (EE Emanuel) und Athene (EE Arielle), seit Wintersonnenwende sind die Polungen wieder getauscht, tragen blau ----- Gaia=Demeter (EE Raphaelle) und Asklepios=Demenaetus (EE Chamuel) tragen grün ----- Uranos

(EE Haniel) und Hera (EE Annabelle) tragen gelb ----- und Zeus (EE Mandaruel) und (EE Sophiaelle) tragen orange ----- Poseidon (EE Samael / anderer, aber falscher, nämlich theolog. Name Sathan-ael) und Aphrodite (EE Murielle) tragen rot.....und sind wieder dicht an violett = Transformation----- Blau erschafft und beschützt in Bezug auf grün, das erhält, gelb erhält und drängt doch schon zur Veränderung, orange wird aktiv zur Reformation, und rot ist aktiv und zerstört/wandelt, damit Neues entstehen kann, violett dann wieder Transformation und Hilfe bei Erschaffung......Rot und Violett waren einst Spinnefeind laut Theologie (Michael und Sathan-ael).....Im Verlauf der Anfangsfarbe violett vor blau als Alpha ist es auch das Omega und umgekehrt - alle/s eine Union.... Und um Gaia transformiert zu erhalten, braucht es türkis, das von blau erschaffen wird......nehmen wir rosa (bedingungslose Liebe) an rot, wird die Zerstörung/Wandlung glimpflich verlaufen, was violett bewirkt.......Wisse denn, alles ist anders als es an der Oberfläche (Ego-Verstand) erscheint, in der Tiefe (zwischen den Zeilen oder Farben), der Tiefe des Herzens/der Seele liegt die Wahrheit.

Und so tragen Eros und Erotica, die mit anderen Namen Prometheus und Athene = Apollon und Artemis = Frey und Freya = Helios und Selene = Amor und Psyche (Seele) sind und im Vedischen Brahma und Saravati (Erschaffung) ausmachen und zu Vishnu und Lakshmi (Erhaltung/Schutz)übergehen, die Farbe blau - nicht rot - Und sie ERSCHAFFEN und manifestieren in Bezug auf die Erde (grün) und schützen diese mit dem durch sie erschaffenen türkisen Strahl (Höchstes Bewusstsein, Aurora Borealis). Dass sie Flügel haben, ist nur ein künstlerischer Ausdruck für das Reisen zwischen den Dimensionen infolge Involution, sie sind Zeitreisende, um ihre Erfahrungen zu machen, zur Evolution des Höchsten Bewusstseins, irdisch und nichtirdisch.....

Und dazu postete Doula entsprechendes bei facebook, denn sie wusste ja, dass Joel alles gespannt verfolgt und setzte darunter ein Bild von einem Dualseelenpaar in blau, ER mit 5-Tage-Bart. Dazu schrieb sie, um ihn zu animieren: "Und ein 5-Tage-Bart hat was.....nämlich Verwegenes und Männliches.....Freigeister und Freibeuter vor! ....Fängt der Bart an, zu wachsen - ist´s vorbei mit des Jungchens Faxen - dann wird er stark und weise - die Synapsen laut, der Mund bleibt leise. - Ist das Schnäbelchen aber schon anfangs still - dann weiß er wohl nicht, was er will. - So schenke ihm all deine Liebe - dass nichts vom Gestern mehr bliebe!"

Als Doula in der Mittagspause schlummern wollte, kam ihr von Joel so einiges per Telepathie rüber....."Du glaubst ja gar nicht, wie sehr ich dich liebe! Du bist das Größte für mich, was mir je begegnet ist. Du hast mir mit deinen posts meine wahre Größe gezeigt, wer ich wirklich bin. Und ICH hatte all die Jahre versucht, dich auf Distanz zu halten, dich zu meiden, vor dir und meinen Gefühlen wegzulaufen , dich anzuzeigen, weil du EINMAL ausgerastet bist......Du hast mich weder verfolgt noch wolltest du mir die Tür einrennen, um mich ins Bett zu bekommen - es ging einzig und allein darum, mir zu zeigen und mich fühlen zu lassen, wer ICH BIN, wer wir sind - Du hast mir tausende von mails geschrieben, bei facebook hunderte von posts gebracht, du hast deiner Berufung als Mentalcoach und Höchster Schädel alle Ehre gemacht.....Ich danke dir - ich liebe dich so sehr, Du bist meine Liebe, mein Glück.!"

Ein facebook-Freund hatte einen tollen animierenden post von einem Rotkehlchen veröffentlicht und dazu einen Kommentar, dass dieser Singvogel ein Geheimnis birgt....Nun war Doula neugierig, sie wusste ja, dass viele Seelenverwandte ihr Impulse geben, weiterzusuchen.....und so ging sie darauf ein und sinnierte, dass es ihr von einer ihrer Parallelexistenzen zwitschern würde, wenn sie dafür offen sei....Sie hatte schon häufig mit dem Gedanken gespielt, in die Welt der Naturwesen einzusteigen, denn auch Peter Maffay ordnete sie dort mit einem Parallel-Leben ein, nicht nur wegen seiner Elben-Ohren..... Naturwesen leben in der Dimension 6-7. Bewusste Menschen, die 5 D schon erreicht haben, bekommen Kontakt, doch die Seelen der EE-Verbunde haben auch dort Existenzen. In der Dichte 6 (Dimension 6) sind speziell Kobolde, Zwerge und Trolle, in 7 D die Einhörner, Elfen/Alben, Nymphen und Feen. Die Verbindung zu 6-7 D sind die Wale, Delfine, Libellen und Singvögel, im Bereich der Zwerge und Kobolde sind es die Rabenvögel.

So fand Doula auch Joel und sich in 6-7 D, Joel als Elfen-Prinz Eunlich, ihre Zwillingsflamme (Dualseele) und sich selbst als Elfenkönigin Eunara. Im Elfen-/Alben-Reich waren weibliche Vertreter das Oberhaupt, zu Ehren der Großen Göttin (Ur-Quelle, MariaELLE). Chef waren sie aber BEIDE. Joel sah optisch aus wie ein Elfen-Robin Hood und war auch vom Wesen her ein Macher....Es ging darum, dass Eunara entführt wurde, von reptiloiden und insektoiden Gegnern, die wussten, dass wenn die Elfen-Königin gekidnappt ist, das Naturreich verödet.....Prinz Eunlich, der seine Eunara liebt und Verfechter der Großen Mission ist, wuchs über sich selbst hinaus mit Hilfe der WOHLWOLLENDEN Isektoiden und Reptiloiden. Diesmal hatte ER die Fäden in der Hand und war der Held,seine Geliebte zu befreien.....und Eunara/Doula liebte solche Helden, Eunlich ist genau ihre Kragenweite.....Von Vorteil bei der Befreiungsaktion war und ist, dass nur diejenigen Zutritt ab Dimension 7 D haben, die bedingungslose Liebe leben und fühlen und diese SELBST SIND.

Doula fand bei youtube ein Karten-Orakel für Dualseelen einer ihrer fb-Freunde aus Österreich, in dem genau das zutage kam, was sie selbst in diesen Tagen legte......bei ihr, der (größtenteils) Loslasserin, lag sie selbst im Zentrum und drumherum ging es darum, dass sie sich für eine der beiden Versionen ihres Herzensmannes/ihrer Herzensmänner entscheidet.....Sie wollte nun die geklärte MÄNNLICHE Version von Joel, den Joel mit Bart und glühendem Herzen. Der lange Weg und die lange Kontaktlosigkeit waren nun zu Ende, auch dass ihre Familie sich bisher gegen ihren Herzensmann gesperrt hatte, es ging nun in die Erfüllung, die Zeit der Ernte.....sagte die Geistige Welt des Lichts und der Liebe.

Auf Joels Seite, dem (größtenteils) Gefühlsklärer, lag im Zentrum die Karte Veränderung, umkreisend lagen alles tolle liebevolle Karten wie Sterne, Sonne, Herzensdame, Gefühle, wahre Liebe, Abschluss/Neubeginn, Glück, und es ging darum, dass er sich offiziell erklären würde....

Genau so fühlte es Doula auch - und es schien wohl auch noch um unerwartetes Geld zu gehen, was immer Joel da arrangierte und umwälzte, es schien mit Kate und den Verstrickungen mit seinem Unternehmen zu tun zu haben.....das sagten ihr die Kipperkarten, doch genaue Auskunft bekam sie dazu nicht, es lag immer die Karte "Das Buch" für Geheimnis, Schleier.....

Und wenn sie selbst Karten legte, kamen doch immer mal wieder die Karten Turm und Fische für Joel.....war da immer noch Sucht bei ihm im Spiel, gab es immer noch dieses Alkohol- und Selbstwert-Thema...? Doula rief eine enge Beraterin an und ließ darauf legen, denn sie wollte Gewissheit haben, um wieder mit telepathischen Suggestionen entgegenwirken zu können. Das hatte in der Vergangenheit doch immer funktioniert. Diese bestätigte es ihr, auch dass Joel am Boden war und sich deshalb nicht meldete, obwohl er unbedingt Kontakt zu ihr aufnehmen wollte, denn es war schon der letzte Tag im Januar. Er ahnte, dass Doula missgestimmt reagieren würde, wenn er sie wieder auf dem Darß auf dem Trockenen sitzen ließ....

Doula fing alles eine Gedanken und Stimmungen auf, sie war ja über ihn im Bilde, auch sie wurde nachts wach, weil sie energetisch geweckt wurde.....durch IHN.....er war wach, und schlaflos irrte er in seiner Bude hin und her....Sie wollte ihn nun nicht mehr hängenlassen, sie musste und wollte es nun kontinuierlich durchziehen.....Reinigen, Auflösen, Harmonisieren und Bekräftigen.....dazu gehörten auch genau passende post auf facebook zu seinen/ihren Themen, die er alle in sich aufsog....und auch noch einmal eine schöne Briefkarte, diesmal mit in orangenen Sonnenaufgang getauchtes Meer, in dem ein Weg aus Steinen liegt, sie schrieb:

"Moinsen lieber Heini, wie viele Steinplatten soll ich dir denn noch in die Ostsee legen, damit du über das Wasser gehen kannst ;-) Puste die Wolken vor der Sonne weg und genieße das Licht....was ich dir damit sagen will? erstmal so viel, ich bin vom 9.-12.2. auf dem Darß, im Ostseebad deiner und meines Vadders Heimat, das Haus kennst du. Ich möchte mit dir frisches Brot mit Kruste, Bouletten und Milchreis teilen ;-) und am Samstag mit dir essengehen, natürlich darfst du mich auch bekochen, denn ich habe am 12.2. Geburtstag.....Ich möchte mit dir schnacken, z.B. darüber, was wir beide zusammen auf die Beine stellen können, was Holz oder urige Holzmöbel betrifft....und noch vieles mehr. Liebe Grüße, Doula"

Sie hatte gleichzeitig auch bei fb gepostet, dass sein Vater, der Swantevit und Michael ist, ihm und ihr, und nur ihnen beiden zeigen würde, wo die Bundeslade liegt.....die nicht die Steintafeln eines sich selbst ernannten Gottes Jahwe enthalten würde, sondern Beweise außerirdischen Lebens, vor allem der Existenz der Regenbogen-Union.

Doch bevor es soweit war, hatte Doula noch einen ganzen Haufen Geistes-Viren aufzulösen....

Kapitel 40

Auflösung der Archonten und Vereinigung der Zivilisationen

Es war nun gewiss, dass Doula Joel nur dann aus seinem Turm befreien konnte, wenn sie die archontisch-dämonischen Energien an Kate, ihm, Oliver und Laila auflöst. Doch sie dachte weiter, denn das allein würde ja nichts nützen, sondern immer wieder zu Besetzungen und Überlagerungen führen. Deshalb musste sie übergreifend und ALL-umfassend auflösen. So begann sie bei Kate. Sie löste dann immer etappenweise die Archonten selbst, die archontischen Eigen- und Fremdenergien, die Manipulation und Störung, archontische Fremdprogrammierungen und Fremdprograme, archontische Wortformationen, archontische Gedanken und Gefühle - Flüche, Banne, Eide, Schwüre, Gelübde, Versprechen, sofern sie alle der Großen Sache im Wege standen - sowie archontische Chips, Sticks, Implantate, Siegel, Pakte, archontische Psychotronics, Subliminals, Skalarwellen, Plasmawellen und schwarzmagische Beeinflussung, archontische Besetzungen, Besessenheit, Krankheiten, Traumata, Süchte, Persönlichkeitsstörungen - und das alles in Licht und Liebe im Namen der Heiligen Fünf in allen eiten, Ebenen, Dimensionen und auch im Äther und der Akasha, also für alle Ewigkeit auf. Sie machte Vergebungsrituale mit allen und ging zur Seelenfamilie, dann zu denn EE-Verbunden, der Regenbogen-Union und dann auch zu den irdischen, unter- und überirdischen Zivilisationen, egal ob humanoid, reptiloid, insektoid oder wie auch immer und vollendete dann im Universum und auch im ganzen Multiversum - so dass sie also davon ausgehen konnte, dass es diesmal kosmisch rundum gewirkt hatte und die Archonten komplett in Auflösung waren. Damit ging dieser Mental-Virus auch von den bisherigen Gegenspielern, in der Seelenfamilie, auf Erden und im Kosmos. Joel und sie selbst sind nun einmal keine NORMALEN Sterblichen, sondern genau um sie beide geht es beim Qilin - dem chinesischen Drachenpferd. Kommt das Qilin wieder auf die Erde, kehren Wohlstand, Tugenden, Liebe, Frieden und Harmonie zurück, und es kann auch in aussichtslosen Situationen helfen.

Doula bekam auf facebook den Impuls eines fb-Freundes zu den Seraphinen, an denen man beim Aufstieg angeblich nicht vorbeikäme..... Das waren die Anhänger, irdisch und nichtirdisch, des einstigen Metatron und des vernebelten Michael, die Vatikan, US-Politik, Bilderberger und Goldenen Stier gelenkt und gefördert hatten.....Da Seraphim und Querubim im Ursprung auch Elohim-EE sind, harmonisierte sie und vereinigte in Licht und Liebe in allen Ebenen, Dimensionen, im Äther, in der Akasha und auf ewig. Für beide Logen, Drachenclans, wurde nun die frühere Aufgabe der Behinderung am Aufstieg aufgelöst, und sie bekamen einen neuen Auftrag, die Harmonisierung auf Erden und im Kosmos herzustellen entsprechend ihrer von den Archonten bereinigten EE-Anführer Mandaruel und Michael in 12 D. Der Tross würde nun wieder von ihnen geleitet werden bzw. von der obersten Loge, den 12-D-Elohim, jetzt speziell von 13 D - dem 13. Schlüssel Prometheus und Athene (=Apollon und Artemis).

Da es gerade passte und ihrer inneren Stimmung entsprach, befasste sich Doula mit den Dualseelen und deren spezieller

Energie beim Aufstieg. In den Medien und in Büchern wurde so viel dazu geschrieben, was das Loslassen und energetische Abwenden betrifft. Angeblich sollte es helfen, wenn man sein Leben genießt und andere Partner nimmt, sofern die Zwillingsflamme (Dualseele) nicht in die Gänge kommt. Doch das ist Fehlinformation und bewusste Blockierung des Aufstiegs, der kein senkrechter ist, sondern ein innerer im Bewusstsein. ZwillingsFLAMMEN einer Dualseele und füreinander bestimmte karmische Seelenpartner (Dualseelen-Entsprechungen) sitzen im SELBEN Boot, d.h. es geht um energetische Teamarbeit. Auch wenn jahrelang KEIN Kontakt besteht, so sind sie doch geistig und seelisch untrennlich und unzerstörlich miteinander verbunden. Dieses Seelenband zwischen ZwillingsFLAMMEN geht enorm zu dehnen und ist reißfest. Der Eine führt und fühlt den Anderen, und sie telepathieren miteinander. In Notlagen ist es richtig, den Hilfebedürftigen energetisch aufzufangen. Hier geht es um das Lernen und Leben der BEDINGUNGSLOSEN Liebe. Egal, was Unverzeihliches passiert ist. Wahre Mutterliebe ist so eine bedingungslose Liebe. Sie stößt ihr Kind auch nicht weg und wendet sich ab oder erpresst und stellt Bedingungen. Erlernen die Zwillingsflammen und Seelenpartner in Teamarbeit diese wahre bedingungslose Liebe, auch wenn sie nicht an der Seite des Anderen sind/sein können oder in DIESER Inkarnation (noch) nicht sein werden, kommen sie BEIDE zusammen durch diesen Prozess der Selbstfindung und des Aufstiegs ins Höhere oder Höchste Bewusstsein. DARUM geht es und auch darum, es anderen vorzuleben und zu erweitern auf bedingungslose Liebe zu ALLEN Spezies, egal welcher Hautfarbe, Sprache, Kultur, egal ob irdisch oder unter- oder außerirdisch, egal welchen Glaubens. Bedingungslose Liebe ist die WAHRE "Religion" im Kosmos.

Doula wusste nicht, ob sie Joel eigentlich wirklich noch als Mann wollte, wenn er tatsächlich so durchhing, denn im Grunde wollte sie einen MANN, einen HELDEN. aber sie konnte sich dieser tiefen Liebe zu ihm nicht erwehren, sie war einfach da und BLIEB. Und so konnte sie nicht anders, als ihm telepathisch zu signalisieren, dass sie ihn aus seinem Turm holen würde, egal was für ein Früchtchen er gewesen war in Bezug auf Frauen, Lügen, Sex, Drogen, Schauspielerei, Distanz, Oberflächlichkeit, Strafantrag etc. In ihrem eigenen Leben war alles kaputtgegangen, doch in seinem augenscheinlich auch.....so ging es demnach auch darum, dem Materiellen Weltbild zu entsagen, und es ging um DEMUT. So tief mussten beide fallen, um emporsteigen zu können, dahin, woher sie ursprünglich kamen (12 D) und diesmal noch höher (13 D als Schlüssel für 14 D, das Souveräne Integral)

Es gab auf facebook einen post über Nikola Tesla und Freie Energie, seine Verhaltensstörungen und die zahlen 3-6-9.....Doula bekam eine Eingebung, dass Rudi die Reinkarnation von Nicola sei und gab ihm das durch die Blume auch zu verstehen. Doch sie spürte in diese 3 des Nikola Tesla rein - es war doch noch nicht ganz richtig.....Die 3 entprach ihres Wissens der niederen Yin-Energie, die 6 der höheren Yang-Energie - die 9 wäre angeblich das Universum darum herum, doch sie wusste, da waren noch die 12 und die 13.....und 14----- Sie bekam aber den Impuls, dass die Menschheit nun längst in 5 D IST, der Kipp-Punkt der 10% Erwachten schon weit überschritten ist, was sich auf das Kollektive Bewusstsein ausgewirkt hat über das morphogenetische Feld. Und doch würden nur 25 % der Menschheit wahrhaft austeigen. Es ging um 6-7 D, für manche 7 D - in 9 D sind die Aufgestiegenen Meister und Lehrer der bedingungslosen Liebe, wozu auch

Doula und Joel selbst gehören, Joel als St. Germain und Doula als El Morya, Mandaruel als Lord Senanda und Sophiaelle als Maria Magdalena. 12 EE entsprechen 12 Augestiegenen Meistern und insgesamt den Regenbogen-Farbstrahlen der Regenbogen-Union. Bei den übrigen Namen der Aufgestiegenen Meister würde Doula noch aufräumen, denn auch da sowie bei den Meister-Strahlen war in der Literatur und im Netz manipuliert worden.....

Es war gerade gegen Abend des 1. Februar, Geburtstag ihres Ex-Mannes, der sie am kommenden Wochenende zum Essengehen eingeladen hatte, als sie an einen Titel von Sido "Einer dieser Steine" dachte, den sie Joel 2013 als CD geschickt hatte. Sie fand bei youtube eine noch bessere Version von Joel Brandenstein, die sie bei fb postete, um ihrem geliebten Schatz Joel eine Liebesbotschaft zu schicken. Während des songs liefen Doula die Tränen, sie waren dabei, sich gegenseitig zu retten, sie nicht nur IHN.....er sollte nicht denken, er wäre ein Pflegefall und sein Selbstwert im Eimer. Sie wollte ihm den Glauben an sich selbst wieder geben und die Gewissheit ihrer bedingungslosen Liebe. Sie spürte, dass es nicht nur ihre eigenen Tränchen waren, die da kullerten.....

Kapitel 41

Letzter Flügelschlag durch Sturm und Wolken, ins Licht und in die Liebe

Es war wieder die allererste irdische Inkarnation, auf die Doula zurückkommen wollte. denn damit hatte es sicher etwas auf sich, jedenfalls meinte das ihr Hot Spot.....Sie hatte sich das Göttinnen-Orakeldeck gekauft und sah sich die Karten an, es waren oftmals viele Namen und Kleider für eine und die selbe Göttin, doch das wusste sie ja schon, und so wunderte es sie auch nicht, dass sie selbst auch Yemanya, die Göttin des Ur-Meeres ist. Sie war in der ersten Inkarnation Anführerin der Meermenschen, die in ihrem Gefolge anscheinend alle weiblich waren - Meermaids oder Sirenen - Sie hatten Fischschwänze, den Haaransatz weit oben, fast am Hinterkopf, einen stromlinienförmigen Schädel und reptilienähnliche Augen, denn sie stammten wie die Wale und Delfine von einem Reptil ab. Sie begannen, das Festland zu erobern, Antrieb dafür war Yemanyas Erblicken und Fühlen ihrer Dualseele, Gott Xanthor, ein Zentaur, halb Mensch, halb Hengst. Zentauren waren männlich, ihr Penis war des Hengstes, so gewaltig, dass sie beim näheren Kennenlernen und in Liebe schwelgen nicht für Koitus zusammenkommen konnten. Doch darum ging es ja auch nicht primär. Sie verband eine ungewöhnliche, bedingungslose Liebe, die auch alle anderen Meermaids = Nymphen = Sirenen, dazu animierte, das Land zu erkunden und zu erobern, auch Yemanyas und Xanthors Widersacherinnen Prizilla (Laila) und Luzilla (Kate), die Schwestern von Yemanya..... Im Laufe ihrer vielen tausend Lebensjahre bildeten sich die Fischschwänze zu Beinen und Füßen um. Das komplexe

Sonar blieb ihnen größtenteils erhalten, auch wenn der Ur-Ton des Multiversums durch die vom damaligen Metatron erschaffenen archontischen Viren verfälscht worden war (einige der Sirenen/Meermaids lockten Lebewesen ins Verderben).....

Yemanya und Xanthor waren die Ersten der Ersterschaffenen (Elohim-Schöpfergötter-Entitäten), es sind EE Arielle und EE Emanuel, selbst das Schöpferpaar, der 13. Brägen, der Schlüssel zum Souveränen Integral und der Schlüssel für den NEUEN Garten Eden. Der frühere Garten Eden lag UNTER Wasser, denn alle heutigen Kontinente waren einst ein UR-Kontinent Pangäa, an dem angelandet wurde.....Doula wunderte sich anfangs, warum die gechannelten Namen mit X und Y beginnen...und dass sie selbst mit Y (männlich) anfängt und Joel mit X (weiblich), doch es hatte alles seinen Sinn.....und so bekam sie den Impuls für XY-Frau und XXY-Mann.....Durch Chromosomenanomalie männliche Frau und weiblicher Mann.....DAS war es also, und nun war ihr auf einen Schlag klar, weshalb ihr Joel wie "nicht Fisch noch Fleisch" vorgekommen war, wie bi-sexuell, aber noch anders, nämlich unerklärlich, nicht einzuordnen.....und sie selbst ebenfalls zwischen Baum und Borke, als Gott UND Göttin....Doch es passte mit beiden ja wie Faust auf Auge oder Arsch auf Eimer.....zu jedem Pott passt ein Deckel, wenn man es liebevoll betrachtet. Diese Form des XXY-Mannes wird im Internet als Krankheit deklariert, ein Chromosomenfehler, das 47 XXY-Syndrom.....Jungen und Männer, die davon betroffen sind, 1-2 auf 1000, haben oftmals kleinere Hoden, eventuell auch einen geringeren Penis, sind nicht zeugungsfähig, haben weibliche Leiden, tendieren zu Osteoporose und Fettleibigkeit.....Das Schlimmste aber sind verbale Defizite (geringer Verbal-IQ und geringere kognitive Fähigkeiten) und Depressionen, die sogar zu Borderline,

Schizophrenie und in den Suizid führen können. Da traf vieles auf Joel zu. Die Intelligenz ist zwar nicht beeinträchtigt, doch dass die verbale und die Ausdrucksintelligenz sowie das Erfassen von Zusammenhängen durch Lesen eingeschränkt ist, kann ein Problem sein, und das war es bei Joel auch tatsächlich. Diese Männer neigen als Kind schon zu ADS/ADHS, zu Stimmungsschwankungen und Depressionen.....

Doula war nun alles klar, DAS war es, was Joel so fertigmachte, DAS war sein Geheimnis, sein TURM, DAS war für ihn schlimmer als das Trauma mit der Mutter, deshalb wollte er sich und anderen immer beweisen, dass er ein Mann ist. Er lebte eine LEBENSLÜGE, er lebte seine Gefühle bisher nicht, er versagte sich diese, auch weil seine Eltern ihm damals das Fühlen als Mädchen austreiben wollten.....Und nun war Doula dahergekommen und hatte bei ihm und in ihm alles auf den Kopf gestellt, alles war nun hochgekommen, was unter den Teppich gekehrt worden war.....Es musste nun bearbeitet und angeschaut werden. In diesem Prozess hatte natürlich auch Doula fast alles in ihrem Leben gehen lassen müssen, zeitweise hatte sie sogar sich selbst aufgegeben, doch das hatte Joels Seele nicht hinnehmen wollen....So wie Doula es nicht akzeptieren wollte, dass Joel sich vergräbt und alles Liebevolle aus seinem Leben beißt.....Sie waren sich nun gegenseitig Retter, sie liebten sich, das war BEIDEN mehr als klar.....und wenn Doula alles Bisherige in ihrem Leben BEHALTEN hätte, wäre sie auch sicher nicht so permanent drangeblieben, alles aufzuwühlen, so dass es durchfühlt werden MUSSTE. Sie wäre abgelenkt gewesen und hätte sich wohl auf einen anderen Seelenpartner eingeschossen, schon um das Ego zu bedienen..... Aber sie lebte mittlerweile ihre reine Seele, und da sie sehr häufig, eigentlich fast immer, in ihrer inneren Mitte war, interagierte sie mit ihrer Überseele und damit auch mit dem Höchsten Joel=Emanuel.

Yemanya und Xanthor, die in allen ihren Inkarnationen als XY-Frau und XXY-Mann oder umgekehrt kamen, egal, wer welche Rolle trug, sind zusammen vereint die FÜNFHEIT XYXXY oder XXYXY .....als XY Wasser und Äther - und als XXY Feuer, Luft und Erde. Sie wurden in der damaligen Inkarnation zwar getrennt durch archontische Kräfte, andersartige Zentaurentypen, die mehr Stier- und Ziegenmenschen ähnelten......doch Doula hatte das bereits harmonisiert. Wichtig war, dass sie, obwohl sie als Yemanya und Xanthor keinen Koitus vollziehen konnten (oder in anderen Inkarnationen, in denen ER vielleicht mal nicht zeugungsfähig war), Nachkommen schaffen..... Die FRAU erschafft beider Nachkommen durch ihren Geist, durch die Kombination BEIDER Genetik. Sie hat selbst eine Samenform im Inneren, d.h. auch wenn ihr Mann nicht zeugungsfähig ist, erschafft sie beider Nachwuchs mit dem Geist. Das war sehr wichtig, denn Doula wusste, dass es bei beiden noch um ein Zwillingspärchen gehen würde, Manuel und Marielle. Es schien, dass Joel nicht zeugungsfähig ist. Doula hatte ja vor Jahren schon herausgefunden, dass er außer Oliver keine Kinder hat und dass Oliver nicht sein leiblicher Sohn ist, sondern Kate ihn Joel "untergejubelt" hatte.....Das war für Joel sehr schlimm, doch er liebt Oliver wie seinen eigenen Sohn, er IST ja sein und Doulas gemeinsamer SEELISCHER Sohn, nämlich unter anderem ihr Sohn Thor in Atantis I.

Joel hatte durch Doulas "Beileidskarte"zum Nikolaus 2014, die den Strafantrag auslöste, auf das Wort "impotent" so dermaßen überreagiert (sie hatte geschrieben aus Wut über seine Kontaktverweigerung: "Für mich bist du ein hässliches, impotentes, herzloses Stück Fleisch...."), weil sie den Nagel auf den Kopf getroffen und ihn sogar ins Herz geschlagen hatte. Zu solchen verbalen Ausfällen war es sonst nie gekommen, aber da war ihr tatsächlich der Kragen geplatzt, als er sie am Telefon eiskalt abserviert hatte.....Er war zu der Zeit und in den vergangenen Jahren besetzt und ferngesteuert gewesen, er war sowohl Waffe gegen sie in der Hand von Kate als auch von Laila gewesen, das hatte er nicht mal bemerkt....Doch jetzt war Joel so vieles klargeworden, nämlich dass er benutzt und manipuliert worden war, dass er daran gehindert wurde, seine wahre Größe zu erkennen und dass Doula ihn genau so liebte wie er war, ein süßer Schnuckel..... Er hatte so viel Verrat, Betrug, Verletzungen, verbale Kastration und anderes durchgemacht.....Doula war die Einzige, die immer liebevoll an seiner energetischen Seite gewesen war, von der Beileidskarte mal abgesehen....Doch er wusste nun auch, was er ihr alles angetan hatte, dass er das Liebste, das er hatte, bisher am stärksten verletzt hatte.....Das wollte, das MUSSTE er wiedergutmachen. Er wollte sie nicht mehr aus seinem Leben beißen. Er FÜHLTE jetzt, er fühlte sein HERZ, seine LIEBE, seine besondere Geschlechtlichkeit und dass SIE ganz genau zu ihm passte, zu seinem wahren ICH, zu dem wie er ist und nicht hatte sein wollen. Sie nimmt ihn genau so an, wie er ist und als blueprint gedacht war, und jetzt mit allem, was er durchhat, mit allen seinen Macken, Störungen und Mätzchen. Ja, er kann sich verbal nicht so artikulieren wie sie, nicht annähernd, doch sie kann es dafür um so besser. ER ist dafür handwerklich ein Genie und sehr erfinderisch und künstlerisch, auch hochintelligent und hochempathisch, zusammen ergänzen sie sich zur Vollkommenheit und erschaffen GROSSES und NEUES. Das wollte sie, das hatte sie ihm noch geschrieben, ein paar Tage bevor es nun auf den Darß gehen sollte. Sie wollte mit Swantevit interagieren, um die Lade aufzuspüren, die Joel dann heben sollte.....Sie hatte Joel geschrieben, in welchem Ferienhaus sie sein würde und dass sie mit ihm darüber reden wollte , was sie zusammen auf die Beine stellen können wie z.B. urige Holzmöbel herstellen.....

Doula hatte nun auch die Sache mit dem XXY-Mann und der XY-Frau, dem Dualseelenpärchen, bei facebook gepostet, so dass Joel alles verfolgen konnte.....und das tat er.....denn in Doulas Kartenlegungen kam nun, dass sich der Turm auflöst, alles in ERLÖSUNG ist.....bei Joel ging nun einiges durcheinander, emotional, es überschlug sich förmlich.....Gefühlschaos, Kontrollverlust,Emotionsschub, aber auch Zukunft, Sonne, Liebe.....die höchsten Karten überhaupt.....

Doch sie wusste aus dem chinesischen Tarot, dass der königliche Weg (Tarot) immer voll bewusst und immer unter Reinigung und Auflösung letzter archontischer Energien gegangen werden musste, Achtsamkeit bis ins Ziel.....Und so nahm sie Impulse von Helge wahr, dass Berlin gerade wieder unter Beschuss war, man hatte die Schumann-Frequenz verändert, die bei 7,83 Hz liegt, also zwischen Tiefenentspannung und Wachtraumzustand ideal ist.....Da war am jetzigen Wochenende abgesenkt worden auf Depressionsfrequenz oder vorher zeitweise erhöht worden auf Stress und Burnout. Hier löste Doula erst für den deutschen Norden auf, um Joel weiter in der liebevollen Bahn zu halten, doch dann kam ihr der Impuls, es gleich für die ganze Erde zu tun, die Frequenz wieder auf das Optimum von fast 8 Hz zu setzen, und sie löste auch die Funktionsfähigkeit der Haarpanlagen irdisch und auf dem Mond sowie die Chemtrail-Aktionen auf.....

Das Multiversum hat einen UR-Ton, es besteht aus Klang, Energie und Liebe. Das ist das A und O. Und so sind die Vokale

A und O nicht nur für Tiere sehr angenehm, sondern der Klang von Harmonie, Frieden und Liebe wie z.B. Ommm und AAhhhh - Doula stellte den Ur-Ton wieder her, multidimensional und für ewig.

Es war nun Zeit für Urlaub am Meer.....und ganz egal, ob Joel mit ihr zusammentreffen würde oder (noch) nicht, es würde sie nichts mehr aus der Bahn, der inneren Mitte, werfen, denn sie wusste, sie kommen nicht mehr aneinander vorbei. Sie laufen sich geradewegs in die Arme, zwei Liebende, die seit so langer Zeit voneinander getrennt waren, um jeder für sich zur Evolution ihres HÖCHSTEN Bewusstseins beizutragen. Das Geschenk, das sie sich nun gegenseitig machen, nämlich ihre Liebe nun auch physisch zu leben, kommt zum richtigen Zeitpunkt, nämlich zu dem, den sie BEIDE aus ihrem HÖCHSTEN Selbst festlegen.....und es fühlte sich für Doula so an, dass es jetzt im Februar 2017 ist.....ob nun zu ihrem 51. Geburtstag oder zwei Tage später zum Valentinstag....oder im März....das ist nun nebensächlich.....wichtig ist, DASS es geschieht.....denn ihr langer bisheriger Weg kommt nun an diese Kreuzung, an der sie beide liebevoll zusammentreffen und physisch vereint für ihre gemeinsame Mission weitergehen.....

Doulas Hund nässte wieder ein, und Doula selbst hatte arge Stimmungsschwankungen, war es wirklich so, dass sie Joel alles vergeben hatte?.....Es kamen derart viele Themen und Verletzungen hoch, die sie alle schon einmal bearbeitet, durchfühlt und vergeben hatte.....Kartenlegen brachte nichts, sie war nicht mehr in ihrer Mitte, außerdem kamen ihr Gedanken und Gefühle, ihn gänzlich abzuhaken, auch die Fahrt zum Darß, generell die ganze Mission.....Was hatte es ihr bisher außer Kummer und Leid gebracht? War es die Sache überhaupt wert? War Joel es wert?.....Er hatte sie ausgesaugt, und auch Kate und Laila hatten das getan, sie hatten BEIDE, neine alle drei, Doulas Energietankstelle leergemacht, kostenlos, wie Parasiten.....Joel hatte sich bisher nicht von Kate lösen können, weil da ein Versorgungspakt bestanden hatte, es war ein Abhängigkeitsverhältnis, Kate gab vor, bedürftig und krank zu sein und erpresste mit Oliver....Es bestand ein emotionales Abhängigkeitsverhältnis, aber auch ein wirtschaftliches.....Kate war in Joels Firma involviert, er konnte da so einfach nicht raus....er würde wohl alles verlieren, was er sich aufgebaut hatte. Da wog augenscheinlich das Materielle mehr als die Liebe zu Doula, die er offiziell nicht eingestand, weder sich noch nach außen.....Doulas Leben aber war zusammengestürzt, sie hatte fast alles wegen dieser Seelenverbindungen, dieser Dreier- und Viererkonstellationen verloren, Doula hatte sich energetisch an Joel gehängt, um ihn zu schützen, er klammerte energetisch an ihr, ihrer Kraft, und sie wurde von Kate und Laila mitausgesaugt, es saugten also drei an ihr.....zweitweise sogar 3-4 (auch Joels Mutter).....Dass da in Doulas Leben, Familie und Unternehmen kein Stein auf dem anderen geblieben war, war naheliegend.....Doula quälte sich, am Tage und auch nachts.....sie postete auf facebook, dass die Ex(en) sicher nicht von selbst loslassen würden, wenn die Festgehaltenen nicht Klartext reden......anderenfalls müsste die Ausgenommenen (wie Doula) eben selbst die Richtung wechseln und weggehen.....bevor ihr Leben ganz im Eimer ist.....Sie wollte nicht mehr länger warten, sie kündigte an, dass es nun Zeit ist, den Staffelstab einem anderen Adler zu übergeben, Doula hatte genug, restlos genug..... Sie war emotional platt, sie wollte leben, sie wollte wieder einen Partner, sie war dran, alles andere könnte so nicht mehr weitergehen, sie war bereinigt und entschlossen......und wollte nicht mehr auf einen Lügner und Feigling warten, sie wollte nicht bewerten, tat es aber, denn sie sagte sich laut, WAS/WEN sie zum Lebenspartner haben wollte: einen Helden, einen liebevollen.....Das war Joel aber (noch) nicht, obwohl er mittlerweile wohl die innere Stärke hatte, doch er rührte sich nicht......Doula wollte darüber nicht alt und grau werden, sie dürstete nach emotionaler Unabhängigkeit und Freiheit.....Sie wollte raus aus dieser Geschichte, aus diesem Pakt, denn ja, es war ja auch ein Pakt, ein Seelenpakt/Seelenplan.....Was hatte der denn nun mit freiem Willen zu tun? Sie wollte nicht, dass Joel sich gezwungen sah wegen eines Seelenplans, ENTSPRECHEN zu müssen, sie wollte jemanden, der freiwillig kommt, aus wahrer Liebe.....Joel schien starrsinnig zu sein, er wollte selbst entscheiden?.....Gut, sie selbst aber auch, deshalb gab sie alles frei - Sie sprach aus und löste auf: den Seelenplan und ihr Dualseelentrauma der letzten 5 Jahre sowie den Scherbenhaufen und alle "Verpflichtungen", die mit dieser Dualseelenvereinigung einhergehen sollten laut Vorsehung......In diesem Moment war es so kein freier Wille mehr - deshalb entband sie sich und ihn davon .....und stieg auf ins ALLerhöchste Bewusstsein von 14 D - in das des SOUVERÄNEN INTEGRALS.....Alles kann, nichts muss - sie war raus!

Es fiel ihr eine immense Last von den Schultern, sie fühlte sich befreit, sie gab den Staffelstab nun ab, denn damit war nun auch alles andere offen, die Mission.....Das alles gab sie am Morgen des 9. Februar, dem Tag ihrer Anreise zum Darß, auf facebook bekannt.....denn es war auch für alle anderen Missionsträger wichtig zu wissen, dass man sich auch von seinem Seelenplan verabschieden kann, wenn man den freien Willen nutzen darf....und da war ein anderer Mann, der förmlich darauf wartete, dass Doula endlich von Joel abließ, der interessierte sie zwar nicht wirklich, aber es schlug Wellen, was Doula gepostet hatte, denn sie war sozusagen der Anführer-Adler.....sie war beliebt, und man folgte ihr......freiwillig...... und alles andere würde sich fügen wie das Schicksal es wollte.....Die Liebe war nun freigegeben und konnte frei fließen.....Das schrieb Doula auch auf ihrer fb-Seite: "Ich bin nun FREI.....und offen für Liebesvolles, das mir freiwillig über den Weg läuft...."

.....und irgendwie hatte sie es schon im Urin, dass Joel sie sowieso wieder versetzen würde. Sollte sie überhaupt fahren? So viel Geld für Ferienwohnung, ein paar neue Klamotten und Essen ausgeben, so viel Aufwand wegen des Welpen betreiben, für den sie extra eine große Hundebox für's Auto gekauft hatte.

Sie fuhr, und wenn er am 11.2. nicht käme, obwohl sie ihn eingeladen hatte, dann würde sie am 12.2., am Geburtstagsmorgen, weiterfahren zu ihren Eltern und vielleicht sogar zu ihrem großen Sohn.....Den ersten Tag auf dem Darß vertrieb sie sich mit Einkauf und langen Strandspaziergängen. Donnerstags war er sicher noch nicht da. Am Freitag besuchte sie zwei Friedhöfe der Gegend, um nach den väterlichen Ahnen zu schauen, worunter wohl einige Kapitäne waren, ihr Opa hatte 10 Geschwister, davon 9 Brüder, gehabt.....Sie war lange und gern am Ostseestrand unterwegs, um nach Bernstein zu suchen, auch dem Hund gefiel es sehr, denn IN der Ferienwohnung musste er in der Box bleiben, weil er immer noch nicht stubenrein war. Das allein war schon ätzend - und irgendwie ging das nicht mit rechten Dingen zu, auch ihre Stimmungsschwankungen......

Doula kaufte beim Bäcker ein für den Nachmittag und machte

sich schönes Essen zusammen mit Bier oder Wein, was ihr bisher rein gar nichts aussmachte. Sie war viel draußen unterwegs, rechnete mit Joel aber immer noch nicht wirklich, da sie seine Feigheit ja erahnte und wusste, dass er gravierende Probleme in seinem Leben hatte. Also entweder war er eiskalt und abgebrüht und wollte sie wirklich nicht (was sie nicht glaubte, denn dann hätte er es doch einmal klar gesagt) oder er machte sich ins Hemd, weil er genau so tiefe Gefühle hatte wie sie für ihn, bloß IHM haute es die Füße weg, und er wusste, was er ihr alles angetan hatte.....Es war natürlich ein Wagnis, ihr vor die Augen zu treten, er hatte einen hohen Schäm-Faktor.....doch er musste doch auch wissen, wie unkompliziert sie ist, was für ein Pfunds"kerl" und was für eine süße liebe Maus.....Oder war es Realität, was sie häufg für ihn in den Karten gesehen hatte.....ein Suchtproblem.....Alkohol......Abstürze wie bei ihr selbst.....

Die Zeit verging, der Sonnabend war da, an welchem Doula abends mit Joel Essen gehen wollte.....Den Tag hatte sie im Darßwald verbracht, Fußmarsch bis zur uralten Meeresküste.....Dorthin, wo sie 2014 ihre erste Inkarnation als Meerfrau erfahren hatte und die türkise Energie übernahm.....Dorthin würde sie wieder zurückkehren, denn es handelte sich um ein Dimensionstor.....Diese Sache hatte noch Zeit, denn das wollte sie zusammen mit Joel erleben und erledigen.....

Sie war abends von den 10 km Fußmarsch leicht groggy, der Hund nicht.....Sie machte Leckeres zum Abendbrot, denn sie ahnte, ER würde nicht kommen, obwohl ihre Intuition meinte, er wäre wohl ganz in ihrer Nähe, im Ferienhaus seiner Mutter, es musste ungefähr im Umkreis von 300 Metern stehen, doch würde er sich zu ihr rübertrauen?.....oder lieber trinken und sich in seine Depressionen reinsteigern, weil er wieder einmal nicht den Mumm hatte.....Sie hatte ihn nun schon zum 4. Mal auf den Darß gebeten, und immer hatte er sie versetzt bzw. den Schwanz eingeklemmt.....einmal hatte sie ihn ja im Kajak langsam und vorsichtig spähend am FKK vorbeipaddeln sehen.....

Nein, er kam nicht..... Ein normaler Mann hätte schon längst angerufen oder sms geschickt. Also ging sie davon aus, den Abend allein zu verbringen, um an ihrem Geburtstagsmorgen abzureisen. Und doch war sie etwas aufgeregt.....was wäre, wenn er doch käme, ihre Adresse wusste er ja.....Sie genoss Fisch, Baguette, Salate und Wein und döste beim Fernsehen ein.....Ganz spät wurde sie wieder wach, sah auf die Uhr, wusste Bescheid und beschloss, gänzlich abzuhaken.....

Doulas Geburtstagsmorgen verlief nicht angenehm. Sie war wieder einmal allein, kein Gruß, keine sms von Joel, dafür aber ein Haufen Gratulationen ihrer Leute auf facebook, zuallererst von Bastian, einem weiteren Seelpartner und dann von Arne, der sich Hoffnungen auf sie machte, immer noch .....und sie hatte Anrufe ihrer großen Tochter, von Marc, ihrem Jüngsten und von ihren Eltern, von ihrer zweiten Tochter gab es eine liebevolle sms, und zu Hause hatte sie ja schon eine Karte von ihrem Bruder gehabt.....Doch von dem, den sie am meisten liebte, kam kein Wort, keine Spur, Nichts. Das war so gemein, so herzzerreißend, so BEENDEND.....Sie packte alles zusammen, verwarf das Vorhaben, zu ihren Eltern weiterzufahren und brauste nach Hause zurück.....Sie hatte schlechte Laune.....Was hatte sie denn erwartet?.....dass er käme, sie in den Arm nimmt und ihr seine Liebe gesteht?.....Fantast.....Sie hatte sich wohl 5 Jahre lang selbst belogen, war augenscheinlich einer Illusion hinterhergerannt, schien sich öffentlich lächerlich und zum Gespött der Leute gemacht zu haben.....Was Joel selbst wohl von ihr denken würde.....Hatte sie noch alle Tassen im

Schrank.....? Ihr Rest-Ego klotzte mächtig ran: Was sollte dieser ganze spirituelle Humbuck, das Gefasel um Dualseelen und Seelenverbindungen, dieses ganze Lug-und-Trug-Wirrwarr....

Doula hatte die Faxen dicke, alles satt.....komplett.....alles.....nicht nur die Sache mit Joel.....Welchen wirklichen Sinn hatte ihr Leben denn nun noch, wenn das Drachenpferd und die Mission darum ein faules Kuckucksei waren.....mit Joel hing doch auch zusammen, ob ihr Lebenssinn wahr wäre.....Hatte sie also doch komplett alles von diesem Spirit-Zeug abhängig gemacht.....das war auch eine Form der Abhängigkeit.....Sie hatte also Abhängigkeitserkrankungen, gleich mehrere....Internetsucht (facebook), Sucht nach einer bestimmten Person (Joel), Sucht nach Liebe....und etwas 4-5mal im Jahr artete es in Alkoholmissbrauch aus, wenn sie alles und sich selbst in Frage stellte.....dazwischen trank sie nicht.....

Warum sich nicht den Kopf zuknallen, damit sie alles vergessen kann.....dieses unsagbare Leid, diesen wiederholten Fußtritt von Joel nicht fühlen müssen.....Sie begoß sich, schüttete sich förmlich durch Sturztrinken zu, vergaß, die Autotür nach dem Ausladen ihrer Sachen, richtig zu verschließen.....Am nächsten Morgen war die Auto-Batterie leer, sie musste den ADAC anrufen, um das Auto zu starten, das sie dann aber eine ganze Stunde FAHREN musste wegen der Lichtmaschine.....Letztlich fuhr Doula mit dem Hund zu ihrem Ex, was ihr zum Verhängnis wurde hinsichtlich des Problems Alkohol, denn er tankte selbst und nun mit ihr zusammen.....Er liebte es, sie von sich abhängig zu sehen, sie zu belagern, zu besetzen, damit Joel nicht rankäme.....Das ging eine ganze Woche, auch tagsüber, so dass Doula sich wieder einmal in die Klinik einweisen lassen musste, weil sie Panikattacken und Suizidgedanken wahrscheinlich infolge übler Entzugserscheinungen hatte und schnell für 3-

4Tage entgiftet werden wollte.....Dabei hatte sie diesmal keine Unmengen getrunken, sondern in den letzten beiden Tagen nur Bier.....Sie wollte sich nicht wieder etwas antun....Man lehnte es in zwei Kliniken ab, sie nur für kurze Zeit zu nehmen, sie sollte mehrere Wochen einziehen oder nach Hause fahren.....Man wollte sie diesmal nicht aus der Hand lassen, sie war zu taff, zu stark für die Tretmühle Psychiatrie, sie würde den "Inhaftierten" auf den Stationen aufzeigen, dass sie nicht entmündigt seien und einen freien Willen hätten, die Zustände in diesen Verwahr- und Züchtigungsstätten hatte Doula jedesmal aufgezeigt und war aufmüpfig, bis sie wie ein General nach 3-4 Tagen auf Entlassung pochte und diese auch immer durchgesetzt hatte, die Tablettenaufnahme von Antidepressiva und Neuroleptika hatte sie immer verweigert.....Sie nannte diese Aufenthalte mittlerweile "Recherche undercover". Sie hatte hier so viele Erfahrungen gesammelt, um auch in Bezug auf Drogenabhängigkeit, mit denen sie sich unterhielt, dass sie aufstand und genau wusste, was sie wollte und was nicht.....Nach 4 Tagen war sie so stark und mächtiger als vorher, dass sie genau wusste, wo und wie es langgeht ..... Sie hakte diese Sache mit Joel rigoros ab, machte sich fit, meldete sich im Fitness-Center an, nabelte sich von ihrem Ex ab, der bisher immer noch versucht hatte, sie festzuhalten, und ließ auch die letzten Rucksäcke aus den Greifen fallen.....auch Joel.....Sie war frei, unabhängig, der Gesundheits"Industrie" wieder entkommen, ohne Medikamente zu nehmen und marschierte schnurstracks auf das Ziel zu. Sie fühlte und bekam von einem anderen Medium bestätigt, dass Joel auf dem Weg zu ihr war, auch wenn die Sache auf dem Darß missglückt war, denn er war zwar da gewesen, aber hatte sich Mut antrinken wollen.......und war dann vom Alkohol nicht mehr abgekommen und volltrunken zusammengesackt..... Und jetzt RUDERTE er wie ein Weltmeister..... und zwar mit kräftigen ausholenden

Zügen.....Er hatte Angst, sie zu verlieren, doch er hatte bisher auch nicht agieren und reagieren können, denn er hatte selbst erst alle Fesseln lösen, alle seine Vergangenheit LOSLASSEN müssen, auch seine Alkohol- und Drogenprobleme, von denen Doula längst wusste, nur war Joel bisher nie so entschlossen und stark wie Doula gewesen.....Joel war nach dem Darß-Wochenende zusehends weiter abgerutscht......und letztendlich selbst in einer Entzugsklinik gelandet......es war höchste Zeit gewesen----Es war bei beiden wieder einmal Voodoo im Spiel gewesen, ganz sicher......Da Doula nun vorausLIEF....sie hatte sich beim Thaiboxen angemeldet (Athene wollte auftrainieren), musste Joel hinterherziehen, das Seelenband gab es vor.....es zu dehnen, reichte nun aber nicht, von daher bekam Joels Boot noch einen Heckantrieb.....Es ging jetzt alles sehr schnell, im Außen noch nicht zu erkennen, im Inneren aber zu fühlen.....Joel ruderte immer kräftiger, im Kajak war er Spitze, der Motor tat sein übriges. Doula freute sich auf ´s Boxen, auf neue Männerbekanntschaften, auf´s Flirten, die Stählung ihrer etwas schlaff gewordenen Muskeln......sie sah sich bereits in voller Schönheit und mit schönem body erstrahlen, es würde keine drei Wochen dauern, bis sie fit wie ein Turnschuh wäre, das kannte sie ja von sich, sie hatte Willen und Biss, Motivation und einen Grund.....Athene war wieder bereit, ihre Rüstung anzulegen und zu kämpfen, auch für Apollon (Joel).....einmal bereit, immer bereit.....Eine für alle - Alle für eine.....Sie wollte den Doppeldecker, das Qilin.....und aus ihm den NEUEN Doppeldecker, den türkisen Strahl. Und was sie will, das WILL sie, sonst wäre sie nicht der 13. Brägen.....und dazu gehörte Joel......und wenn nicht ER es schaffen würde, dann würde es einen Ersatz geben, einen anderen Drachen.....Doula wusste auch, um wen es ging: Arne......Doch im Souveränen Integral würde sie sich von niemandem abhängig machen, sie konnte sich nun getrost zurücklehnen und schauen, wer von beiden es als Erster in die Vorberge der kanadischen Rockys zu ihr (Tecumapease) schaffen würde......Tecumseh (Joel) oder Tokei ihto (Arne).....und auch wenn beide gleichzeitig kämen, würde die reine Herzentscheidung wohl für die bedingungslose Liebe ausfallen, denn Doula-Athene war, ist und bleibt immer Idealist......

Nachwort

Es war nun die Zeit gekommen, wo zusammengeführt wird, was zusammengehört. Egal wie viele Jahre vergangen waren, egal wie viel Manipulation, Täuschung und Beschuss durch die archontischen manipulierenden Kräfte und deren menschliche Schergen im Spiel gewesen war. Ein großer Scherbenhaufen lag da, Doulas Familie und ihr Unternehmen waren kaputt, auch bei Joel war alles im Eimer, doch ihre bedingungslose Liebe war nicht zerstört worden - sie ist unzerstörlich - BEIDE hielten daran und aneinander fest und standen telepathisch in ganz engem Kontakt. Mittlerweile interagierten Doula und Joel über ein gemeinsames HÖCHSTES Selbst, über einen gemeinsamen Geist und über einen gemeinsamen Hot Spot in Herzkammer 5. Vergebung und Dank waren maßgeblich mitbeteiligt, das war nur möglich über ihr HÖCHSTES Bewusstsein.....das Unverzeihliche zu verzeihen.....Sie waren beide zusammen der 13. Brägen, der alle anderen Aspekte der verstreuten 12 aktiviert.....Wer, wenn nicht SIE BEIDE hätte diesen Mentalkrieg überleben sollen. Sie hielten sich in bedrohlichen Situationen gegenseitig am Leben, einer übernahm dann die Körperfunktionen des anderen. Sie hatten allen Hindernissen getrotzt, mussten Zeitverzug/Jahre in Kauf nehmen, mussten Umwege und Niederlagen hinnehmen, doch alles, was sie nicht umbrachte, machte sie stärker. Einer zog den anderen mit, Bewusstseinsstufe für Bewusstseinsstufe, bis hin zum Souveränen Integral.....Doula träumte nun verstärkt des Nachts von Joel, auch einen Traum von einer Zwillingsgeburt hatte sie schon gehabt, das war zum November-Mond..... Am Tage hatte sie Visionen von Skandinavien, von der Aurora Borealis, von dem Leben in einem Blockhaus, dem urigen Leben dort mit

ihrer kleinen Familie.....und Polarhunden.....Es ging darum,
einige der vergangenen Leben zusammen zu harmonisieren
und positiv weiterzuführen, ...da war z.B. das Sizilienleben, in
dem Joels Mutter dieses Lebens dort seine erste Frau war und
Laila beider Tochter, die später Doulas und Joels Ehe
auseinanderbrachte.....Da ging es auch um das Leben in
Norwegen, Joel als König Hakon, bei dem eine andere in Doulas
GESTALT in sein Bett fand, ihn zum Christentum bekehrte und
seine Ehe zerrüttete, als der Schwindel aufflog, Doula hatte sich
dann Hakons Vater Harald gegriffen, und es war nicht zu den
beiden im Seelenplan vorgesehenen Zwillingen von Joel und
Doula gekommen......ebenso wenig wie im Leben als Marc(us)
Anton(ius) und Kleopatra.....als man die Zwillinge umbrachte.....

Es ging wohl um den Ausstieg aus Deutschland, das Leben
mitten in der Natur, in ihrem Schutz, und es ging um die
Erschaffung einer ganz wichtigen und besonderen Energie aus
dem Drachenpferd heraus.....

Es bestand lange Jahre kein realer Kontakt, doch einerseits war
für Doula die Aufgabe dieses Lebens, VERTRAUEN in sich, ihre
Fähigkeiten und die große Sache zu haben, andererseits war
realer Kontakt per mail oder sms ja auch immer einzusehen
von den archontischen Kräften, ...der Telepathie konnten sie
nichts anhaben, jedenfalls nicht mehr, weil Doula einen
geschützten Kanal herstellte bzw. beider bedingungslose Liebe
selbst einen Rundumschutz darstellt.....Doula war die Einzige,
die Joel retten konnte und umgekehrt. Joel hatte 52 Jahre lang
eine Lebenslüge gelebt. Er war ein weiblicher Mann, wurde
aber von Eltern und Gesellschaft so konditioniert und
manipuliert, dass er sich immer verstecken und verleugnen
musste, er lernte von Anfang an, Masken und Mauern zu
erfinden und Gefühle zu unterbinden oder mit Suchtmitteln zu
betäuben.....Doula liebte er abgöttisch, doch er hatte sich

bisher nicht gut genug für sie empfunden, er hatte Ängste gehabt, sie könne ihn verlassen, er könne sie nicht befriedigen, auch sexuell nicht, und so war er lieber von vornherein weggelaufen oder hatte sie brutal aus seinem Leben gebissen bzw. sich hinter anderen platonischen Freundinnen versteckt.....Er hatte seine Intuition, die er seit Kindesbeinen an hatte, nicht leben und nutzen dürfen, so hatte man ihn erzogen, man hatte ihn kompliziert und zum Grübler gemacht.....Hätte er seine Intuition gebraucht, hätte er schon seit ihrer Begegnung vor 5 Jahren fühlen können, dass sie ihn wundervoll ergänzt und sein Pendant ist, dass sie beide füreinanderbestimmt und zusammengehörig sind.....und dass sie beide Großes und NEUES erschaffen, aus sich selbst heraus, mit ihrem GEIST und ihrem Herzen.....

Doula wusste jetzt schon um die Kapitel des 5. und damit letzten Teils der Pentalogie.....doch alles step by step und alles zu seiner Zeit.....Auf jeden Fall sollte es um unter- und überirdische Zivilisationen und Lebenwesen gehen, auch um Artefakte und Ur-Tiere, die nun beim Wegfall der Schleier zwischen den nächsten Dimensionen auftauchen würden.... Die Menschheit war bereits in 5 D und auf dem Vormarsch zu 6 D, wobei das wohl nur 25 % schaffen würden, denn nicht alle hatten Aufstieg gewählt....Und somit war das JETZT - das Atlantis II - Tor für die Rückkehr zu Höherwelten.....